"Doces lembranças de passada glória
Que me tirou Fortuna roubadora
Deixa-me descansar em paz uma hora
Que comigo ganhais pouca vitória (...)
Vivo em lembranças, morro de esquecido
De quem sempre devera ser lembrado
Se lhe lembrara estado tão contente (...)

Luís Vaz de Camões

Nau Capitânia

Outras obras do autor

Brasil por linhas tortas (crônicas de viagem)
Porto Alegre, Editora Sulina, 1970 (duas edições)

Informação ou... morte (ensaio sobre jornalismo)
Porto Alegre, Editora Sulina, 1972

Andanças e contradanças (coletânea de crônicas)
Porto Alegre, Edições Signo, 1974

A noite do quebra-quebra (novela)
Porto Alegre, Editora Mercado Aberto, 1993

Um século de poder – Os bastidores da Caldas Júnior (história de uma empresa jornalística)
Porto Alegre, Editora Mercado Aberto, 1994 (duas edições)

Olha a folha – amor, traição e morte de um jornal (ensaio jornalístico)
Porto Alegre, Editora Sulina, 1996

O projeto de pesquisa que resultou neste trabalho tornou-se possível com o auxílio das seguintes instituições, entidades e empresas: Assembléia Legislativa do Estado do Rio Grande do Sul; Empresa Jornalística Caldas Júnior; Rádio Guaíba; Associação Rio-Grandense de Imprensa; Urano; Iriel; Varig.

À Carla I. Irigaray,
"mãe" desta idéia, aliada, cúmplice e crítica

UMA NAVEGAÇÃO

Esta é a história de uma navegação.

E, como tal, tem seus dramas, aventura, lances de bravura, de perplexidade diante do desconhecido e do imensuravelmente mais forte; seus personagens, grandes e pequenos, o encanto de suas motivações, seus sonhos, sua glória e, mortais que são, sua tragédia ou frustração; momentos de dignidade mas também de mesquinhez; os devaneios de todo um reino, as intrigas de uma corte. Pedro Álvares Cabral e sua história, para quem a percorre, oferece exemplarmente o que há de mais expressivo na saga do empreendimento humano; no caso, sob a ótica evidentemente ocidental, quinhentista. Aqueles que o seguiram concluíram a primeira jornada por quatro continentes, através de um oceano ainda não desvendado, repleto de lendas e armadilhas, desafiando o cataclismo do Cabo das Tormentas, e tudo para alcançar reinos que, diante do que sabiam e compreendiam do mundo, poderiam ser considerados no mínimo exóticos, tão diferentes eram os costumes, tão afastadas as tradições e crenças, e tão frágeis esses contatos que, quando menos se previa, irrompiam em hostilidade e devastação.

Tudo começou para mim com o mesmo tipo de inquietação que até hoje preocupa os historiadores ou diletantes curiosos: saber quem era, afinal de contas, aquele povo que deixara a culta e ambiciosa Europa do Renascimento para arriscar-se pelo Mundo e, enfrentando as tempestades e o desconhecido, abrir caminhos, estabelecer postos de comércio, igrejas e quartéis, conhecer seus líderes e descobrir o que pensavam, e por que tal povo se havia lançado em tamanha e tão temerária aventura.

Tratava-se de conquista, de ocupação de territórios e estabelecimento de alianças, ou de subjugação de vencidos? Logo se verá que, na verdade, havia todas essas razões em jogo, repetindo aliás o desempenho de outros povos, como os romanos fizeram com os etruscos, como os assírios haviam feito com os fenícios, como os iberos com os anteriores ocupantes da península, confinando ou expulsando os celtas ou anexando-os para resultar nos celtiberos, ou como os vênetos fizeram no norte da Itália, ou os gregos no sul, ou ainda como os ingleses na América do Norte, ou por certo também o fizeram os tupis-guaranis com os tupiniquins, como estes haviam feito com os tapuias, e, assim, numa história que entre nós talvez remonte ao povo de "Luzia", que aqui viveu há 11.500 anos.

E é desse modo que chegamos à saga daquele diminuto reino, para o qual a presença do mar era um apelo, desafio, prêmio e ditame. Tratava-se de sua única estrada para crescer, para dar terra à sua população, que precisava se expandir e produzir, admitindo um contexto histórico e procedimentos que, evidentemente, não contemplavam processos como eleições ou plebiscitos regulados por alguma união de nações... Enfim, era um pequeno país que desejava ampliar-se, escondido que estava no último contraforte de uma Europa que levantava a cabeça com a coroa do Renascimento.

Foi por isso que empreendi esta navegação, chegando à figura de Pedro Álvares Cabral, cujo nome e feito, assinalado no dia 22 de abril de 1500, é tão conhecido de todos os brasileiros. E também porque, paradoxalmente, a maioria de nós restringe seu conhecimento a esses dados frios, ignorando justamente os detalhes que desvendariam o personagem — propiciando-nos saber quem era ele, o que representava, o que buscava e pensava — e nos poderiam apresentar, por inteiro, o panorama do que propiciou o nascimento de uma nação.

A celebração dos 500 anos da descoberta não deveria limitar-se a comemorações subordinadas aos projetos políticos dos governos dos dois países. É uma data mágica que deveria servir para tentarmos compreender o que houve, que significado teve à época, a que propósitos servia, que resultados trouxe, a quem beneficiou e a quem prejudicou, quais foram os deslizes, os crimes cometidos, onde estão os acertos, e, acima de tudo, para provocar a dúvida e o debate, mas também a compreensão do que é irrevogável e irrecorrível.

Os navegadores dos séculos XV e XVI não inventaram ou aperfeiçoaram apenas a caravela, quando saíram "em busca de cristãos e de pimenta". Procuraram também a internacionalização das relações comerciais, o estabelecimento de uma espécie de *liga das nações*, o uso de uma força naval. Praticaram uma geopolítica justificada pelos seus objetivos e até mesmo um serviço de correios, que se fazia rusticamente, mas adequado aos tempos, com uma carta escondida dentro de uma bota, no oco de uma árvore — para que fosse apanhada pelo próximo viajante que por ali cruzasse —, com as notícias, as informações e a orientação sobre procedimentos. Como muitos fizeram na Aguada de São Brás, na África do Sul, onde hoje um monumento em Mossel Bay, a Baía dos Mexilhões, homenageia o antigo feito lusitano. Era como a comunicação funcionava naqueles tempos de meios insuficientes, mas com preciosa eficiência.

E assim parti, eu também, em busca de botas. Já em 1983, em Lisboa, uma exposição me havia escancarado as portas da imaginação e plantado a semente da inquietude: a XVII Exposição de Arte, Ciência e Cultura que propunha "um diálogo universalista", sob os auspícios do Conselho da Europa, centrada nos "Descobrimentos Portugueses e a Europa do Renascimento". Era apenas o início remoto de uma cuidadosa pesquisa das fontes históricas de acesso possível, primeiro aqui no Brasil, até que ampliei a *navegação*, fazendo a viagem no sentido inverso de cinco séculos atrás, para procurar, nas fontes primárias e no contato direto com o país de origem, o aprofundamento e os desdobramentos daqueles fatos.

Desembarcamos em Lisboa, Carla Irigaray, controladora da pesquisa e *mãe* da idéia de centrar este trabalho de redescoberta do Brasil na figura de Pedro Álvares Cabral, e eu. Durante seis meses de 1998, fomos encontrando *botas* em Portugal, na Espanha, na Itália e na França. Percorremos os lugares onde Cabral tinha sido apenas o pequeno Pedro, depois o fidalgo Gouveia, mais tarde o poderoso Cabral e também o preterido, melindrado e esquecido Pedro Álvares Cabral. Investigamos quem foram seus amigos, com quem convivia, qual era o cheiro de Lisboa e quantos eram os escravos que circulavam por suas ruas, o ruído dos carpinteiros e calafates a trabalhar na Ribeira das Naus, como vivia a poderosa Senhora dos Mares e como enfim ele transitou por todo este ambiente que se transformava com a eclosão da Renascença.

Particularmente em Lisboa, nosso propósito foi fazer vida de cidadãos portugueses. Depois de alugar um apartamento para funcionar como residência e central de operações, começamos a peregrinação pelos espaços que ainda registram e abrigam a história daqueles movimentados séculos. Levávamos uma centena de dúvidas. No entanto, ao desfazê-las, estaríamos encontrando a maneira de contar esta história que procura explicar o nascimento do Brasil e sobretudo o modo como isto foi encarado, interpretando a figura do descobridor. De conexão em conexão, de *bota* em *bota*, reproduzíamos o caminho sobre o Atlântico para buscar no "jardim da Europa à beira-mar plantado" — no dizer de Tomás Antônio Ribeiro, poeta, diplomata e amante de *sua* capital, Lisboa — a continuidade daquele fio de Ariadne que nos guiaria até o *descobridor*.

Nossos objetivos iniciais foram, naturalmente, o Arquivo Nacional/Torre do Tombo e a Biblioteca Nacional, onde se acham conservados os mais preciosos documentos, aqueles básicos, em que se apóia toda a construção da história portuguesa e brasileira dos séculos XV e XVI.

A rotina nos levou à leitura, cópia, fotografia, anotação, comparação, enfim a relacionar e organizar toda aquela massa de informações que fomos coletando em terras portuguesas, obedecendo ao projeto inicial, mas arrastados freqüentemente até "mares nunca dantes navegados" pelas esclarecedoras conotações laterais da investigação histórica. Ao mesmo tempo, fomos enriquecendo a vasta bibliografia que ocupa tantas páginas ao final deste volume, ao encontrar textos inacessíveis no Brasil, em sua maioria, mas disponíveis nas coleções portuguesas, especialmente na Biblioteca Nacional de Lisboa ou na Biblioteca da Universidade de Coimbra e em outras entidades e locais que fomos freqüentando ao longo da nossa permanência.

Primeiro, é lógico, a fundamental carta de Pero Vaz de Caminha, mais para conhecer o original do que pelo texto, já tão divulgado e trabalhado, embora naturalmente indispensável. A Carta está cuidadosamente conservada no Arquivo Nacional/Torre do Tombo, que abriga documentos desde o século X, hoje num edifício moderno, totalmente climatizado, cuja direção, por curiosa coincidência, está entregue ao Dr. Bernardo de Vasconcelos e Souza, representante genealógico da família de Pedro Álvares Cabral, portanto seu mais legítimo descendente direto. Lá estão os demais documentos importantes — a carta do Mestre João a Dom Manuel, a cópia das instruções passadas por Vasco da Gama a Pedro Álvares Cabral, as cartas dos comerciantes italianos radicados em Lisboa, a Carta Régia de Dom Manuel nomeando Pedrálvares para a viagem ao Brasil e à Índia, a carta do rei de Portugal informando aos Reis Católicos a descoberta de Santa Cruz.

É importante ressaltar que, ao longo dos últimos anos, não foram feitos achados sensacionais que pudessem alterar o que se sabe ou se pode imaginar com relação aos fatos passados no último ano do século XV e no alvorecer do século seguinte.

No decorrer do empreendimento, redescobrimos, ou descobrimos, conforme o caso, os grandes nomes da historiografia portuguesa que, ao lado dos brasileiros Max Justo Guedes, Varnhagen ou Capistrano de Abreu, já haviam balizado o caminho que percorríamos. Cite-se, por exemplo, o preciso e profundo trabalho do eminente pesquisador genealógico Luís Vaz de Sampaio, cujo "Subsídios para uma biografia de Pedro Álvares Cabral", publicado na *Revista da Universidade de Coimbra* em 1971, nos forneceu preciosas indicações. E os indispensáveis Luís Adão da Fonseca, Jorge Couto, Joaquim Romero de Magalhães, Joaquim Veríssimo Serrão, Vasco Graça Moura e tantos outros, igualmente relacionados na bibliografia incluída no final deste volume.

Tudo foi visto com o objetivo de dar organicidade, estabelecer a cronologia possível da vida de Pedro Álvares Cabral, perseguir nos mínimos detalhes a explicação para os grandes fatos e suas conseqüências. Isso foi o que buscamos e apresentamos neste trabalho.

Foi preciso então mergulhar no mais profundo Portugal. Fomos conhecer as rotas cumpridas pelos nossos personagens e sobretudo pelo protagonista. Sua terra natal, Belmonte, que tinha 65 habitantes no ano de 1500, ainda hoje um pequeno burgo. Caminhamos por suas ruas, pisando as mesmas pedras em que caminhou Pedro Álvares quando menino, e molhamos nossos pés nas águas do mesmo Zêzere, o rio que nasce nas geleiras da Serra da Estrela e de lá desce serpenteando até passar diante do povoado para, mais distante, confluir com o Tejo. Da mesma forma, estivemos na ponta de Sagres — mudos de emoção diante da imensidão do oceano pronto para receber a invasão daquelas pedras do território dito *sagrado*, de onde partiram as primeiras expedições descobridoras no projeto do Infante Dom Henrique.

E foi também para sentir o clima subjetivo, conferir os dados objetivos e compreender os acontecimentos de 500 anos atrás que visitamos a Catedral de Silves, onde primeiro esteve sepultado Dom João II, logo ao falecer vítima do alegado envenenamento, e onde teve início a fantástica procissão de traslado para o Mosteiro de Batalha, este visitado em 1983 e do qual guardávamos inesquecível lembrança.

Uma gaivota que grasnava com desespero sobrevoou nossas cabeças em Lagos, lembrando quantas vezes isto ocorrera com os navegadores que deixavam a terra portuguesa. E, da mesma forma, pisamos o solo do Restelo, embora mudado pela Torre de Belém que justamente assinala o lugar de onde partiram os descobridores, bem como o Mosteiro dos Jerônimos, embora, como obras posteriores a 1500, não tenham sido testemunhas contemporâneas dos eventos que homenageiam. E em comovido silêncio reverenciamos a simples campa rasa em Santarém onde Cabral está sepultado, ao mesmo tempo em que verificamos que o sono eterno por ele solicitado tem sido interrompido com freqüência desde o início do século XIX.

Cada dia de trabalho significava a descoberta de uma nova pista, uma bóia, uma bota, que demarcava o caminho a ser percorrido na investigação histórica que nos levaria a esta tentativa de reconstrução do personagem inicial do Brasil. Atendendo a tais indicações, incluímos a Espanha — de onde, como ficamos sabendo em Portugal, "nunca vieram bons ventos, nem bons casamentos" — a Itália, que participou com dinheiro, barco e gente na aventura de Santa Cruz, e a França, cujo rei duvidou que Deus, ao criar a Terra, houvesse feito uma divisão dela entre portugueses e espanhóis.

Em Paris, por exemplo, durante o encontro promovido na Sorbonne pelo Instituto Calouste Gulbenkian, em maio de 1998, a conferência internacional "Vasco da Gama e a Índia", encontramos alguns dos principais historiadores do mundo, especialistas nos descobrimentos portugueses, como Paul Teyssier, Ashin Dasgupta, Geneviève Bouchon, Sanjay Subrahmanyan, Daniel Boorstin, Om Prakash ou Carmen Radulet.

No total, foram 3.600 horas de pesquisa, 3 mil delas dedicadas à pesquisa bibliográfica, feita ainda no Brasil, dando andamento ao plano que vinha sendo desenvolvido desde o final de 1994. Já em Portugal, acrescentamos a este total mais 600 horas, durante os 140 dias junto às fontes portuguesas.

Tudo isso nos ajudou a traçar o quadro no qual Pedro Álvares Cabral se formou e atuou, o significado de Portugal na Europa e no mundo, o fulgor do Renascimento e as agruras de uma nação pobre que queria ser grande, a tragédia dos pequenos que tornaram possível a saga dos Descobrimentos pagando muitas vezes com a vida, o poder e a glória da Igreja Católica que ainda não afundara na Inquisição, e o brilho das idéias que mudariam o mundo quinhentista e seiscentista.

Era o tempo em que a Imprensa, recém-chegada através da prensa e dos tipos móveis de Gutenberg, contribuía com seus primeiros efeitos, promovendo maior difusão das idéias; o projeto político português se afinava, expandia-se o mundo conhecido com a incorporação de oceanos e continentes; a Renascença fazia rebentar os poros da antiga sociedade, preparando a chegada de alguma possível democracia, uma utopia, como sonhava Thomas Morus.

Com a luta pelo poder e pela honra, com a corrupção, a miséria, com o amor e o perdão, com o assassinato, a loucura, a ingratidão, a guerra, a injustiça, a censura, a deslealdade, a mentira, tínhamos em cena todos os ingredientes para a história de uma vida que está ligada ao ar que respiramos, à terra em que pisamos.

Com Pedro Álvares Cabral — e sempre é bom verificar como ele via e tratava os habitantes da terra que aqui encontrou — começou o Brasil construído pelos europeus e seus descendentes. Um pouco do seu êxito e de sua desdita nos retrata e com ele nos identifica. Conhecer sua história —, o objetivo da navegação que iniciamos tanto tempo atrás —, nos ajuda a entender "o ponto onde estamos" — se nos permite o professor e escritor Paulo Miceli.

Para que esta rota fosse percorrida, contamos com o apoio de várias instituições e entidades que compreenderam a abrangência do projeto e possibilitaram materialmente a realização da pesquisa: Assembléia Legislativa do Estado do Rio Grande do Sul, Empresa Jornalística Caldas Júnior, Associação Rio-Grandense de Imprensa (ARI), Urano Indústria de Balanças e Equipamentos Eletrônicos Ltda., Iriel Indústria Elétrica, e Varig.

Pela compreensão da importância do momento em que se fere a melhor das discussões em torno dos 500 anos de nossa nação, tivemos logo o apoio e o auxílio de autoridades e intelectuais portugueses, como o Comissário Geral da Comissão das Comemorações dos Descobrimentos Portugueses, historiador Joaquim Romero de Magalhães, o historiador e Presidente do Instituto Camões, Jorge Couto, o diplomata, hoje aposentado, jornalista e *brasilianista* Ruy Diniz Netto, brasileiro honorário, o representante legítimo da família de Pedro Álvares Cabral, Dr. Bernardo de Vasconcelos e Souza, Diretor do Arquivo Nacional/ Torre do Tombo, o professor e historiador da Beira, Manuel Marques, o Presidente do Concelho de Belmonte, Antonio Dias Rocha, o Presidente do Concelho de Santarém, José Miguel Correia Noras, entre outros, são credores de nosso reconhecimento.

Finalmente, algo se deve esclarecer sobre a liberdade tomada sobre o protagonista desta história, em alguns trechos do texto. No decorrer de todo o livro, trabalhamos exclusivamente em cima de fatos comprovados; nenhum episódio da vida de Cabral aqui narrado foi inventado ou ampliado sem que isto estivesse baseado em referências históricas indiscutíveis, tais como documentos, declarações, citações, cartas e registros oficiais. No entanto, algo ocorreu conosco, durante a exaustiva pesquisa, algo que talvez aconteça com qualquer pesquisador que não apenas se fascine pelo enigma histórico mas que também, por sua ligação anterior com o tema, ou pelo que se vai revelando no transcorrer do empreendimento, ou por força de ambas as motivações, como foi nosso caso, se apaixone pelo seu objeto de trabalho. Incorpora-se o personagem, durante a composição da narrativa, a ponto de termos podido oferecer, além do Cabral revelado pelos documentos, aquele que intuímos das lacunas e sugestões, conteúdos tácitos ou implícitos daquilo que a história oficial muitas vezes disfarça. Esperamos que esse elemento seja mais uma contribuição para o debate. Em todos os sentidos, para compreender melhor *nosso país, é bom que se saiba como e com quem começamos*.

Walter Galvani

SANTARÉM, 1518...

Ah, o mar! Quem me dera estar sofrendo o agitado balanço das ondas, ver o horizonte subir e descer, o longo fio da areia desaparecer e surgir, a montanha a furar o cerco das nuvens, a água, a terra e o céu, tudo a ligar-se, desfazer-se e tornar a crescer, ouvir o guincho desesperado das gaivotas, o brado dos marinheiros dependurados nos mastros e nas cordas.

Tudo o que me parecia incômodo, por vezes cansativo e quase insuportável, me traz tão doce lembrança e aprofunda a saudade como um punhal em meu peito. Agora é a campina ao longe, preenchendo a vista. O verde dos montes, fechando a moldura do quadro. Um velho, eu? Claro que não. Então por que me sento aqui neste banco de pinho, percorrendo com os olhos meu horizonte tão grande, mas tão pequeno, se ele já foi muito mais amplo, as vagas se acavalando até se juntarem aos céus, e eu a fazer navegar agrupados meus 13, digo, 12 navios? Que um esteve conosco tão pouco tempo, que a ele não chegamos a nos acostumar, embora com tanto afinco o tenhamos buscado.

E, no entanto, aqui estou.

Isabel queria-me na Corte, ela, neta de reis, que nas noites mais opressivas me aparecia, ou apenas seus olhos, que o rosto não lho conhecia, em pleno céu, em pleno oceano, a me dizer que tudo aquilo eu fazia apenas para tornar a Portugal mais digno dela. E a mesma aspiração tinha seu tio Afonso, que por mim se afeiçoou e a quem tanto deve o Reino. Mas é a Corte que não me quer.

Arrependimentos, muitos. Calicute de tantas desgraças, e o que por lá pratiquei, em nome do Rei e de Deus. Mas se em Marrocos, quando a espada de leve, mas tão pesada, tocou meu ombro, cingindo-me cavaleiro, me havia sentido tão forte! Forte como naquele dia em que chegamos à terra de Vera Cruz, e foi isso que disse eu ao Mestre João e ao escrivão Caminha.

Caminha, quanta fé punhas no futuro! Ainda lembro-te de joelhos, a pedir pela alma de Bartolomeu Dias e seus marinheiros e a agradecer ao Senhor havermos sobrevivido. O Cabo da Boa Esperança ali, diante de nós, Bartolomeu seu pai e herói no fundo do Mar Oceano. Ouvi bem quando agradecias haver trazido eu de Belmonte aquela imagem da Senhora da Esperança[1] que tanto nos ligava, e diante dela, com simplicidade e ternura, rezavas.

Hoje, talvez por descuido meu ou excesso de confiança, também tu estás entre os mortos que atravessam todos os dias minha consciência, pisando com sapatos de pedra minhas madrugadas de insônia.

Por que vos abandonei naquela cidade hostil, naquela miserável Calicute?[2] Foi censura, sim, que vi cintilar como um raio nos olhos de Dom Manuel naquela tarde distante em que me recebeu no retorno da jornada. Como vai longe 1501!

E mais distante ainda aquele domingo de sol, aquele 8 de março em 1500, quando El-Rei convidou-me para repartir o pálio e caminhamos, ante a admiração do povo, sob o pavilhão de Cristo. No dia seguinte o vento sopraria e nos arrancaria de Lisboa. Logo o Tejo ficaria para trás e por fim a encosta de Sintra, nossa última visão de um Portugal onde a primavera começava a chegar.

Dezoito anos já se foram e estou aqui — quarenta e poucos —, e estas febres quartãs que tanto me atormentam.

E com esta saudade de Lisboa.

Amanhã irei à igreja da Graça, onde um dia repousarei, prometeu-me Isabel. Quem sabe o que me falta é oração? E as preces espantarão os vultos que se insurgem na névoa de minha mente? Ou o que lhes cabe é voltar cobrando-me o que já não posso remediar... a não ser relembrando-os? Sempre.

Os Gigantes da Beira

Belmonte, a pequena aldeia, era o centro das terras dos Cabrais, que se estendiam de Covilhã a Viseu, passavam por Valhelhas, Penamacor, Manteigas, Meimoa, Moimenta da Serra, Colmeal, abrigando o castelo da família, um edifício sobranceiro que lançava sua sombra sobre o aglomerado de casas, cobrindo as capelas e, naquelas manhãs de inverno, até a Judiaria. Tratava-se de um velho forte, integrado no sistema de defesa das fronteiras, adaptado para servir de moradia, quase hostil por sua rusticidade.

Pedro, pequenino, corria descalço no interior da fortaleza, sem pensar no sangue que escorrera entre aquelas pedras. Lembrava, isso sim, quantas vezes já vira os cascos dos cavalos arrancando faíscas, sustados pelos homens do seu pai, o alcaide de Belmonte e Senhor de Azurara, quando retornavam das incursões em busca dos castelhanos que se atreviam a intrometer-se na região.

Quando se sentava entre seus irmãos, ouvia da boca do pai, que dedicava quase sempre o final do dia para reuni-los, as histórias que o fascinavam, da resistência aos castelhanos e massacres de mouros e do sacrifício de um antepassado, esmagado numa prensa, em nome da Justiça. Mais ainda sobre outro ancestral misterioso, o Bispo da Guarda, Gil Cabral, que fizera o casamento de Dom Pedro com a linda jovem loira de olhos verdes, Inês de Castro, a que foi sagrada rainha depois de morta... A esta história, os irmãos escutavam encantados com a saga de amor do casal, mas horrorizados com o seu desfecho.

Respeitavam aquele primeiro Dom Pedro que por gratidão cumulara o bispo de propriedades, passadas depois para a sobrinha, Dona Maria Gil Cabral.[3] E ali estavam eles a desfrutar o que fora acumulado e herdado daquele parentesco.

Histórias que os seduziam.

Já lhes haviam prometido: ele e o irmão mais velho em breve iriam para a Corte. E lá, entre outras coisas, o treinamento militar os esperava. Não seriam só histórias de reis e rainhas, poder e glória, amor e morte. Haveria ação para eles também.

Era importante, pois, aproveitar o tempo a cavalgar, subir e descer as encostas ao redor do castelo em Belmonte, correr até a Tulha e voltar pelas ruas que passavam pelo pelourinho até a capela. No cruzar a Judiaria, saudava os conhecidos, porque assim lhe haviam ensinado. Que nunca ostentasse soberba ou intolerância, mesmo porque os pequenos judeus com ele desciam até o rio nas longas tardes de sol. Eram seus companheiros, sem que Dom Fernão o recriminasse, pois ele os aceitava e também a seus pais.[4]

Se não comiam porco assado e acendiam candelabros ao cair da noite das sextas-feiras no interior de suas casas, isso não lhe importava. Já espiara pelas janelas e nada vira de condenável. Além do mais, se eram diferentes, para isso havia nas paredes aquela marca que os assinalava.

"Esta casa é tão alta
Forrada de pau espinho
O homem que nela mora
É judeu e tem rabinho!"

Era um versinho fácil de recordar, Pedro e seus irmãos bem o sabiam de cor. Mas estavam proibidos de cantá-lo. Dom Fernão não o permitia.

A história do pastor que fora a Belém e em sua mágica jornada encontrara a cabra de ouro, pela qual se batizaram todos os seus descendentes, era a predileta do pai. Mas, para os filhos, destruir mouros imaginários com uma espada de pau era muito mais excitante. Ou correr até *Centum Cellas*[5] e conquistar aquele *baluarte do Império Romano*, o que era uma aventura possível e lhes dava um prazer muito grande. Primeiro, juntavam-se ao amanhecer fora das barrancas que isolavam a torre. Depois, à medida que o sol chegava, aproximavam-se e cercavam a construção.

As *sentinelas inimigas* eram tomadas de surpresa. E a torre, conquistada em minutos, tornava-se um *reduto cristão*. Acomodavam-se então sobre as pedras, depois escalavam as mais altas, e não raro uma bandeira hasteada no topo das ruínas surpreendia os pastores da região e mais ainda os peregrinos. As ovelhas, assustadas, debandavam, e o pequeno exército estabelecia suas *posições*, que durariam até a hora em que a fome os levasse de volta a Belmonte, para o jantar.

E um dia, é certo, seria preciso fazer algo semelhante, carregando o peso das cotas e armaduras, e arrastando longas espadas verdadeiras.

O dia da prova estava por chegar. E não tardaria. Uma tarde, em Belmonte, quando os jovens cavaleiros reunidos somavam quase 50, os cavalos, montados sem arreios, mostravam-se dispostos a galgar a montanha se preciso fosse. Andava no ar um cheiro de campo e flores, e ao longe se ouvira, durante toda a madrugada, o uivar dos lobos. Estavam os animais inquietos, os pastores haviam recolhido as ovelhas.

Os meninos tinham uma liderança: João Fernandes Cabral.[6] Seu irmão mais próximo, Pedro Álvares, vibrava de orgulho pelo seu desempenho, e os demais meninos de Belmonte e Azurara seguiam-no como loucos, encarapitados em suas montarias, desferindo chicotaços no ar e bradando palavras de combate e impropérios.

Alguns camponeses dirigiram-se, pressurosos, ao castelo, para levar ao Senhor de Belmonte a notícia do que faziam seus filhos no vale, e por muitos dias não se falou de outra coisa nas ruas e na estalagem.

Estavam se saindo bons guerreiros, e era a hora de mandá-los para a Corte. Lá, receberiam a escola necessária e o preparo militar. Dom Fernão não perderia mais tempo. Pelo menos os dois mais velhos pareciam-lhe prontos.

Do leste e do norte vinha o cheiro de guerra. Como dizia o povo, "Da Espanha, nem bons casamentos, nem bons ventos".

Seria preciso enviar logo para a Corte os dois meninos, já que mostravam tanto amor ao combate, aos cavalos e ao estrépito das armas, e não pareciam temer o peso dos ferros. Na elevada estatura, seguiam a família: não desmereciam a descendência do *Gigante da Beira*. Faria boa figura.

Chegada a hora, formou-se uma longa coluna, com Dom Fernão à frente, que levou 10 dias para atravessar o território português e, passando por Castelo Branco, Tomar e Santarém, chegou a Lisboa, onde o deslumbramento do grande rio maravilhou a todos.

Pedro deixou-se ficar longamente junto à amurada do Castelo de São Jorge,[7] a contemplar a cidade, de um lado subindo e contornando os montes, e do outro o Tejo, tão formoso, tão largo e tão cheio de promessas na sua grande curva e no distante encontro com o mar, as nuvens e o céu. Quando vieram convocá-lo para a ceia, ainda permanecia ali, como que perdido na visão que o encantara, como a primeira vez em que ali estivera, pela mão do pai, com não mais do que cinco anos.

Mas não seriam só a capital do reino, o belo Tejo e a vastidão dos horizontes que o prenderiam. Chegariam também as obrigações da Corte, ele o sabia bem, os cursos, a vida militar; mais tarde, quem sabe, a Universidade.

E logo viria o contato com os estrangeiros de falar diferente, os venezianos, os genoveses, os florentinos, os castelhanos, os aragoneses, os galegos, os judeus, estes muito mais numerosos do que em Belmonte, e até os muçulmanos convertidos. E os escravos, mouros e negros, obrigados ao serviço duro, carregando sacos pesados ou limpando as casas.

A azáfama do porto, o cais, a Ribeira das Naus com tantos barcos em conserto e em construção, as mais belas casas e palácios em suas proximidades. No largo, os escrivães em suas mesas atendendo aos marinheiros e aos habitantes da cidade que queriam mandar suas cartas e bilhetes, a passagem das carruagens luxuosas puxadas por dois, quatro e até seis cavalos. E os incríveis homens negros, com a pele da cor da noite mais escura, as patrulhas de soldados do Rei que abriam caminho entre a multidão, os pregões da cidade grande, o cheiro do peixe frito nas esquinas, tudo se somava para compor um quadro que jamais sairia da cabeça de Pedro Álvares ao ouvir citar o nome Lisboa.

Naquele primeiro momento, era apenas um menino recém-chegado do seu distante interior, maravilhado com tudo o que via, buscando instintivamente não se afastar do irmão e alerta contra os vadios que andavam à gandaia, a catar objetos e furtar moedas dos distraídos, como lhe haviam avisado.

João Fernandes e Pedro Álvares desciam aquelas ruelas, as mais antigas da cidade, do castelo até ao terreiro junto à Ribeira das Naus, quase sempre inundado; aos poucos aprendiam a contornar e escolher quais as que os levariam mais rapidamente ao cais, sempre com os olhos presos no Tejo, como se a atração que para lá os puxasse fosse também capaz de guiá-los e impedir um descaminho qualquer.

Descobriram a que horas poderiam dar seus passeios e adequar-se ao tempo que tinham livre, porque, no segundo dia, bem antes de serem apresentados ao

Rei, constataram que os exercícios eram muito mais variados e intensos do que supunham.

Traziam a convicção de que sabiam cavalgar, mas, quando assistiram a outros meninos correrem, saltarem ao solo e voltarem para o lombo dos animais, estacarem, fazerem uma volta e um rodopio, retomarem a carreira, ultrapassarem um obstáculo e arremessarem uma lança, curvaram-se humildemente diante do instrutor.

Bem cedo, Pedro sentiria o resultado do cansaço, à medida que adestrava-se no manejo das armas, mantendo-se ereto no solo ou montado a cavalo. Enquanto isso, aprendia a conversar e a dançar. Nos jantares e nas ceias, esforçava-se bravamente para utilizar o garfo que os venezianos e florentinos haviam introduzido nos costumes. Em Lisboa, todos se sentiam cidadãos de uma grande metrópole que se estendia sobre cinco outeiros e outros tantos vales, e procuravam imitar a Corte, onde segurar um naco de carne com as mãos, mesmo delicadamente, usando o indicador, o médio e o polegar como os antepassados fizeram durante tantos anos, passava por grosseria e coisa de gente rústica do campo.

Para os jovens, um desafio fácil de vencer. No entanto, os mais velhos lutavam com o novo instrumento, ora segurando-o com a mão esquerda, ora com a direita, ora disfarçando com a faca ou a ponta dos dedos como auxiliares práticos na alimentação. Era assim que Dom João fazia, diziam os poucos que tinham acesso à câmara do Rei pelo serviço que cumpriam como camareiros ou o assistiam à distância, nos festejos.

Pedro Álvares empenhava-se ao máximo, queria corresponder, tudo lhe parecia instrutivo e interessante. Mas nada superava a ansiedade pelo primeiro embarque, pela primeira missão. Em poucas semanas, a sedução de Lisboa diminuíra, relegada a um plano secundário. Pedro e João achavam que em menos de um ano de duros trabalhos não dominariam todos aqueles segredos da arte de bem cavalgar e lutar.

E, quando assistiram às verdadeiras proezas aquáticas dos jovens que chegavam do Algarve, mais ainda temeram por suas sonhadas carreiras, pois quem disse que sabiam alguma coisa de navegação? Como se chamavam os barcos, as velas, os mastros, as enxárcias, e como de tudo aquilo se lançava mão e qual era o momento apropriado para fazê-lo? Claro que sabiam as diferenças entre uma nau, uma caravela, uma barca ou um barinel, mas para bem usar a força dos ventos e o artifício das velas latinas longitudinais para navegar à bolina,[8] ou para aprender como se manejava o timão, era preciso estar dentro deles, viver a vida do rio e do mar.

Seria possível trabalhar depois da ceia?, quiseram saber.

Não, responderam.

Havia o estudo das leis, das ciências, a aritmética, a geometria, lutava com o latim, a gramática e a *linguagem*, como a língua portuguesa, ainda em processo de se estabelecer como idioma pátrio, era chamada, e também com os números e as noções de terra e mares que lhe transmitiam. O grande prazer e divertimento era o teatro. Como contrapartida, o alojamento para dormir, a boa alimentação e 1.000 reais de tença, a primeira *mesada* oficial da vida deles. Por outro lado, ser pajem significava uma montanha de ocupações e de serviços para um jovem recém-chegado do interior.

Olharam-se em parte preocupados, em parte saudosos dos calmos e doces serões ao pé do fogo em Belmonte e das cansativas mas livres correrias pelas encostas das montanhas verdes.

"Esparta", ouviam dizer a todo momento, e era mesmo a esse distante e histórico rigor militar da antiga cidade grega que os remetiam o alojamento, a comida, o serviço, o trabalho, o estudo, o treinamento com o ábaco e o pouco tempo para o divertimento.

Os mestres, rígidos e severos, eram hábeis em exigir deles o comportamento e a aplicação. Mesmo porque havia os meninos que não sabiam diferenciar o latim da *linguagem*, e para isso era preciso entrar em ação a palmatória... Além do mais, quem não comprovava a freqüência à aula de gramática não tinha direito às tenças relativas à *moradia*.

Ouviam dizer que bem mais felizes eram os que ganhavam as bolsas especiais que El-Rei destinava aos que seguiam para Flandres, Salamanca, França ou Florença a fim de se tornarem geógrafos, físicos, matemáticos, juristas ou professores de latim, artes clássicas ou humanidades. Paris atraía também os que queriam cursar teologia. Isso já com mais idade. Lá, não teriam quem os fiscalizasse e poderiam se dedicar a outras artes, inclusive a de perseguir as donzelas do povo e obter assim agradável companhia para as noites solitárias de jovens expatriados.

Os filhos do chanceler João Teixeira, por exemplo, tomavam lições de Angelo Policiano, em Florença; Henrique Caiado estava em Pádua e Aires Barbosa, em Salamanca. Assim que, com o estímulo do Rei, eram muitos os que buscavam o estudo no exterior. Certa vez, para suprir as cátedras de Prima e Véspera de Leis, mandou-se contratar professores de Salamanca.

Com tantos jovens que deixavam Portugal para cumprir bolsas de estudo nos principais países europeus e retornavam em férias, cheios de novidades, no fim do ano letivo ou depois de concluídas suas graduações e doutorados, as idéias fervilhavam. Nas cidades-estados da Itália, em Castela ou na França, mas também em Flandres, onde a feitoria portuguesa contribuía para a manutenção dos estudantes, sabia-se de tudo, dos novos experimentos, das mudanças de estilo e das modas artísticas e literárias. Das pesquisas científicas e seus resultados. O que empolgava e atraía em especial os que tinham recursos e disponibilidade.[9]

Mas era preciso ter também uma certa idade. Com 14 ou 15 anos, ainda não era hora. Não se pode dizer que Pedro não o quisesse, e que o irmão João não sonhasse com o vôo europeu, apesar de precisar manter-se atento ao que sucedia em Belmonte e Azurara, pois era o primogênito e dele, lógico, seria o morgadio. Se algo sucedesse ao pai, precisaria abandonar os estudos na Corte e a carreira nas armas. O caminho mais adequado para eles seria portanto permanecer em Lisboa.

Pedro Álvares sabia muito bem o fardo que representava ser *o segundo filho*, com direito a pouco mais do que achar os caminhos para progredir e cumprir a própria sina. Apaixonara-se pelos barcos e, sempre que podia, deles se aproximava ou neles embarcava para uma singradura pelo Tejo. Ou ao menos caminhava entre os trabalhadores que raspavam a craca, calafetavam, pintavam ou artilhavam as embarcações, percorrendo a Ribeira das Naus, feliz em meio à algaravia de dezenas de dialetos e àquela diversidade de ofícios e ocupações.

Assistia também ao desembarque e à classificação das madeiras de pinho e sobro para fazer os costados e o convés, e do carvalho nobre para o esqueleto principal das naves. Gostava de aspirar o cheiro da madeira nova e observar quando a serra e os formões caminhavam ao longo das toras para dar-lhes o formato necessário. Deliciava-se, ainda, ao escutar os grampos de ferro penetrando para garantir solidez ao barco que nascia das mãos mágicas daqueles profissionais.

Vez por outra, encontrava o que fazer, ajudava aos carpinteiros, petintais e calafates, e não raro, mesmo aos domingos, depois da missa na Sé ou na capela de Santo Antônio, descia até ao Campo da Cebola e chegava à beira do rio para afundar-se no seu brinquedo predileto. E como era um brinquedo e tinha muito prazer naquilo, nem lhe passava pela cabeça que o pudessem acusar de estar assumindo um ofício mecânico, indigno de um fidalgo. Fazia-o por gosto, para aprender o sumo das questões e o significado de cada peça de um navio.

De lá nem o irmão o arrancava. Na verdade, ansiava pelo momento em que se inscreveria oficialmente, em que seria mais um marujo a bordo se fosse preciso, ou pelo menos um oficial se, por conta de suas origens, não o aceitassem como humilde grumete.

E eram tantos os feriados na capital, 23 no ano, começando pelo dia 1º de janeiro, e os outros todos, como Aparição do Senhor no dia 6, São Vicente no dia 22, o dia de São Brás a 3 de fevereiro, a Semana Santa, a Anunciação a 25 de março, Santa Catarina em 1º de abril, Santo Antão no dia 4, São Jorge, este, o padroeiro do país, no dia 23. Dia 3 de maio tinha a Invenção da Santa Cruz, depois vinha o feriado de Corpus Christi, com a grande procissão pelas ruas de Lisboa. Em junho, o santo mais popular, Santo Antônio, no dia 13, as festas de São João no dia 24, e de São Paulo, junto com São Pedro, no seu dia, 29 de junho, quando Pedro, o de Belmonte, era o alvo das comemorações e brincadeiras dos companheiros.[10]

Em julho, havia Santa Maria Madalena, no dia 22, e Santiago, no 25, o padroeiro dos castelhanos, mas também aquele que motivava a peregrinação a Compostela, na Galícia, que todos sonhavam fazer um dia. Dia 15 de agosto, Santa Maria de Agosto, sempre em pleno verão. São Lourenço a 5 de setembro, Todos os Santos no dia 1º de novembro e, claro, o Natal a 25 de dezembro. E ainda havia as férias, três dias antes e dois dias depois de Pentecostes, de meados de julho até 15 de agosto, e da última semana de setembro até a terceira semana de outubro.

Sempre sobrava algum tempo, portanto, e o mais importante era ocupar bem estas folgas.

Gostava de contemplar o espinhaço das naus sendo armado, aquelas vértebras imensas, dispostas como se formassem o esqueleto de um animal pré-histórico, e os carpinteiros concentrados no trabalho, caprichosamente compondo os contornos, as forquilhas, os engates, as madeiras alisadas que dali a pouco haveriam de navegar.

A festa do lançamento ao Tejo de qualquer daqueles gigantes era um momento inesquecível para todos, os da cidade e os que vinham do interior para ver e viver, com a música e os cantos, o mutirão dos últimos momentos, as pombas e as gaivotas que voavam assustadas com o ruído e o estrondear das águas se abrindo para acolher o casco, que a partir de então ficaria ali, recebendo os mastros, os castelos, o cordame, as velas.

Pedro era pouco mais do que um menino quando viu chegar, preso nos ferros, o piloto que fugira para Castela e de lá fora mandado trazer por Dom João. Pálido, já deixara pelo caminho, com os maus-tratos, todo o sangue que poderia perder. Mas seria levado ao cadafalso para ser enforcado sem que lhe retirassem os anzóis da boca, para mostrar que não se deveria falar do que se sabia em Lisboa: de como eram feitas as caravelas e quais os segredos registrados nos portulanos.

Já os dois grumetes que com ele haviam desertado, lá ficaram, executados sumariamente e sepultados em terras castelhanas. As patrulhas de Dom João II haviam irrompido no local certo e na hora adequada, bem de acordo com a denúncia dos espiões.

Dona Isabel, a *católica rainha*, dizia-se, nada fez senão comentar que era "*una más del Hombre!*". E o *Homem* deixava claro que a isso estariam sujeitos todos os portugueses que traíssem o país, roubando alguma caravela ou nau, doando ou vendendo os segredos da navegação. Todos tinham tal advertência bem presente, e aquela manhã luminosa da capital ficou marcada na memória de quantos a viveram.

O sol ainda não se havia escondido e nem o povo se retirara, quando o último estertor sacudiu o traidor pendurado na forca, bem à vista. Os anzóis que lhe costuravam a boca, "para nunca mais falar", pendiam ainda, fechando-lhe os lábios. Arriado, o corpo caiu como um saco. Com a ponta do pé, o carrasco endireitou-o sobre o tablado, para que fosse transportado numa carroça ante a indiferença geral, pois o espetáculo esgotara-se.

O seu nome não poderia ser pronunciado dali para a frente. Sua mulher, chorosa e desgrenhada, arrastava-se amparada pelas filhas, todas vestidas de preto, quando já o povo deixava a praça e Pedro punha-se a caminhar pensativo.

Raízes e sonhos

Nos dias santificados ou quando a Corte rumava para Évora ou Santarém, também era possível reviver os felizes tempos de Belmonte e Azurara. Correr a cavalo na Ribeira de Santarém significava a reprodução das liberdades que as pradarias da distante terra de seus pais lhes concediam, e era possível arrastar o irmão mais velho, quase sempre sisudo e preocupado.

Ali, estavam próximos da casa dos parentes e sempre havia os cavalos de que sabiam até o nome, o Branco, o Godo, o Covão, animais conhecidos, à disposição. Ao mesmo tempo, a folgança significava uma trégua nos duros estudos de humanidades.

Os exercícios físicos, as cavalgadas e os combates simulados davam-lhes ao mesmo tempo cansaço e prazer. O estudo, muitas vezes à luz de velas e lâmpadas de azeite, custava-lhes mais, causando maior desgaste. Era a hora de esquecer os trabalhos e os agravos da Corte. Riscar as pequenas ofensas e considerar apenas o fruto daqueles penosos e disciplinadores exercícios. Entre os amigos e colegas, havia os trocistas, os prepotentes, que abusavam do seu tamanho e força física para humilhar os pequenos, e os duros e rudes, que acreditavam que a educação se fazia pela crueldade e rispidez.

Pedro Álvares confundia a todos pela altura — parecia bem mais velho. Acabava por sentir-se perseguido e injustiçado pela dureza dos instrutores, e nessas horas fugia para Santarém em busca de proteção, a carregar o que julgava serem todas as infelicidades do mundo. Lá, em pouco tempo refazia-se, esquecido das tristezas, disposto a reassumir logo seu posto, ardendo no desejo de voltar ao Palácio da Alcáçova, retomar o trabalho e o aprendizado. À busca de novos desafios. Sentia que suas raízes se aprofundavam no chão da velha família e que sua casca ia se endurecendo. Um dia, seria como um choupo. Um bosque de álamos. E, quando precisasse, ali estaria a antiga vila para recarregar seus sentimentos.

Foi numa tarde de muita chuva que se refugiou na igreja da Graça e deixou-se lá ficar tanto tempo que até preocupou sua família. Extasiado, levantava o olhar para o teto muito alto, com suas ogivas enormes, os vitrais da rosácea filtrando a escassa luz que vinha de fora. Sentiu-se pequeno e no entanto forte. Oculto, protegido.

Ajoelhou-se no meio da nave da imensa igreja e contemplou a imagem da Virgem. Prometeu-lhe que cuidaria a si mesmo.

Ao sair, passou pela capela à direita do altar-mor e, absorto, deixou-se levar nas asas do sonho, pensou nos trabalhos futuros, nos seus braços que cresceriam e na força que precisaria ter para realizar seus planos. Quando reapareceu à porta da igreja, pacificado consigo mesmo, a chuva cessara. Já o haviam procurado por todos os lados. Um carro o esperava, os animais atrelados, inquietos, relinchando.

Durante todo o caminho de volta à Quinta, no Pereiro, que antes percorrera a pé, teria tido a oportunidade de contemplar o verde das encostas, o Tejo entre elas a serpentear, e ao longe os campos a se desdobrarem até se perderem nas brumas, assim como de pensar nos avós maternos, João de Gouveia e Leonor Gonçalves, que não conhecera e de quem só ouvira falar pelos relatos de sua mãe. Era então naquelas terras, que tanto deles diziam, que buscava a cura dos próprios males. E logo de fato reencontraria a dura rotina da capital. Deixar cedo o leito, apresentar-se no pátio de armas, aprestar-se, receber o cavalo, acariciar-lhe o pescoço e o focinho, dar-lhe duas ou três palmadas amigas que marcavam o reencontro, caminhar a seu lado sem forçar e iniciar então o exercício de saltos e corridas ou a longa marcha, conforme o programa do dia.

Nisso, passaria toda a manhã até a hora do jantar, entre 10 e 11 horas. Depois, haveria tempo para breve descanso nos alojamentos do castelo e a seguir o recomeço do trabalho até a hora da ceia, servida sempre ao entardecer, entre as seis e as sete.

A tarde normalmente era empregada nos estudos, e assim continuaria sendo, quando Pedro chegasse à idade de passar à Universidade. Ou passava-a no rio, quando havia tempo e fazia calor, como em julho e agosto. Não havia monotonia, sempre mais e mais para fazer e para aprender.

Os mestres, físicos, astrônomos, geógrafos e matemáticos transmitiam seu saber e comentavam os livros que encantavam os jovens portugueses. Como a história de Marco Polo que o Príncipe Infante Dom Pedro [11] trouxera de Veneza. Todos a liam, fascinados, discutiam as peripécias e sonhavam com as mesmas viagens e descobertas. O título, logo acharam melhor traduzi-lo: *Marcos Paulo*. E muitos o chamavam *Livro do milhão*, pelo que entendiam como exageros do autor. O volume estava na biblioteca do Alcáçova, e era preciso inscrever-se para consegui-lo.

O longínquo Oriente presidia aqueles sonhos. Ou a África, como promessa mais próxima, com o cheiro das batalhas, o som dos cascos dos animais a se chocar com a terra, levantando poeira, o ouro que fazia faiscarem os olhos pela cobiça, os homens de pele negra que iriam servir como escravos ou, com mais sorte, aprendizes de marinheiros.

Cada barco que retornava ao cais trazia mais alimento à imaginação dos garotos. Ao anúncio de uma chegada, corriam todos os que podiam para a beira do rio e lá se deixavam ficar, maravilhados. E era de ver-se o burburinho que se formava e o alarido, com todas aquelas gentes querendo verificar se entre os retornados havia algum parente. Se traziam algum metal ou pedra preciosa escondida entre as roupas ou se chegava apenas a notícia de morte do familiar junto com o testamento lavrado a bordo pelo escrivão, por ordem do capitão. Teria sido mais uma existência a selar-se diante do inesperado ou do inexorável: o escorbuto ou uma flecha envenenada haveria completado sua obra.

Alguns desembarcavam amparados pelos companheiros, procurando caminhar com uma perna a menos e uma muleta, outros com uma vista vazada, outros ainda deitados em pequenos colchões ou padiolas. Havia contudo os que abriam imensos sorrisos, que davam saltos de alegria e que abraçavam os parentes e amigos, entremostrando, sob as vestes, as preciosidades que haviam amealhado.

E então muitos daqueles heróis, que nem sabiam o quanto poderiam ser admirados, empolgavam um pequeno grupo que cresceria à medida que desfiavam suas histórias, nas quais não poucas vezes figuravam monstros marinhos, um mar tenebroso e distantes cidades governadas por potentados que traziam ouro e pérolas dependuradas em todas as partes do corpo.

Inverno de 1484. Além do frio extraordinário daquele ano, havia novidades animando a Corte.

Irritado, Dom João II escrevera ao Senado de Lisboa logo em 6 de janeiro, reclamando providências imediatas sobre a sujeira nas ruas da capital. Era a imundície dos detritos e a bosta dos cavalos, gerando doenças e ameaçando trazer alguma epidemia. Por fim, restou à Corte deixar a cidade.

Mais um ano se ia, e com ele a impaciência crescente tanto por parte de Pedro quanto de seu irmão João Fernandes, agora moços-fidalgos. Afinal, quando iriam experimentar o contato real com o inimigo, quando deixariam os faz-de-conta, os treinamentos?

Os companheiros eram muitos e vinham de todo o país, isso os próprios nomes de família indicavam: Pero Vaz Castellobranco, Lopo Mendes de Vasconcelos, Dom Nuno de Noronha, Cristóvão Moniz, Bernardim de Almeida, Fernão de Sá, Cristóvão Falcão, Dom Pedro de Abranches, Dom Álvaro de Soutomayor, Nuno Fernandes e Ataíde, Febus Moniz, Gonçalo de Ataíde, Simão de Miranda, Manoel de Vilhena, Martim Vaz da Cunha, Lopo de Albuquerque, Francisco da Cunha, filho de Gil Vaz. A lista dos moços-fidalgos naquele ano de 1484 chegava a um total de 54 jovens.[12] Todos igualmente impacientes e querendo se pôr à prova.

Nas Cortes de 1481/1482, em Évora-Viana, haviam pedido a abolição das tenças para estudos, achando os representantes das cidades, dos concelhos, que os pais é que deviam pagá-los. Dom João II prometeu atender o pedido, mas, refletindo melhor, resolveu pelo contrário, continuando a conceder bolsas, porque assim preparava futuros quadros do Reino. Não era a primeira vez que pediam uma diminuição nos gastos públicos. O mesmo ocorrera em 1472/1473, quando as Cortes se reuniram em Coimbra-Évora e exigiram que os moços-fidalgos não trouxessem "aios nem azêmolas, com cama nem outra maneira de casa; Vossa Alteza lhes mande dar de comer em sala e seu vestir e calçar honesto, sem pano de seda nem outra maneira custosa; e poderá vossa mercê ordenar-lhes como aprendam a ler e escrever e gramática — segundo se costumava em tempos de vosso avô El-Rei e padre".

Estudo e trabalho era o que os moços encontravam; aprendiam no contato com os visitantes ilustres e os habitantes qualificados que povoavam a capital, então uma verdadeira "Senhora dos Mares".[13]

No princípio era tudo muito agradável, as sensações novas, os amigos, as corridas diurnas e os passeios noturnos. Aos poucos, aquilo os cansava, ansiavam por ação. A rotina se completava inclusive em acompanhar a Corte rumo a Évora,

Santarém ou Setúbal, depois voltar a Lisboa. E testemunhar a ira do Rei contra a sujeira que continuava nas ruas, obrigando-o a ser mais contundente, expedindo ele próprio uma ordem régia ao Senado para que fossem limpas efetivamente as vias públicas da capital. Afinal, passara-se um ano entre a sua *recomendação* e a nova verificação.

Em certas questões, Dom João II preferia agir com as próprias mãos. Assim, não esperaria pelos outros... Reclamavam que El-Rei gastava muito em sua Casa Real e que os pajens estavam sendo recrutados cada vez com menos idade. Dom João seguia imperturbável seus planos. "Há um tempo para o vôo do falcão", dizia, "e um tempo para o vôo da coruja..."

Em 1485 e 1486, aumentou o tráfego de navios, com a importação de muito trigo, e até de peixe do Mar do Norte. Dizia-se que naquela marcha Portugal acabaria por mandar vir de fora não só os ovos, mas também as galinhas.

E em sigilo — mas não tanto que não se soubesse no Paço — África e Ásia permaneciam nos projetos reais, e Bartolomeu Dias partia em busca do Cabo das Tormentas com uma frota de caravelas. O próprio navegador, cuidadosamente, havia montado a flotilha e mandara pintar as velas inteiramente de negro. Se fosse o caso, viajaria à noite, e assim escapariam os barcos aos olhares curiosos dos inimigos.

Era agosto de 1487, verão em Lisboa, outra vez o calor fazia estremecer a superfície das águas junto ao Restelo. Mas, agora, ninguém além dos familiares dos tripulantes assistiu à partida. Poucas silhuetas se recortavam no amanhecer daquele dia, à beira da praia. Os botes, impulsionados vigorosamente pelos remos dos marinheiros, buscavam os tripulantes mais importantes e o próprio capitão Bartolomeu.

Depois, a viagem, o início de mais um projeto integrado na idéia geral que estava na cabeça do soberano e dos poucos conselheiros a quem ouvia. Em silêncio, Dom João dava seqüência a seus planos. E, dentro deles, acertaria o que poderia parecer um sonho para as duas coroas, Portugal e Castela: o casamento dos seus príncipes herdeiros. Com Afonso e Isabel, toda a península estaria unida no futuro. Quem poderia superar o poder de tal reino?

AS FEBRES DA GUERRA

Pedro Álvares, então promovido a Escudeiro da Casa Real,[14] foi receber seu batismo de fogo no Marrocos. Embarcado, feliz, deixou-se embalar pelas ondas do mar rumo ao que considerava seu destino. E em duas semanas pisava o solo quente do norte da África.

Como os demais companheiros, podia até sentir-se um novo romano, um legionário que, deixando a distante terra natal, se embrenharia no desconhecido, abrigado sob a bandeira de Dom João, talvez atingindo Cartago, pronto a recuperar para os europeus e para a fé cristã as terras em mãos dos mouros.

E quem sabe ao pensamento lhe acorressem então recordações das cavalgadas nos vales e montes da Serra da Estrela, os cercos imaginários da torre de Centum Cellas, as inesquecíveis arrancadas rumo ao castelo de Belmonte? Só que agora as flechas dos inimigos e o ferro das espadas eram mortais.

Os exercícios, antes divertidos, ganharam sabor de realidade. O frio das noites à beira do deserto se revezava com o calor do dia sob o sol impiedoso que por vezes tirava-lhes o ânimo e amolecia os músculos. As tendas eram insuficientes para protegê-los da pestilência que se exalava dos charcos imundos. E os insuportáveis mosquitos impediam o sono de todos. Contaminado, Pedro Álvares tinha ao irmão como único a quem poderia queixar-se dos suores frios que o acometiam de modo intermitente. Mas de que adiantaria pedir apoio a João Fernandes? Sem poder resolver seu mal, só restaria a Pedro buscar na força moral o que lhe permitiria suportar todo o incômodo. Em nome da cruz, agir, e rápido.

Num amanhecer, o sol tolda-se com uma nuvem de densa poeira que se avista ao longe e começa a crescer, enquanto o tropel dos cavalos árabes se transforma num trovão infindável envolvendo a terra.

Em pouco, estão cercados de *infiéis*.

Pedro e seu irmão, juntos por sorte e propósito, ajoelham-se para resistir ao impacto, rezando um creio-em-deus-padre, desembainhadas as espadas.

Primeiro, um instante de pavor, depois o grito de guerra, "Portugal e São Jorge!", repetindo-se, cada vez mais alto, o infernal barulho dos metais se entrecruzando, a queda dos cavalos, o embate sangrento, a visão para nunca mais esquecer de olhos revirados e o sangue a escoar pela boca dos moribundos. Sobre as areias do Marrocos, espalham-se cadáveres.

Depois de tudo, cessada a fuzilaria, o barulho dos cascos e o retinir dos ferros, de joelhos na pequena ermida, foram abençoados pelo Bispo de Ceuta, ouvindo de Dom Diogo Ortiz[15] os louvores de recompensa por tantas noites maldormidas, pelos perigos e pelos terríveis sacrifícios em nome de Portugal. Todos os jovens que ali estavam, e que naquelas terras haviam experimentado o seu primeiro combate, agora receberiam o ambicionado grau de cavaleiros, precisando passar portanto pela cerimoniosa preparação. Banharam-se e lavaram a cabeça, assistidos por escudeiros, e foram conduzidos à capela onde aconteceria a cerimônia no dia seguinte, lá passando a noite em vigília e oração.

Durante a longa reza, permaneceram de joelhos, e depois, de pé, pelo tempo que poderiam agüentar. Tudo era parte das provas especiais a que se submetiam. Não poderiam realizar-se jogos ou entreter-se dentro da igreja, para que se mantivesse toda a seriedade do cerimonial e para que não se distraíssem os candidatos.

Ao amanhecer, celebrou-se a missa solene, com todos os cantos em latim, liderados pelo bispo, e com os moços alinhados diante do altar, rogando a Deus que os inspirasse em seus feitos.

O comandante chegou-se a eles e perguntou se era de sua vontade receber ordem de cavalaria. À medida que respondiam afirmativamente, eram-lhes calçadas as esporas. Logo lhes cingiram a espada à túnica e os jovens beijaram a mão do padrinho. Com o manto da Ordem de Cristo sobre os ombros, as mãos no castão das espadas, e os olhos fixos na cruz, repetiriam, então, as palavras sagradas do juramento, enquanto as bandeiras eram desfraldadas e as trombetas soavam. Então, desembainhando a espada, apresentavam-na, jurando morrer pela sua lei, pelo seu senhor e pela sua terra.

A surpresa era a pescoçada. Receber uma pancada no pescoço, embora esperada, sempre espantava. O significado daquele gesto abrupto era que não esquecessem o seu juramento. Em seguida, o padrinho os beijava em sinal de fé, paz e fraternidade. O bispo tocava levemente com a espada desembainhada no ombro de cada um dos novos cavaleiros.

E depois, a procissão solene deixava a igreja, encerrando a cerimônia.

E a chegada a Lisboa, como seria?

Era esse o sonho de quase todos, saudosos da terra natal, cansados dos trabalhos e de todos aqueles meses de angústia e sofrimentos, extenuados com os ataques constantes dos mouros e com a permanente atenção que era preciso dedicar à defesa das posições. Durante um ano teriam direito ao ósculo da paz e da fraternidade, sempre que encontrassem alguém pela primeira vez. Mas como bem haviam escutado dos lábios do oficiante da cerimônia, os cavaleiros então armados seriam dali para a frente "o escudo dos fracos, o amparo dos inocentes e o defensor dedicado de todos os oprimidos".

Não era esse um projeto de vida pequeno, e, apesar de os privilégios serem muitos, as preocupações também cresciam.

E se ainda houvesse peste na capital?

Pedro pensou seguir para Santarém, falaram-lhe que a Corte poderia lá estar, ou talvez em Setúbal, a fugir dos miasmas.

Todos ansiavam pelo retorno, por ver o próprio nome na boca dos portugueses. E ao lado dos que ajudavam a ampliar as fronteiras daquele "país pequenino que precisava crescer". Heróis que tinham nome: Diogo Cão e Bartolomeu Dias, por exemplo. Diogo Cão desbravara a Mina, Angola, o Rio Zaire, e Bartolomeu Dias havia vencido — uma notícia que já corria o mundo — o Cabo Tormentoso, que, aliás, o Rei, numa entusiasmada apreciação de sua importância, fizera questão de rebatizar como "da Boa Esperança". Então era possível ir ao sul da África e seguir além? Ah, Índia, ah, Cipango!, suspiravam, lembrando Marco Polo.

No entanto, ainda era preciso dar garantia à construção da fortaleza de Graciosa, na foz do Larache. Nisso consumiram longos meses, sempre pontilhados de escaramuças dos infiéis.

Depois, a viagem de volta e a experiência marítima, embora curta, que tanto o agradava. Pedro passava o tempo a acompanhar o comando da nave; durante o dia, as medições com o astrolábio; à noite, pelas estrelas, a assinalar a rota que seguiam, rumo norte. Lições aprendidas nos primeiros treinamentos, que ele testou na prática, sentindo o poder, a importância e ao mesmo tempo a fragilidade de um navegador diante do mar — aquelas ondas que vão e vêm, aquele volume de água que ora sobe e faz balançar o navio, ora o inclina perigosamente, ou o faz cavalgar enlouquecido, enquanto a chuva, tocada pelo vento, vergasta as velas, abala os mastros e apavora velhos e neófitos, oficiais e grumetes, capitães, padres, marinheiros. Atravessando tempestades, rezavam todos, contritos, de joelhos quando podiam, ou agarrados ao que estivesse mais próximo, enquanto outros se amarravam pela cintura ou se atiravam como sacos ao porão.

Ao contrário de muitos, Pedro Álvares, então, sentia-se bem, procurando manter o equilíbrio, mesmo quando o barco sacudia e corcoveava, quando a nau era erguida com a proa apontada para o alto e desabava no vazio das ondas. Seria imune ao medo? Não. Em certos momentos, provavelmente teria se rendido ao pavor geral e pedido a São Jerônimo e Santa Bárbara que o vento, a chuva, os trovões, os relâmpagos e os raios cedessem e a calma se reinstalasse. A bonança chegaria, o jeito era esperar, confiar. E por vezes a borrasca terminava num instante como se fosse por milagre, rompendo o véu da escuridão; cessava a ventania e o sol atravessava aquela imensidão líquida, espalhando o brilho da sua luz, misturando-se com o azul do oceano, a perder de vista.

De fato, o que mais o preocupava não era a agitação diabólica, mas uma calmaria inesperada que imobilizasse a frota, enquanto, ao longe, velas de barcos sem identificação, possivelmente praticantes de pirataria, aguardavam. Seriam mouros? Castelhanos? Inimigos declarados ou delinqüentes dos mares?

As silhuetas apenas balouçavam, e à distância não se poderia identificá-los. Mas era possível contá-los, e a cada novo barco acrescentado ao número dos que os cercavam, o espanto e o medo cresciam entre os marinheiros.

Com a volta do vento, as caravelas portuguesas, muito mais velozes, refugavam um combate inútil e rumavam para o Algarve.

Mas, note-se, não seria o confronto que o preocupava. Para isso estava preparado e tivera lições. A falta de vento, os barcos reduzidos a uma humilhante situação de incapacidade, isso sim. Tratava-se de sentimento de impotência desmoralizante do qual, mais adiante na vida, Pedro teria, sim, de provar. Agora era chegar à pátria, desembarcar em Lagos, o porto tradicional desde os tempos de Dom Henrique, o Navegador, subir até Lisboa, no caminho passar por Silves e Sines, ser aclamado como herói. Sonho ou desejo, quem não gostaria de se ver coroado de louros e cruzar o solo pátrio com as homenagens da população? Ou não saberiam eles, por acaso, a quantos perigos e guerras haviam andado arriscando a vida? Pelo menos, é como deverá ter-se sentido um tão jovem combatente, como credor do reconhecimento público.

Ou será que não estariam enxergando aquele batalhão de mutilados, sem braços, sem pernas, com a visão reduzida às vezes a um único olho, vazado o outro por um golpe de espada ou de cimitarra? E quantos assim perambulavam pelas imediações da Sé, à hora das missas?

Pedro Álvares também trazia sua chaga. Escondeu-a, mas não de seu irmão. Era o acesso de febre quartã que passara a acossá-lo, já estando enfraquecido pelas noites maldormidas, depois de picado por algum inseto maldito, ou envenenado pelas pestilências dos charcos. No navio, ainda havia conseguido enfurnar-se até que o desconforto o tivesse abandonado. Mas em terra firme, na convivência com seus iguais, parecia-lhe difícil ocultar a doença. Por isso, aos poucos, foi transformando a chegada numa sombria expectativa, que se avolumava à medida que percebia que os estremecimentos, a visão turvada, a dor na cabeça levavam-no irremediavelmente para o suor frio, a febre.

Nos primeiros tempos pensara em morte. E deve ter se sentido injustiçado. Tão moço, e o quanto ainda teria pela frente com os seus projetos de navegador e guerreiro, de ampliar suas posses, casar-se, ter descendentes. E, no entanto, já assim marcado. Talvez tenha duvidado que chegasse a recuperar a visão perfeita, que para sempre ela ficasse embargada por aqueles traços, aquelas linhas que pareciam-lhe correr emparelhadas. E, depois, vinha a atordoante dor de cabeça que o fazia detestar todos os que se aproximavam.

Encontrara, afinal, a solução: esconder-se.

Mas era preciso conviver, alimentar-se, retomar as aulas de geometria, astronomia, língua latina, aritmética e cânones, cumprir com os compromissos, era preciso fazê-lo mesmo naqueles dias terríveis de ira e indignação, de desconformidade e incompreensão.

Aos poucos, compreendera que melhor seria evitar uma conversa, uma visita, adiar um compromisso, resistir ensimesmado como um animal acuado, manter-se em seu refúgio até que a vista se desanuviasse, a irritação cedesse. Como a chegada da bonança depois de uma tempestade, passava a ansiar por aquele momento em que se restabelecia, pacificando-se com os que o rodeavam, em que a dor o largava e o seu próprio semblante amaciava-se com um sorriso que muitos não adivinhavam, mas que, ele próprio o sabia, brotava da sua alma.

Voltava então à disposição de perdoar, a ser educado, cortês. Aos poucos, os amigos mais próximos devem ter entendido a causa de sua irritação, a reconhecer os efeitos da doença. Para esses, não precisava explicar mais nada, apenas sumir na hora certa.

— Pedro, comeu-o a dor! — até poderiam brincar os companheiros, comparando seu desaparecimento aos que eram *comidos pelo mar*.

O PAÍS DE LUTO

Ao reaparecer, após um desses sumiços e retornos, encontrou Garcia de Resende, um contemporâneo seu na Corte, instalado então como *moço de escrivaninha* do Rei. Era o ano de 1490. Pedro, pronto para novas tarefas, ansiava pelo momento em que dele disporia o soberano, embora soubesse que Dom João estava por demais ocupado com o casamento do seu jovem filho Afonso com a Princesa Isabel de Castela, filha dos Reis Católicos.

E por Garcia soube da comemoração que se faria com a união das heranças reais: Castela, Aragão, Portugal, sob a mesma coroa, o grande sonho ibérico, o maior de todos, acalentado pelo lado de lá e pelo lado de cá!

Também soube da irritação de Dom João II com o nome que Isabel e Fernando haviam adotado para o seu reino unido: Espanha. Mas como, Espanha? Ultrajado, o monarca protestava que assim se chamava toda a península, incluindo Portugal.

No entanto, precisaria contemporizar. Afinal, os Reis Católicos seriam sogros de seu filho, e ele sabia muito bem o quanto era temido ou pelo menos respeitado — *El Hombre*, é como o chamava a rainha —, mas mesmo isso não o faria ceder. Não subscreveria a consagração do uso oficial do título de Espanha, e para tanto expedira instruções a Resende de modo a que tal *capitulação* jamais constasse da correspondência oficial.

A irritação não lhe fazia bem. Às vezes, doía-lhe o estômago, e não se tratavam essas de questões pequenas para que com elas não se preocupasse. Garcia de Resende até poderia procurar acalmá-lo com ponderadas observações, mas até que ponto um servidor seria capaz de tranqüilizar um rei?

Pedro Álvares assistia a tudo preocupado, e não deixava de admirar o amigo, com tanta desenvoltura, guindado à posição de um dos confidentes de Dom João II, dentre os poucos escolhidos do Reino. Mas só com Garcia e com o irmão, Pedro externava suas preocupações e se atrevia a discutir o assunto. Na verdade, o que ele e o irmão pretendiam era um maior e imediato aproveitamento por parte daquele misterioso Rei, sempre a lidar com os problemas com tanta seriedade e segredo. Queriam indicações, pleiteavam, por intermédio de terceiros, novas missões, mais combate, suor, excitação, poeira do deserto, inundações de convés em alto-mar, espada na ilharga de infiéis. Depois de tudo isso, viria o prêmio tão almejado, o sono abençoado pelo cansaço das batalhas, e, naturalmente, as recompensas, as tenças que garantiriam o futuro. Contudo, nenhum dos dois tinha coragem para solicitar diretamente ao Rei o seu chamamento — tinham limitações, uma timidez típica da família, a retê-los.

Quando as cortes se reuniram em Évora, como de hábito lançando mão de amigos e do sempre prestativo Garcia de Resende, conseguiram fazer chegar ao Rei sua aspiração de tornar a servir à pátria em locais de ação e combate.

A resposta, Pedro teve-a dos lábios do monarca, em meio ao entusiasmo das festas do casamento do infante; ficou sabendo que figurava, sim, nos planos nacionais.

O casamento do filho do Rei de Portugal com a filha dos Reis de Castela e Aragão, ou Espanha como queriam eles, foi um acontecimento celebrado por trovadores e cronistas; como poucos, desde o fim do Império Romano, haviam sacudido aquelas terras do Velho Mundo.

Desde muito antes começaram a acorrer a Évora saltimbancos, ciganos, ladrões e peregrinos, visitantes curiosos e convidados ilustres, para assistirem às cerimônias, nem que fosse à distância, no caso de uns, ou como participantes ou simples assistentes.

O fausto haveria de assinalar a união das duas principais coroas da Península Ibérica e demonstrar que no futuro significariam um só país, uma grande potência unificada.

Dom João II soube ser generoso, mas o que mais assombrou não foi a quantidade de comida e bebida, a variedade e a qualidade dos convidados. As bodas de Évora ficaram mesmo célebres pela grande máquina que foi apresentada durante a ceia.

Estavam todos à mesa, reis, rainhas, príncipes e nobres, quando um carro de bois surgiu em cena. Só que os bois estavam assados, com os pés e as guampas dourados, e o carro, cheio de carneiros, também inteiramente assados. Toda essa imensa e fantástica cena estava armada em cima de um grande estrado carregado pelos serventes.

Os moços empurravam a máquina, e um fidalgo, com uma aguilhada ao ombro, fingia dirigir a junta de bois. Deram a volta à sala, sob aplausos e diante da admiração de todos, em especial dos castelhanos, e os animais assados foram servidos ao povo lá fora. Em seguida, reis e Corte se dedicaram à ceia.

Foi um momento incrível, que equiparou Dom João II, na opinião dos presentes e dos cronistas, Garcia de Resende entre estes, aos mais poderosos senhores florentinos ou venezianos. Era uma demonstração de poder e magnificência. Parecia começar bem o casamento que juntava as duas coroas nas mãos dos príncipes Afonso e Isabel.

Após o casamento, Pedrálvares decidiu visitar a terra natal. Sentia-se levado a isso, como se fora para deitar-lhe um último olhar. Seguiu para sua Belmonte, então, e, por lá, despediu-se de todos, fez uma gira pelas vilas da infância, apertou a mão dos amigos e parentes, contemplou longamente, como se para nunca mais, o pequeno Rio Zêzere descendo a serpentear da Serra da Estrela e as últimas neves rebrilhando no alto das montanhas, foi até a confluência em Constância, acompanhou o Tejo, cavalgou na Ribeira de Santarém e, na data e hora, fez embarcar suas arcas no Restelo. Estava pronto para tudo.

Entretanto... Quanta coisa sucederia a ele e ao Reino nos poucos anos seguintes... Tantos mares caudalosos navegados, tanta tristeza, tanta ausência. E tanta espera, enquanto as coisas eram consertadas e solidificadas, como as naus que retornavam de uma longa travessia e precisavam ser tratadas e curadas.

Uma tragédia vitimaria o Infante Dom Afonso, colocando com que uma névoa permanente nos olhos do Rei. O desespero de Dom João e da Rainha e até da gente simples do povo foi imenso. "Não precisava ter acontecido", era a frase mais ouvida, o sentimento de impotência diante do que sucedera naquele 13 de agosto de 1491 — "Agosto, mês dos desgostos"... Acontecera ao final de uma cavalgada na mesma Ribeira de Santarém que ele, Pedro, tantas vezes percorrera também a cavalo. Dom Afonso sofrera uma queda da montaria e não resistira aos ferimentos. Os *físicos*[16] tudo tentaram. Nada trouxera resultados.

Tratava-se ao mesmo tempo de um infortúnio pessoal e um enorme abalo político que sacudia Portugal. Era a frustração de parte dos projetos nacionais; a união com Castela significava o futuro e a força. Com a viuvez, a jovem princesa retornara para a Espanha. Desfazia-se assim a união longamente planejada e tantas vezes tentada com o poderoso vizinho. O povo simples, que via no soberano seu defensor, soube unir-se ao abatimento real. Até a Corporação dos Barbeiros decretou o luto como uma moda nacional: durante seis meses não cortariam nem cabelos nem barbas, nem que lhes implorassem. Eram mais de 100, só em Lisboa, e várias centenas espalhados pelo país. Com seu gesto, ajudaram a dar contornos nacionais à dor, transformando em procedimento obrigatório o que seria só de parentes próximos. Talvez alguns senhores não quisessem seguir a *moda*. Mas, durante metade daquele ano, os cabelos e as barbas compridas assinalaram a consternação do país inteiro pela perda que o Rei sofrera.[17]

Dom João recriminar-se-ia pelo resto da vida. Fora ele que atraíra o jovem para a cavalgada. Fora ele quem convidara, insistira, reclamara primeiro a demora, depois a ausência. Como convencê-lo de que fora uma fatalidade?

Desaparecia com 16 anos incompletos o filho que tivera quando era apenas o regente do Reino. Seu pai, Afonso V, ainda não havia sequer abdicado, então. Sentia-se amputado e injustiçado. Punido.

Apesar do calor, abrandando e entristecendo aquele verão uma chuvinha fina e teimosa precipitou-se muitos dias sobre o país. Na Corte, as pessoas andavam silenciosas, temerosas, conversando discretas, em vozes abafadas, evitando qualquer bulício ou algazarra. Todos queriam imitar o casal real; povo e cortesãos passaram a usar os panos mais pobres e escuros. As mulheres que não encontraram ou não conseguiam mais comprar o burel, que subira de preço, vestiam as saias ao avesso. E tornou-se comum encontrar quem se martirizasse golpeando com as mãos o próprio corpo ou batendo com a cabeça para ferir-se. Uma pungente e longa loucura abatera-se sobre todo o país.

Sempre a aguardar sua hora, em Lisboa, Pedrálvares, entrementes, foi chamado às pressas a Belmonte. E agora era ele quem devia enfrentar o peso da morte, para si inesperada, do seu maior amigo e protetor. Morrera-lhe o pai, aquele gigante querido capaz das mais barulhentas brincadeiras, "o metedor de alvoroços", como fora chamado em sua juventude, e simultaneamente o alcaide duro e cruel, o regedor justo e eficiente. Seu falecimento deixava um vazio imenso para Pedro, para João e para os demais irmãos. Havia 10 anos lhes morrera a mãe, agora o pai.

Pedrálvares teve bem como compreender a já então arrastada morbidez do monarca português, porque acabara de sofrer na própria família, na própria carne, uma enorme perda. O mesmo sentimento de culpa, mutilação e abandono ele experimentava diretamente, naquele seu imprevisto retorno a Belmonte. E enquanto se encaminhava para a terra dos Cabrais, cavalgando no tortuoso caminho da Beira, seria de se imaginar que tivesse em mente o quanto estranharia a poderosa ausência do homem bom que a todos dominava com suas maneiras exuberantes e sua voz forte, seus gestos largos e seu riso solto. Em Belmonte, em torno ao castelo, o luto estendia seu manto, como a sombra que cedo se projetava naquele inverno, o sol cedo se escondendo atrás da Serra da Estrela. Morrera Dom Fernão, o Gigante, o trabalhador infatigável, aquele com quem podiam dividir ânsias e preocupações, dores e dúvidas. Agora, como faria Pedro, um filho segundo?

Pedro sentia-se cada vez mais só, precisava pensar em estruturar sua vida de outra forma, buscar a solidez de uma própria família, talvez com um casamento, mas para isso faltava-lhe tempo.

Quem sabe depois de cumprida a viagem próxima?

Na pequena igreja enfumaçada pelo incenso, jazia o enorme corpo do pai morto, envolvido no lamentoso canto coral que deixava o templo e se espalhava até o castelo, ali tão próximo, onde o falecido concentrara a maior parte da sua existência.

Naquele retorno do final de 1493, Pedro sentia-se outra vez menino e desprotegido ao olhar as pedras onde vira tantos soldados animados a conversar, trocando ofensas brincalhonas, os cavalos a se agitar, a pingar de suor, extenuados da correria. Dom Fernão não estaria mais ali para ocupar-se do futuro dos filhos, ou com as filhas, a encaminhá-las a conventos ou casamentos.

Era preciso *arrumar* a todos, dele escutara.

E então, com sua morte, era o desamparo. Por mais *protegido* que estivesse, faltaria aquela risada larga, aquele braço forte, aquele ânimo, o apoio.

Com os irmãos sempre haveria alguma distância. Depois, com tanta diversidade de interesses, com irmãs casadas, outras tornadas freiras e com o deão bastardo... Como agir com o irmão mais velho? João Fernandes e ele foram companheiros de feitos e armas, e de todos os dias, desde a ida para a Corte. Herdeiro do morgadio, como primogênito, João voltava em definitivo para Belmonte, assumindo a administração do castelo, o solar e a tulha. Logo, tomava posse também dos títulos.

Era preciso, sim, reunirem-se os irmãos para discutir a herança e fazer a partilha. Mas preferiram adiar tudo para depois do inverno, no ano seguinte. Em maio, estariam outra vez juntos, inclusive as irmãs que se haviam recolhido aos conventos, ocupando a inóspita, a reduzida área residencial do castelo, que até lá poderia ser ao menos preparada ou melhorada. Dali, cada um seguiria seu destino, tratando de cuidar da parte que lhe tocaria na sucessão e na própria vida.

Talvez Pedro tenha tido a premonição de que seria a última vez que os veria reunidos. Seria como um último encontro. Pode também ter imaginado que algum deles quem sabe quedasse em breve pelo caminho, que já não eram tão jovens. Quanto a si mesmo e seu irmão mais velho, com efeito, soara a hora da divisão.

João Fernandes, por força da primogenitura, receberia então o morgadio[18] e Pedro, já mais do que preparado, enfrentaria sozinho os seus desafios na Corte. Cada qual passaria a ver o que lhe caberia, quais as novas responsabilidades, os resultados, e até mesmo onde estabeleceria moradia. João, futuro alcaide-mor de Belmonte, naturalmente residiria no castelo em suas terras. Pedro ainda tinha o que fazer na capital, e sobretudo precisava deixar-se disponível para tantas missões quantas El-Rei julgasse que lhe devesse atribuir.

E era com isso que sonhava.

A separação seria custosa. Precisariam botar em ordem todos os papéis e documentos. Foi quando verificaram ter perdido a carta de tença. Embora, cidadãos de respeito que eram, reconhecidos publicamente, não precisassem ostentá-la a cada recebimento, seria muito conveniente tê-la em mãos. E, acordaram entre si, melhor ainda se ela, renovada, estabelecesse um valor para cada um em separado. Como era até então, sempre precisariam estar juntos para receber os

26.000 réis, ou receber um pelos dois. Por isso, prefeririam a renovação do pedido estabelecendo a divisão, em vez de ficarem a revolver todas as arcas e caixas onde poderia estar guardada. Uma vez de posse da nova concessão real, poderiam mostrá-la a qualquer funcionário do Tesouro que porventura o exigisse.

O canto de antigas histórias

A primavera ia em meio, as águas desciam, cantando, os contrafortes da Serra da Estrela. Noites lindamente estreladas sucediam aos agradáveis dias de muito sol quando, em 6 de maio de 1494, todos os filhos de Fernão Cabral e Isabel de Gouveia encontraram-se pela última vez.[19]

Desde a véspera, começaram a chegar à velha e amada Belmonte da infância. Alguns hospedaram-se no próprio castelo, onde residia João, o novo senhor desde a morte do pai; outros buscaram hospedagem nas casas dos amigos que haviam deixado na pequena aldeia, até porque, sendo aquele mais um forte do que propriamente um palácio, não dispunha de instalações suficientes e apropriadas para hospedar tanta gente.

Pedro, solteiro, ficaria bem em qualquer canto ao abrigo das velhas muralhas. E enquanto não fosse hora de comparecer ao cartório para assinar a partilha, já longamente discutida e estabelecida nas conversações anteriores e nas tantas cartas trocadas, poderia dar uma longa caminhada, rever amigos, descer até o Zêzere. Quem sabe haveria tempo e algum animal disponível para uma cavalgada ou para uma volta pelas ruelas da vila?

Todos compareceram, mesmo as irmãs freiras que viviam em Vila do Conde. João Fernandes, Pedro Álvares, Álvaro Gil, que era prior de Espinho, Vasco Fernandes e o menino Luís Álvares, que teria de ser *assistido*, pois estava com apenas 10 anos, mais Isabel, Leonor e Teresa, Dona Aldonça, que estava recolhida em um convento em Arouca, Violante, viúva de Luís da Cunha, o Senhor de Santar, e Beatriz, acompanhada por seu marido, Dom Pedro de Noronha, o alcaide-mor de Almeida.

Estava tudo assente e acertado. E tantas eram as terras, que a cada um tocaria um bom pedaço, com as respectivas rendas. Naquele 6 de maio, não se produziram dúvidas ou discussões. As duas irmãs casadas já haviam levado suas partes em dotes, sobrando portanto nove lotes, a serem distribuídos por sorteio. Ninguém poderia reclamar, pois o destino é que se encarregaria de escolher por intermédio dos dados. Depois faltariam apenas as assinaturas, o que se providenciou naquela tarde luminosa de maio em Belmonte.

A Diogo Fernandes, o bastardo, o único ausente, fora assegurada a carreira eclesiástica, e não havia mais dúvidas e dívidas a acertar. Tudo fora estipulado pelo pai, Dom Fernão, sempre claro e positivo a esse respeito. As relações eram boas, e Dom Diogo muito tinha a fazer junto à Corte, acompanhando Dom João. Ele também era um Cabral.

Depois de comparecerem engalanados ao cartório, reuniram-se os 10 no castelo para a última ceia.

Estavam presos à promessa de não discutir. Poderiam, isto sim, acertar-se entre si, celebrar trocas, procurando acertar de forma mais adequada a cada um, a seus interesses e pendores, o que a sorte estabelecera de modo aleatório. Mas essa era uma questão a ser estabelecida diretamente entre as partes. E, por sugestão do primogênito João, procurou-se instituir um protocolo de amizade e compreensão. Seria algo diferente do que ocorreria nas outras famílias, era o que desejavam, mantendo a união e fazendo esquecer qualquer querela, pois seria a sorte, apenas ela, que decidiria que um permaneceria em Manteigas ou iria para Viseu, ou se fixaria em Santarém ou ali mesmo em Belmonte, se o interesse pelas terras o determinasse. Alguns, é claro, haveriam deixado transparecer sua inconformidade, enquanto Pedro sonharia com seu regresso à Corte e, quem sabe, à frente de batalha. Assim fugiria ao desgaste deste tipo de convivência que temia e das desavenças inúteis. Discutir propriedades? Criticar a sorte? Talvez fosse uma boa idéia voltar ao Marrocos, onde pelo menos se sabia quem eram os adversários e de que lado vinham as setas e os disparos...

E subiria sozinho até a torre de menagem do castelo, onde se deixaria a apreciar a chuva que lentamente caía sobre as terras ao derredor. Já não era mais abril, não poderia dizer "chuvas mil, coadas por um funil", naquele maio ainda com sobras do mês anterior. E que país abençoado o seu, contando com toda essa água que o bom Deus lhe enviou. Se fechasse os olhos, a lembrança dos areais imensos da África faria com que lhe ardessem as têmporas. Por um instante, o sol matizar-lhe-ia as retinas. Pura lembrança. Estava em Portugal e era primavera.

Da sala onde ainda ceavam viria uma distante troca de palavras, para Pedro soando como uma incompreensível algaravia. Seria mais prudente voltar, reincorporar-se ao convívio dos demais irmãos, antes que dessem por sua falta e o julgassem orgulhoso e soberbo. A decisão fora mesmo em tempo. A chuva estancara de vez, permitindo que seguissem todos em procissão até a capela de São Tiago, cavaleiros, damas, freiras e freis, flanqueados pelos empregados que carregavam grandes velas para iluminar o caminho.

Pedro foi um dos últimos a incorporar-se ao grupo, apertando o barrete entre as mãos e procurando lembrar-se das palavras em latim que costumava ouvir na pequena igreja de Santo Antônio onde se refugiava nas manhãs de domingo ou a 13 de junho, na data do santo.

Um agradável coral lhe gratificava os ouvidos e o coração.

Embora os seus irmãos não fossem lá donos de tanta harmonia musical, dentro dele uma paz enorme crescia, fazendo transbordar seus sentimentos; sentia-se gratificado.

Por trás dos véus e capuzes, podia sentir o espírito bem diverso que animava cada um dos parentes. Estavam ali a se despedir. Haviam se reunido para uma questão material: dividir a herança que lhes tocara dos pais, Fernão e Isabel, tudo o que viera dos dois lados, Cabral ou Gouveia.

O que não era pouco. O mapa assinalava, e os documentos, agora passados em cartório, traziam nomes e títulos: Caria, Tortosendo, Castelo Novo, Pedrogão, Gonçalo, Mangualde, Espinho, Moimenta da Serra, Manteigas, Teixoso, Covilhã, Belmonte, Viseu, Colmeal, até Guarda ou Freixo de Espada à Cinta, Soutosa, Monsanto ou Santarém. Por todos os lados havia um pedaço de terra vinculado e agora redistribuído.

Só faltava rezar diante das ossadas dos antepassados para encerrar o encontro, frente a frente com as armas que lembravam a dura justiça das prensas e também a fidelidade dos Cabrais. Lendas que fossem, se o eram, todas essas histórias teriam lá sua importância para conservar a têmpera da estirpe. E assim, sorrindo, talvez, Pedro poderia recordar a historinha agradável que se referia ao pai, o gigante Fernão, o "metedor de alvoroço entre as moças de pandeiro", como Fernão da Silveira cantara em Évora na sua apresentação, fixando a imagem do jovem: "galante Cabral, boas novas Deus vos mande, sois em corte feio e grande, e no campo outro tal" e que no entanto "nem há, em Portugal, de damas tal servidor!".[20]

Lendas, então? Mas, se Pedro levantasse os olhos, veria no alto da coluna, no capitel no qual se apoiava a ogiva da capela, a marca bem clara das prensas. Verdade? Mentira? Poderia alguém prezar mais a lealdade ao Rei do que ao próprio sangue?

Um alcaide poderia ter assistido ao suplício do filho metido numa prensa para castigá-lo por uma traição? Outra lenda, provavelmente. Quem seria capaz de tamanha dureza no cargo que o levasse a praticar essa atrocidade com uma pessoa, e mais, com um parente, um filho, um descendente?

Isso e mais as cabras — uma antiga saga de fidelidade, que também ele mantinha. Não mais do que isso. A respeito das cabras, tantas eram as histórias que contavam...Como a do seu antepassado ilustre que, cercado no castelo de Belmonte por invasores que vinham de Castela, e já lhe faltando mantimentos, mandou pegar as duas únicas cabras que ainda tinha e cortá-las em postas, atirando a carne para os inimigos que se mantinham no cerco. O gesto espantou de tal forma os adversários — "pois então quer dizer que não careciam de comida?" — que deu tempo ao Rei de Portugal de chegar com o socorro.[21]

E então? Verdade, mentira, lenda? Sempre perto da Coroa, sempre batalhando na defesa do Reino. Pois não estava ele próprio, havia 10 anos e tal, servindo ininterruptamente Dom João II, o Príncipe Perfeito?

Sob o peso das recordações, Pedro deixou a pequena capela para tomar ar do lado de fora. Deixou-se ali ficar, contemplando a silhueta escura do castelo a poucos passos, onde ainda ressoavam as largas passadas do pai, durante as noites de insônia, e o desespero daquele seu antecessor — se é que existira — que, impotente, quedou-se escutando os medonhos gritos do filho, enquanto se fechavam os braços da prensa. Em nome do Reino.

Do mesmo Reino em nome do qual muita coisa se praticava, ou tramava. Um ano antes, Pedrálvares havia passado por dura prova, tendo de confrontar amizade a fidelidade, a patriotismo e a honradez. Um teste difícil.

Os fatos haviam se passado em Vale do Paraíso.

Colombo: às Índias, pelo poente

Em meio a uma tempestade que assustara metade da Europa, a caravela *Niña*, com as cores vermelha e amarela dos Reis Católicos, depois de procurar abrigo nos Açores, finalmente conseguira um porto seguro: Lisboa. Fazia parte da frota enviada pelos Reis Católicos, quase um ano antes, para tentar o caminho das Índias pelo Ocidente.

Era o dia 4 de março de 1493 e o comandante da frota, Cristóvão Colombo, tratava-se de personalidade de todos muito conhecido em Portugal. Convivera na Corte por 10 anos, todos sabiam dos seus sonhos e do que ele por seu turno poderia conhecer dos planos de Dom João II, até porque propusera ao soberano, nove anos antes, a viagem às Índias pelo lado do poente. Não houvera acordo, Dom João preferia a rota pela África, pelo Cabo da Boa Esperança. Entretanto, para desagrado do soberano português, Colombo se acertara com os Reis Católicos e ali estava, retornando de sua bem-sucedida jornada, a bordo da *Niña*.

A caravela *Santa Maria* havia soçobrado na viagem. E, continuando o mau tempo, Colombo fora forçado a entrar no Tejo, antes que sofresse outro naufrágio. Sob rezas da população ribeirinha, o barco castelhano chegara até junto a praia no Restelo.

Fora a mais horrível tempestade daquele inverno, que já se mostrava excepcionalmente duro. Mais para o Norte, no Flandres, se haviam perdido 25 naus nos últimos meses e outras tantas continuavam retidas, sem poder sair. Diante da vila de Cascais, todos pensaram que se iria dar o pior, mas, agüentando-se firme, a caravela de Colombo acabou por lançar âncora pouco adiante. Foi então que a nave mais bem apetrechada do Reino, com o experiente e prestigiado Bartolomeu Dias a bordo — o que havia contornado o Cabo das Tormentas — surgiu diante da *Niña*.

Cristóvão tudo ordenava que fosse transcrito em seu diário. E como confiasse na escrita acima de qualquer coisa, logo quis mandar uma carta a El-Rei, pedindo que este lhe desse permissão para seguir com a caravela até Lisboa, "pois encontrando-se em porto despovoado" poderia ser "alvo de alguma perversidade de alguém que pensasse que ele carregava muito ouro". E tratava de informar que não voltava de nenhuma viagem à Guiné, onde estavam as minas que sabia portuguesas, mas sim das Índias.[22] Explicava também que, ao amanhecer, haviam "divisado entre as ondas que investiam por ambos os lados, apesar dos ventos que pareciam erguer a caravela no ar, da chuva e dos relâmpagos, a montanha de Sintra, e com isso meteram direto pela embocadura do grande rio, que sabiam ser o rio de Lisboa, o Tejo". Mas, antes mesmo da carta de Colombo, a notícia alcançaria Lisboa e iria mais além, a Vale do Paraíso, onde o Rei se encontrava, sossegado, procurando fugir ao frio. Pedrálvares lá estava, em meio aos companheiros de Corte.

Bartolomeu Dias exigiu que Colombo viesse a bordo e seguisse com ele para prestar contas ao administrador do porto, sobre o que o trouxera até ali. Mas isso não intimidou o genovês que alegou não se sentir obrigado a acompanhá-lo, referindo-se às cartas dos reis de Castela e Aragão que trazia consigo como seu salvo-conduto. Finalmente, no dia 8 de março, Dom Martim de Noronha trouxe uma autorização do Rei Dom João II que era ao mesmo tempo um convite e uma intimação. "Que fosse até Vale do Paraíso, que lá seria recebido." Para a detenção de Colombo, foi necessário que o capitão do navio que transportava Bartolomeu Dias, Álvaro Dama, fosse em pessoa, acompanhado por grande pompa até a caravela castelhana.

Levado prisioneiro por Bartolomeu Dias à presença do Rei, o navegador temeu, com justa razão, pela sua sorte, tal a ira com que se ia defrontando nos semblantes ao seu redor. Mais temeria ainda quando levado à audiência com Dom João II. Tendo desfrutado da intimidade daquela Corte, melhor conhecia o Rei do que o Rei a ele; portanto, mais uma razão para se preocupar com sua vida. Depois de passar a noite em Sacavém, Cristóvão seguiu seu insólito destino, achando que escapara dos perigosos antropófagos *caribes* mas que não conseguiria sobreviver ao rancor dos portugueses. O soberano, contudo, o surpreenderia.

Chovia muito e ele só pôde chegar ao paço ao anoitecer daquele sábado, dia 9 de março de 1493, como mandara anotar em seu diário. Dom João II foi tão gentil e maneiroso na recepção, como convinha a um soberano do seu porte e como imaginaria quem o conhecesse, que fez com que os temores iniciais de Colombo se dissipassem.

Colombo sequer suspeitaria que os cortesãos haviam sugerido ao Rei dar-lhe morte imediata e se haviam oferecido para executá-lo. Ninguém ficaria sabendo, e a aventura do navegador terminaria na antecâmara que dava entrada ao recinto das audiências. Sem incomodar mais Portugal.

Dom João, todavia, tinha outro caminho, mais ameno, embora mais longo, porque havia outros interesses que aqueles senhores da Corte não podiam alcançar e em grande parte desconheciam. Por outros meios, já estavam chegando os protestos do Rei de Portugal até Isabel e Fernando, e a caminho de Roma haviam seguido os embaixadores portugueses com o mesmo propósito.

A palestra entre Dom João e Colombo, portanto, iniciara-se cordial, com o Rei oferecendo-se para "fazer tudo o que agradasse aos reis de Castela e a seu serviço". No entanto, de um momento para o outro, tornou-se ríspido e direto afirmando que, "no seu modo de entender e pelo pacto existente entre os Reis Católicos e ele, aquela conquista feita por Colombo lhe pertencia. Eram terras que estavam dentro dos limites do tratado assinado anteriormente". Como ousava achar o navegador ter *descoberto* terras que entretanto já pertenciam a Portugal? E não era a rota cumprida conhecida e já estabelecida em mapas e portulanos portugueses? Estavam próximas da Ilha Terceira, então? *Os Açores são nossos*, afirmaria Dom João, baseando-se em sua interpretação do Tratado de Toledo, que consideraria a nova terra parte do senhorio português da Guiné. A seguir, ordenou a Colombo que desse conhecimento a Dona Isabel, Rainha de Castela, e a Dom Fernando de Aragão de sua indignada reação.

Colombo estava convencido de que chegara a Cipango ou às Índias, mas pelo caminho do Ocidente, como sempre anunciara que era possível. Não haveria, portanto, se valido de segredos descobertos na Corte, já que não seguira a rota imaginada pelos portugueses. Dom João não aceitou seus argumentos e alertou que já mandara escrever a Isabel e Fernando, comunicando sua posição sobre o assunto.[23]

Conhecia-se sobejamente a sanha de Dom João quando se tratava de punir os traidores do Reino. E por isso, durante toda a permanência de Colombo na Corte, no máximo um olhar e um aceno de cabeça eram aceitos para marcar o seu reconhecimento de antigos companheiros — a não ser que integrassem o pequeno e seleto grupo que pôde seguir as conversações e diretamente delas tomar conhecimento. Naqueles momentos de desconfiança, qualquer mostra de intimidade ou relacionamento poderia soar como perigoso sinal de colaboração ou comprometimento. Era preciso ter muita firmeza. Saber comportar-se sem desafiar as iras do Rei, e sem que os cortesãos especializados em estabelecer a discórdia tivessem como envenenar o ambiente sugerindo pequenas e grandes traições.

No domingo, depois de ouvir a missa, o Rei repetiu-lhe tudo o que dissera anteriormente, mas agora tratando-o novamente com muita gentileza, o que o confundia, e oferecendo-lhe condições de regressar a Sevilha por terra.

Colombo agradeceu, era uma questão de honra voltar em seu próprio barco, e na segunda-feira foi à igreja de Santo Antônio para em seguida visitar a Rainha, que estava em Vila Franca. Depois de reverenciá-la e beijar-lhe as mãos, despediu-se, e no dia 13 de março, com a maré muito alta, levantou âncora e soltou as velas rumo a Sevilha. Como sempre, mandou anotar tudo em seu diário. Sexta-feira, 15, noite avançada, achou-se nas proximidades de Palos, de onde partira a 3 de agosto do ano anterior.

Acostumado aos procedimentos do Rei, Pedro não se espantava com suas mudanças de atitude em relação ao genovês. E talvez também sentisse cheiro de guerra. Dom João iria aos extremos, e sua ameaça não era apenas um jogo. "Há dias de falcão e dias de coruja", lembraria o soberano, sempre, enquanto mandava montar uma armada com três centenas de barcos para intimidar o país vizinho.

Cristóvão Colombo, Portugal inteiro o sabia, dali a pouco estaria outra vez navegando para aquelas partes do Ocidente com a cruz pintada nas grandes velas e com os estandartes vermelhos e amarelos. Pedro aguardava, era certo que seu dia chegaria; e sabendo das trocas de embaixadas, das idas e vindas a Castela, de como o ouro de Castela e Aragão elegera um novo papa — Rodrigo Borgia, que tomara o nome de Alexandre VI e emitira uma bula, *Inter Coetera*, dividindo o mundo descoberto e a descobrir entre portugueses e castelhanos, édito que tanto desagradara Portugal — só lhe importava preparar-se para ser útil. E quem sabe, ao contemplar sua grei, lembraria a divisa do Príncipe Perfeito — "Pela lei e pela grei" — e pensasse consigo: "Também por eles. Pela nossa grei."

O MARTÍRIO D'*EL HOMBRE*

No verão de 1493, a peçonha andara à solta em Portugal. O Rei Dom João II adoecera em Torres Vedras. Aventava-se que estivesse sendo envenenado. No entanto, não havia na Corte outro assunto a não ser que seu padecimento mais se devia à bula papal do que a qualquer droga que acaso lhe houvessem ministrado.

A doença não o impedira, porém, de organizar uma embaixada ao Reino de Castela, e nela estavam Ruy de Pina e Pero Dias, como sempre. Dessa vez, iriam até Barcelona, onde estavam os Reis Católicos. Portugal não aceitava a linha proposta na *Inter Coetera*.

Dom João II tinha muitas frentes de trabalho em aberto, e com elas procurava distrair-se das horríveis dores abdominais, enquanto revolvia-se nos banhos buscando amenizá-las.

Entendia como adequadas as soluções que adotara. Por outro lado, mostrava-se duro para com os adversários. Não pretendia perder tempo com o que considerava infantilidades e já mandara constituir uma grande armada para apreender ou afundar qualquer barco que se atrevesse a obstar a navegação lusitana. Encarregara um grande fidalgo, Dom Francisco de Almeida, de levar adiante essa tarefa, e só dela desistiu quando teve certeza de que os castelhanos também recuavam da idéia de recrutar todas as naus e caravelas que tinham no Reino para enfrentar os vizinhos. De aliados haviam retornado à condição de inimigos. No ar, cada vez mais forte, pairava o enfrentamento, e os embaixadores continuaram se cruzando em terra alheia para iniciar as negociações.

Quando acossado por este ou qualquer assunto mais sério, no entanto, o Rei mostrava-se frio e arredio, como era de seu estilo, e praticava o sigilo, como sempre, em todos os seus negócios, particulares ou da Coroa. Querendo ficar só, bastava-lhe lançar olhares de desagrado. Ninguém ousaria aproximar-se. Vez por outra, mostrava-se alegre e simpático, chamava seus ministros, distribuía instruções e ordenava providências.

Uma das questões sempre discutidas era a dos marranos refugiados no país, que haviam escapado de Castela e Aragão, e que se submetiam a não exercer publicamente sua religião, em troca de serem deixados em paz. Claro que pagariam por isso. E muito bem. Havia na verdade o maior interesse em que permanecessem em Portugal. Para os muito sábios e muito ricos, sempre haveria exceção. Mas até quando, escorraçados de Espanha, ficariam ali? — esta sim era a pergunta que corria soturnamente nas poucas sinagogas permitidas. De um modo geral, Dom João II era tolerante e afável, prezava bastante seus bens em dinheiro, jóias e ouro. Melhor sabia ainda era do valor da sua ciência. Abraão Zacuto, por exemplo, agora seu astrônomo e físico oficial, fora professor em Salamanca e, embora por breve tempo, seu enorme prestígio se irradiara para toda a Europa.

Tê-lo a seu serviço não era apenas uma melhoria de qualidade de trabalho. Era uma distinção. Uma valiosa contratação, pois com o enorme conhecimento do céu e da terra, do sol e dos planetas, sem falar do seu utilíssimo *Almanaque Perpétuo*, que se mandaria até imprimir, era o próprio Reino que crescia aos olhos dos outros reinos. Além disso, para o programa de navegação dos portugueses, o *Almanaque* era valiosíssimo. Mestre José Vizinho se encarregara das necessárias traduções para o português e para o castelhano.

Enquanto Dom João governou, com a sua política dúbia de aproveitamento e mais tolerância do que perseguição aos judeus, Zacuto permaneceu em Portugal. Ocorreram outros casos semelhantes. Um sábio judeu que também vivera em Salamanca, Isaac Aboab, recomendara a Dom João 20 famílias. Zacuto entre elas. Essas, acima de quaisquer outras, deveriam ser preservadas e protegidas, pois o seu saber e riqueza só engrandeceriam a Coroa. Havia, é claro, os que não figuravam na privilegiada lista. E, entre estes, alguns adultos que escolhiam o destino que desejavam, pagando sua saída do Reino ou a sua "passagem", como se dizia. Já as crianças com menos de 14 anos eram postas em navios e enviadas para a Ilha de São Tomé, na costa da África, depois de respingadas com água benta. Lá, entregues ao donatário, levariam adiante a colonização portuguesa, partindo de si próprias. Para estes, Dom João entendia haver encontrado uma boa solução. Mesmo que alguém ousasse chamá-lo de Herodes, não mudaria seus planos.

Agradava tanto à Igreja com as suas medidas de batismo compulsório dos judeus desde maio de 92 — o *compelle intrare* —, que não duvidava conseguir influir sobre o Papa Alexandre VI, empurrando a linha divisória para além das estabelecidas 100 léguas a oeste do arquipélago do Cabo Verde. Para isso, enviou, em maio de 1494, nova missão a Roma.

Mostrava-se confiante, otimista, apesar das origens aragonesas do Papa. Pretendia conquistar mais umas 200 léguas, com o que, pelos dados de que dispunha desde as mais recentes viagens dos seus navegadores, enquadraria terras descobertas e a descobrir dentro do seu Reino, e, seguramente, toda a *volta do mar*, para poder viajar com tranqüilidade pelo oceano e contornar o sul da África.

Enquanto se dedicava a estes objetivos políticos e geográficos, tramava ainda casar o sobrinho Manuel com a princesa castelhana Isabel, viúva do seu filho, como uma saída para a futura fortificação da península sob a mesma coroa, o que, confidenciava, tornaria inúteis todos os tratados e preocupações.

Coroa aliás que, impossibilitada de ir para a cabeça do seu filho Jorge, bastardo, como ele gostaria, e que se perdera do Infante Afonso pela morte, ficaria bem equilibrada num homem de sorte como o primo e cunhado, Manuel. Para um Bragança é que não poderia ir.

Mas o calor intensificava ainda mais suas dores, e Dom João buscava alívio mudando a Corte de Vale do Paraíso para Santarém, daí para Évora e então para Setúbal. Procurava evitar ao máximo a sujeira de Lisboa, onde o ar estava empestado pelos restos de comida e animais mortos espalhados pelas ruas, sem que o Senado tomasse qualquer providência. Apenas o povo reagia da maneira que podia, acendendo fogueiras de alecrim. Os negros que morriam de peste eram jogados num poço comum.

Dom João achava-se doente desde que tomara água da Fonte Coberta. Era pelo menos o que pensava. Mal do estômago e dos intestinos, permitiu-se ouvir de uma mulher muito religiosa que, diziam, era de santa vida, "uma mulher de virtudes", cujas premonições e adivinhações eram levadas muito em conta — e quando ela lhe disse que fora envenenado, não lhe deu crédito. Ainda mais que tudo aquilo já lhe vinha sucedendo havia dois anos.

Mais tarde, em muito pior estado, mandou chamá-la outra vez. A rapariga de virtudes lhe confirmou tudo, Garcia de Resende soube-o por sua boca. Mas quando ela anunciou que agora seria tarde, porque recebera da mesma peçonha outra vez, Dom João fez com que jurasse que não o contaria a pessoa alguma.[24]

Transmitia sua irritação e preocupação por meias palavras e frases incompletas. Os cortesãos mais habituados com ele, no entanto, traziam em mente grande parte de seus planos e projetos.

Entre eles, Pedro Álvares, ou Pedrálvares, como o chamavam os amigos, inspirava confiança, por sua seriedade. Muito compenetrado, parecendo bem mais velho do que de fato era, logo atraía as atenções pela elevada estatura, a esbelteza, os longos cabelos e as pernas compridas, tortas, entretanto, pelo hábito de cavalgar. O próprio Rei nele prestara atenção, tanto que fizera uma observação a Garcia de Resende: é "homem fidalgo, de bom saber, muito auto"...Um "homem moço mas avisado" — completara, mostrando que ele estava em seus planos. E também: "Ainda jovem mas muito afável e educado" — uma observação que agradava em parte a Pedro, permitindo supor que lhe estivessem reservadas grandes coisas se continuasse a merecer a confiança daquele senhor todo-poderoso, e que o fazia temer também pela demora da chegada das oportunidades.Tinha pressa.

Por certo, lamentou não integrar a embaixada que acertou na vila de Tordesilhas, no dia 7 de junho daquele ano de 1494, o tratado que os Reis Católicos ratificariam no dia 2 de julho em Arévalo, e Dom João II, no dia 5 de setembro, em Setúbal, para onde fora refugiar-se do calor. No início de maio, Pedrálvares fora a Belmonte assinar a partilha, mas é evidente que gostaria de ter estado na comitiva junto com Rui de Souza, João de Souza, Aires de Almada, Estêvão Vaz, João Soares de Sequeira, Rui Lemes, e ao lado do navegador e cosmógrafo Duarte Pacheco Pereira. Uma grande missão, motivo de orgulho para todos os que com eles privavam. Gostaram da viagem, da estada em Tordesilhas, e não se cansavam de elogiar o edifício que preservava a cultura modejar, o Convento de Santa Clara, dominando a cidade, com suas janelas e seu pátio mourisco.

Ruy de Pina, que junto com Pero Dias tentara antes, sem êxito, o acordo das terras "*en la parte del Sol*", redigira em 8 de março a procuração, por não poder o Rei tratar do caso pessoalmente. Era uma proteção ao soberano: Isabel e Fernando também não estariam presentes, seriam representados. Depois sancionariam o que fora aprovado sob sua recomendação. Da mesma forma faria Dom João.

Rui de Souza, Senhor de Sagres e Beringel, o mais experimentado dos diplomatas portugueses, chefiaria a delegação, que teve ainda a integrá-la seu filho, João de Souza, o Almotacé-Mor, e Aires de Almada, Corregedor dos Feitos Civis na Corte e do Desembargo Real, todos membros do Conselho Régio. E mais as testemunhas, que também atuaram como conselheiros: Estêvão Vaz, secretário de Dom João, que era o escrivão da embaixada, João Soares de Siqueira, Rui Leme e o navegador Duarte Pacheco Pereira.

Era igualmente brilhante, integrada por gente de destaque na sua Corte, a missão dos Reis Católicos. Os embaixadores castelhanos eram Dom Henrique Henriquez, Mordomo-Mor dos Reis, o Comendador-Mor Real, Don Gutiérrez de Cárdenas, e o Dr. Rodrigo Maldonado, todos membros do Conselho Real.

Houve muita pompa, longas ceias, vinho e música, nos poucos dias em que estiveram reunidos, pois, estando mais do que discutidos os pontos, fora apenas o tempo de acertar a redação. Pelo lado espanhol, cuidava disso Fernando Álvarez de Toledo, secretário de Isabel e Fernando.

O texto do Tratado de Tordesilhas foi redigido em castelhano, dele extraindo-se duas cartas que disseram trazer palavra por palavra tudo o que dele constara, propondo-se a apresentar o que "foi tratado, assentado e capitulado" entre os reis "*Sobre la diferencia de lo que a Nos y al dicho Serenisimo Rey, nuestro hermano, pertenece de lo que hasta siete días deste mes de junio, en que estamos, de la fecha de esta escritura, está por descubrir en el mar oceano.*"[25]

Era muito, por certo, o que "havia por descobrir", mas também era grande o conhecimento de Portugal sobre o que existia "*en la parte del Sol poniente*". Por isso, a ordem era silêncio até a assinatura e depois aguardar a demarcação. Como seria feita?

Dom João ratificou o tratado no dia 5 de setembro, em Setúbal, mas recomendou cautela. Nada de festas. Comemorou-se intramuros, na Corte, como a discrição mandava. Colocar a linha divisória 370 léguas a oeste das ilhas do Cabo Verde soava como uma vitória.

O tratado criava uma linha demarcatória: "A *Sus Altezas place, y los dichos sus procuradores en su nombre y por vertud de los dichos sus poderes otorgaron y consintieron que se haja y señale por el dicho mar Oceano una raya ó línea derecha de Polo a Polo, conviene a saber, del Polo Artico al Polo Antarctico que es de Norte a Sur, la cual raya ó línea se haya de dar y de derecha, como dicho es, a trecientas y setenta leguas de las islas del Cabo Verde, hacia la parte del Poniente.*"

Duarte Pacheco Pereira não falara abertamente em Tordesilhas, mas apresentou sua dúvida ao seu rei, logicamente sabendo as vantagens que poderiam resultar da decisão:

"Onde começar a contar? De Santiago, da Ilha do Sal ou de Santo Antão? Santiago é a principal. Temos que saber com exatidão o que há do outro lado do mundo, aonde vamos chegar com a linha..."

O Rei recomendou de imediato que fosse Santo Antão escolhido como marco, dizendo que sua preocupação era maior com o que estava mais próximo: as terras a ocidente. A Ilha do Sal fica a 2 graus e 22 minutos de Santo Antão, distância que ganhava, então, crucial importância... Duarte sempre suspeitara que o Rei tinha maiores conhecimentos do que divulgava.[26]

Para evitar dúvidas, o item seguinte do tratado estabelecia que, num prazo máximo de 10 meses, "duas ou quatro caravelas, representando os dois países, teriam ponto de reunião nas Canárias e depois seguiriam para o arquipélago de Cabo Verde, para viajarem no sentido norte e no sentido sul para fazer a demarcação". Haveria intercâmbio de delegados: castelhanos em barcos portugueses e portugueses em barcos castelhanos.

Dizia ainda que os navios deveriam seguir direto ao poente, navegando 18 léguas e um terço, por onde passaria o meridiano escolhido, 370 léguas a oeste do ponto de partida.

O fato é que, desde a conclusão do acordo, os monarcas Fernando e Isabel se preocuparam com o problema da demarcação. O que não acontecia com o soberano português.

Contavam para Dom João as questões políticas, as reclamações da Nobreza, contida em sua fome de mais e mais riquezas e poder, ou pelo menos de tentar reconquistar o que perdera, e a sustentação da política de expansão, tudo isso carreando peso e preço muito altos. No final de setembro, os seus *físicos* concluíram um diagnóstico. O Rei teria hidropisia, estaria cheio de cerosidades, resultado das pressões que sofria. Já o Rei continuava achando que a razão de seus males era algum veneno que lhe ministravam diariamente, como dissera a "rapariga de virtudes", embora não soubesse quais os meios de que se utilizavam. Permitia-se até mesmo suspeitar da esposa, dos criados e dos cozinheiros, e disso não fazia segredo, escorraçando-os freqüentemente de seus aposentos.

E já se iam dois anos e tanto de sofrimentos, mas nada de cura. Seguindo o conselho dos médicos, passara a tomar vinho enfraquecido com água diariamente, desde 17 de maio de 1492, o que lhe custava muito, porque sempre fora abstêmio.

Fora naquele mesmo mês de maio que haviam começado a entrar os judeus fugidos de Espanha, e que muitas vezes eram prontamente roubados, espancados e mesmo estuprados. Desde então, Dom João tivera os primeiros desmaios, e como o primeiro acidente se dera em Lisboa, estava convicto de que o ar da capital é que lhe fizera mal.

Sobre Tordesilhas, avisou que seriam realizadas mais e mais viagens, uma vez que se tinha assegurada a posse das terras que existiam a ocidente e toda a *volta do mar* necessária para chegar a Boa Esperança, ordenando que se fizessem mapas que ficariam muito bem guardados nas arcas do Castelo São Jorge.

Ao mesmo tempo, instruiu para que fossem postas em circulação as costumeiras fraudes, pequenas e grandes distorções do que já se conhecia, pelos portos de Lagos, Lisboa e ao norte, na embocadura do Rio Douro, no Porto e em Gaia — isso, para alimentar a fome dos espiões. Assim, os mapas adulterados logo ficaram prontos. Sabia-se, esta era a intenção, que logo algum comerciante ou diplomata se encarregaria de tirar um deles de Lisboa e enviá-lo à sua cidade.

Deste modo, chegaria mais rápido às cortes da Europa a versão de que se tinha pouco interesse pelo que estava a oeste do Mar Oceano. Pouco? Meia dúzia de ilhas pobres ou nada, e muito longe, muito longe das Índias. O almirante Cristóvão Colombo se enganara profundamente.

Mas que ficasse com suas ilusões. Portugal buscaria a rota das especiarias pelo outro lado, o que, além de mais próximo, era muito menos custoso. Esta era a posição oficial. E Dom João não se dignou a responder quando lhe perguntaram se teria aceitado uma divisão norte-sul, paralela à linha equinocial, em vez do meridiano estabelecido em Tordesilhas, como nos tratados anteriores.

Em 7 de maio de 1495, uma nova carta patente estabelecia o prazo de mais quatro meses para a viagem global de demarcação, com Dom João cada vez mais fraco e adoentado. Passara-se mais um ano de sofrimentos.

Foi outro verão de dissabores e jornadas em busca de cura para o Rei português, até que ele se aproximou do sul de Portugal, sem pensar mais em descobertas, conquistas ou aventuras marítimas. A 29 de setembro, cada vez mais debilitado, fez testamento para transmitir o trono para o jovem Duque de Beja, Dom Manuel, diante da impossibilidade política de deixar a coroa ao filho bastardo, Dom Jorge, porém com a exigência de que Dom Manuel "cuidaria dele como se seu filho fosse".

Os negócios do Reino estavam em ordem, as questões familiares finalmente resolvidas. Dom João precisaria pacificar-se consigo mesmo, justificar-se de algum ato do passado. Queria apenas sossegar, poder dormir, quem sabe...

De tudo isso o país inteiro se ocupava, e o povo miúdo por Dom João se afligia, sentindo-se, desde já, desamparado, mesmo tendo merecido um duro mas carinhoso provérbio, cunhado pelo soberano : "A gente baixa é como a sardinha: sabe bem e custa pouco; os fidalgos são como os salmonetes: há poucos e são caros." E todos conheciam sua célebre e cortante frase ao fidalgo João Ferrão, que se desfizera de duas quintas para comprar um gibão bordado com pedras preciosas para ir a uma recepção em palácio: "João Ferrão", admoestou-o o Rei, "quantas quintas fazem um gibão?" O país vivia repleto de rumores sobre o que sucedia na capital do Reino.

Estava chegando o decisivo dia 25 de outubro de 1495.

Mistérios da morte de um rei

Ah, o mar! Quem me dera estar sofrendo o agitado balanço das ondas, ver o horizonte subir e descer...

Ah, a política da Corte, as intrigas e os enigmas dos reis...

Quem decifra um rei, quando já morto? Quem decifra o mar, aqui de tão longe, sem penar com suas tormentas, sem ser testado pela calmaria...?

Estávamos, então, Diogo Fernandes, eu, num momento de rara intimidade com meu meio-irmão, caminhando de braços dados em plena Lisboa, depois de uma cerimônia religiosa de domingo. Que me dizia Diogo, de suas muitas incompreensões...? Narrava-me, sim, como fora o fim daquele homem tão temido. Havia ele estado em Alvor, ao lado do Rei, quando este fora atingido pela última crise. As dores eram tantas, que ele se revirava no chão, com os olhos vítreos, esbugalhados, como descreveram os empregados, acusando meio mundo de traição, a começar pela Rainha, depois a sogra, os *físicos* e os próprios serviçais. Diogo, como prelado, ainda tentara fazer-lhe ver que a hora era de acertar as contas com Deus e a Igreja, mas o Príncipe, imperfeito como qualquer um de nós, não se dobrava e marcava sua despedida com impropérios.

Diogo pedira para ficar a sós com o Rei, mas tal não lhe foi permitido. Pensou, então, que sobrariam testemunhas, mas Dom João acabou mais solitário do que nunca. Afirmam que sua última palavra foi "Jesus".

Até pode ter sido. Mas eu não o consideraria tão cristão assim... Em todo o caso, na hora da trovoada...

O soberano confessou-se, comungou pela segunda vez em dois dias. Desenganado pelos médicos, já havia escrito à Rainha e à sogra, desculpando-se pelas acusações, e também ao Cardeal Dom Jorge da Costa, em Roma, a Dona Ana de Mendonça, amor de sua juventude e mãe do seu filho bastardo, Jorge, e a todos pediu perdão.

E, na hora em que o sol se punha, no dia 25 de outubro de 1495, morreu. À meia-noite, seu corpo foi levado para a Sé de Silves, envolvido numa mortalha de veludo negro, e lá ficou, cercado por meia dúzia de funcionários da Coroa, até que o povo, alertado pelo angustiante dobrar dos sinos em hora tão incomum, começasse a chegar para reverenciá-lo.

Os tocheiros acesos davam um resplendor fantasmagórico à grande igreja, e as pessoas se concentravam e conversavam alguns instantes na esplanada antes de se dirigirem à porta principal, aberta, então, por causa do acontecido.

O poderoso e temido Rei estava morto. De nada mais adiantaria alguém dele necessitar ou contar com o seu socorro. E durante o longo tempo em que permaneceu ajoelhado na Sé de Silves, olhando o féretro, Diogo buscou decifrá-lo. Como aquela pessoa, depois de tanto poder, tanta dedicação ao Reino, tantos planos e projetos, depois de haver atraído tanta grandeza para Portugal, podia ali jazer em tal abandono.

Como aquele rei poderia ter sido tão amável e justo, tão impiedoso e cruel ao mesmo tempo! Como fora capaz de matar o Duque de Viseu com as próprias mãos...

— Sabe o que mais? — me disse Diogo. — Sabe o que ele me falou já quase agonizante? Pois... "Não me conforteis, que fui tão mau bicho que nunca me acenaram que não mordesse!"

E então, não confessou a Diogo todo o pavoroso ocorrido, com detalhes tais que raramente me atrevo eu a lembrar? Até porque riscos há em se ter memória...

E como meu irmão poderia entender que Dom João tivesse tanto protegido o irmão de sua vítima, Dom Manuel, até transformá-lo em seu herdeiro?

Como pudera tornar-se esse ser ora possuído de tanta ternura, ora de tanta ira? Quando um rei mata, é um assassino comum e frio ou o executor da alta justiça nacional?

O país, "tão pequenino", crescera muito. O legado dos antepassados fora respeitado, cultivado e ampliado. Isso era pouco? Os sonhos do Infante Dom Henrique, continuados, solidificados.

Então, Diogo e eu, enquanto caminhávamos, relembramos os nomes que marcaram a geografia, que estendiam até mares nunca dantes navegados os limites da nação. Que, sabíamos bem, alimentariam o sonho português dali para a frente, esse sonho que nos caberia, com nossa lealdade de Cabrais, continuar a defender.

Ah, o mar, seus balanços, meus sonhos...

Passamos por todo o cais conversando. Quase sem nos darmos conta, caminhamos, sim, por toda a metade do dia, ultrapassando Santos, e em pouco estaríamos no Restelo, em Belém.

Foi um digno encontro de irmãos separados. Alheios a todos os envolvimentos e ao teatro de seus combates pessoais. Trocamos confidências como nunca fizéramos. Examinamos questões da família, pudemos mesmo descer aos problemas de cada um dos irmãos, perdidos em conjeturas até sobre a idade em que estariam, porque afinal eram tantos, eram doze.

Diogo, preocupado com meu futuro, procurava me transferir toda a sua experiência de trabalho numa corte. Enfatizava que logo teria eu oportunidade igual, pois certamente seria chamado para grandes missões, maiores que as que já tivera, que me dariam vivência e glória.

Em troca, fiz-lhe ver que na certa Dom Manuel o conservaria junto ao trono. E que até poderia ser promovido a um posto melhor. Assim, solidificamos aquela espécie de acordo de assistência mútua.

Enquanto andávamos, vez por outra nos perdíamos a olhar as águas do Tejo. E foi numa destas paradas que lhe coloquei a mão ao ombro e inquiri:

— Mas foi mesmo envenenamento, não foi?

Diogo apenas lembrou as mortes sucessivas que não lhe deixavam dúvidas — Fernão de Lima, o copeiro-mor, Estêvão de Sequeira, copeiro, e Afonso Fidalgo, homem da copa. Todos em questão de dias.[27]

Levantei os olhos, mirando longamente o rio, como se adivinhasse...

Ah, o mar, o mar, este se navega; já nosso rumo, nosso destino, comandam-no os reis.

E lá ficamos, silenciosos e enfeitiçados. Logo, estaríamos marchando em nossos cavalos, sob a luz da lua e das lanternas que portávamos, trasladando o corpo e — quem sabe? — o espírito de Dom João II.

Logo, sim, estaríamos a atravessar meio Portugal.

Ah, o mar, seus horizontes que sobem e descem, minhas lembranças...

E ATRAVESSAMOS MEIO PORTUGAL...

Os animais resvalavam nas ruas estreitas e pedregosas de Silves descendo rumo à planície, enquanto as pessoas se persignavam e se prostravam ante a passagem da imensa procissão.

— El Rei! El Rei!

Assombradas, inertes, mudas de perplexidade ante as bandeiras e insígnias reais, curvavam-se até quase roçar a fronte no solo, ao mesmo tempo esforçando-se por manter alguma visão do grande acontecimento, que lhes permitisse guardar para sempre aquela lembrança. No dia seguinte, poderiam tagarelar com os vizinhos que haviam divisado a nobreza que cercava o Rei, tantos jovens cavaleiros, longas barbas de respeito, cabelos aparados como mandava a moda da Corte, aqueles assinalados barões com suas armas.

Era meia-noite quando a procissão deixou a Sé de Silves. À frente, o arcebispo, os bispos, 80 capelães e os cantores, a pé, portando tochas a quebrar a escuridão, a traçar uma fantástica serpente de luzes começada lá no sul de Portugal. A instrução de Dom Manuel naquela peregrinação de homenagem ao antecessor, o homem que plasmara todo aquele projeto que lhe cabia executar, bem o sabia, era viajar à noite para evitar o cansaço com a soalheira do dia. Dormir pouco como uma tropa em expedição.

Os Grandes do Reino seguiam em seus cavalos, sofreando-os para que não se descontrolassem, para que não tropeçassem nas lisas pedras da cidade e não atropelassem o lento cortejo que acompanhava, sob o pálio, o féretro de Dom João II, arrancado da paz da sepultura após três anos, para ser levado com tanta pompa e riqueza para Batalha.[28]

O rufar dos tambores, o brado das trombetas e as cordas de espanto flamejantes rompiam a escuridão dos campos, anunciando a macabra marcha. O som cadenciava o passo dos homens e dos animais. O cansaço pela distância que estava sendo vencida fazia pesarem as pálpebras e encurvarem as costas dos nobres sobre os seus ginetes. O sigilo que Dom João foi capaz de impor como sua política, que tantos desgostos causou aos adversários, não nortearia agora o traslado do seu corpo desde a velha capital mourisca até o símbolo da vitória sobre os incômodos vizinhos... "Com os quais seria conveniente aliar-se hoje", talvez pensasse Dom Manuel, enquanto conduzia o grupo dos seus cortesãos.

Dom Manuel sequer disfarçava a angústia que lhe assombrava a alma. À frente de toda a Corte, e tendo ao seu lado o corpo morto do *Príncipe Perfeito*, varava a escuridão da noite na esperança de alcançar logo o imponente mosteiro. Junto a si fez cavalgar os jovens que o vinham acompanhando desde os tempos de infância na Corte e que o ajudariam a dar continuidade à obra de Dom João II. Mas quem afugentaria do íntimo de Dom Manuel o espírito do seu muito amado antecessor? Não seria de estranhar que temesse ser por ele cobrado da lentidão no desempenho do que ficou destinado para Portugal, enquanto lá o levavam, em seu ataúde, e que o frio e o espanto dominassem seu cortejo, especialmente quando os guardas tropeçavam e se ouvia o ferro tilintar.

O sonho nacional não cabia naquelas estreitas terras, era preciso crescer e muito, e era preciso gente para garanti-lo. "Somos tão poucos, e Portugal é tão pequenino![29] Mas a esfericidade da Terra permitiria a navegação pelo Ocidente." Diogo Cão, o Rio Zaire, o Cabo das Tormentas, São Tomé, Afonso de Paiva e Pero da Covilhã, os dois que foram a pé até o Oriente Médio, Gonçalo Eanes, a África, o Congo, a Mina, João Fernandes e Pedro de Barcelos eram os nomes e a geografia que aprendera com o Príncipe Perfeito.

Do alto do seu cavalo branco, ao longe, vislumbrou o jovem Pedro Álvares Gouveia,[30] descendente da fidelíssima família Cabral, tanto quanto os antepassados um *Gigante da Beira*,[31] e mandou chamá-lo para que marchasse ao pé de si, pois sabia que ele compartilhava da sua mesma admiração por Dom João II. Queria falar-lhe sobre a grande missão do ano próximo e saber se ele, um homem livre e solteiro, criado na Corte com todas as atenções e obediente a todas as regras, já com uma cobiçada tença proveniente dos seus feitos pelo reino, se dispunha a afastar-se, cumprir tarefa árdua em terras distantes, passando por todo o Mar Oceano.

Seria mesmo uma *tarefa*[32] — como diziam os árabes —, e aliás não poucos muçulmanos veria pelo caminho.

Sim, estava feita a escolha. Pedro Álvares seria o próximo. E que a Índia, que lhes trouxe o honrado Gama,[33] fosse tarefa sua. Lá consolidariam a presença portuguesa. Logo assinaria a carta designando-o.

— Alteza, sinto não estar à altura! — talvez hesitasse o jovem fidalgo.

— É cedo. Mas é tarde — replicaria o rei. — Portugal não espera.

Pedro, longe dos seus reis, em pleno mar. A um Cabral restava acatar a decisão real. Nada mais.

Depois do primeiro e longo dia, acamparam junto a um povoado para passar as poucas horas de sono que se permitiam. E assim por muito tempo andou o cortejo, até atingir Lisboa, onde houve mais uma cerimônia, uma longa missa cantada, com todos os nobres do reino e os embaixadores estrangeiros fazendo questão de marcar sua presença.

E ali na capital, muitos dias e muitas noites, ficou Dom João como se estivesse adormecido, recebendo a visita e a lamentação dos habitantes da cidade e que dele tanta falta sentiam. Enquanto isso, 10 missas por dia assinalavam aquela etapa da sua longa despedida.

Depois, outra vez na estrada, rumo a Batalha.

Para Dom Manuel foi mais uma longa cavalgada, novo acampamento para passar a noite, com as luzes bruxuleantes dos archotes demarcando a área protegida pela guarda. E afinal a última etapa, que foi curta. Apenas o tempo suficiente para enxergar à distância as grandes torres, o imenso abobadado do claustro-dormitório e depois ver o gigantesco edifício engolir a procissão.

A cerimônia de colocação do corpo em seu leito definitivo foi acompanhada por uma larga e pesada cantoria. Elevaram-se rezas pelos dois reis: por aquele, morto há três anos e agora sepultado para os séculos futuros, e por Dom Manuel, que por todo o tempo mantivera-se imóvel, taciturno e impassível, com uma sombra de inquietude desenhada em sua face. E já era tarde da noite quando mandou chamar às pressas alguns companheiros de jornada. Haviam ceado, todos os fidalgos tinham se recolhido, bem como os prelados.

Foram estes poucos escolhidos, alguns padres, o bispo e raros cavaleiros que Dom Manuel inesperadamente reuniu e com eles dirigiu-se rápido para a capela onde jazia o "santo rei". Mandou então abrir o ataúde para verificar como o corpo estava. Cercado por testemunhas, encontrou Dom João inteiro, com os cabelos, a barba e o rosto intactos.

Ordenou aos frades que assoprassem com canudos de cana para tirar o muito pó de cal que havia sobre o corpo. Ele mesmo limpava-lhe a face, beijava-lhe as mãos e os pés, muitas e muitas vezes. E, sempre com o barrete na mão, caiu por fim de joelhos e soluçou tão alto que todos o ouviram.

Ao reerguer-se, determinou que embrulhassem o corpo num pano de holanda muito fino, para que ficasse transparente e protegido para sempre.

Já a Cabral, mesmo distante no seu futuro ostracismo em Santarém, estaria dali por certo reservado um estremecimento, como tantos estremeceram nos porões do mosteiro em Batalha, toda vez que recordasse do que lhe contaram os que acompanharam aquela etapa final: "Pobres reis, pobre de mim."

Imago Mundis

Definida a missão, cabia a Pedro preparar-se para levá-la a cabo. Conseguira um volume do *Imago Mundis* e às vezes descobria-se a dialogar com o próprio Cardeal D'Ailly, como se o autor estivesse ao seu lado e fosse capaz de responder às suas inquietações. Com a ajuda do livro, embarcava com mais facilidade em seus devaneios e encontrava algumas respostas, que buscara, com o auxílio dos mestres, no *Tratado da esfera*, de Sacrobosco. A *Cosmografia*, de Pompônio Mella, lhe dava a segurança do largo uso e aceitação geral. E tanto amor tinha por aquele livro enorme, que colocara sua assinatura bem visível, para que, no caso de o esquecer em algum lugar, todos soubessem que a ele pertencia. Na verdade, assinara a folha de rosto que identificava o *Cosmographia Pomponii cum figuris*.

Claro que a Corte se iluminava e a Universidade sentia-se lisonjeada com a presença de Abraão Zacuto, o grande astrônomo judeu, e não havia jovem que não quisesse sentar-se e ouvi-lo, quando ele conseguia roubar algum tempo aos constantes chamados reais.[34] Sua obra, o *Almanaque perpétuo*, fornecia as tabelas de medição do Sol em todas as épocas do ano; era um instrumento precioso e um guia perfeito.

Para os jovens, contudo, Zacuto era o mestre ideal pela sua bondade, por sua atenção total, sempre que podia atender quando requisitado, e embora falasse mal o português e também o castelhano, a boa vontade de todos era tão grande que era logo compreendido.

Aliás, a fluência em ambas as línguas ajudava em muitas coisas, como melhor compreender o teatro, por exemplo. Gil Vicente, profundo conhecedor de ourivesaria e promotor de festas, empregava tanto uma como outra e com muita graça fundia poesia e diálogos, canto e dança, mesmo nos autos sacros.

E sempre havia lugar para a chacota, a folia e o vilão na hora da dança. Pedro e todos os companheiros que acreditavam seriamente nos estudos de astronomia e cosmografia não perdiam, como jovens que eram, os divertimentos que a vida na Corte oferecia, sem descumprir os preciosos conselhos de Zacuto — acima de tudo um homem do mundo —, felizes de terem sido contemplados pela sorte de sua presença em Lisboa. Buscavam nos livros a ajuda eficaz para uma aprendizagem, tratando os volumes como preciosidades que distinguiam seus proprietários. Eram raros, mas também podia-se tomá-los por empréstimo, como muitos faziam. As imprensas, com a prensa e os tipos móveis vindos da Mogúncia, facilitavam a sua reprodução e circulação. Devido ao alto custo dos impressos, embora as oficinas gráficas começassem a se multiplicar pelo país, ainda se utilizavam cópias manuais. Disso se encarregavam os muitos copistas que se distribuíam pelas principais cidades do Reino e costumavam, inclusive, acompanhar o deslocamento da Corte.

Havia outro livro que, com a descrição das riquezas do longínquo Oriente, incendiava a imaginação dos jovens desde que o Infante Dom Pedro trouxera um exemplar da Itália: o que contava as viagens de Marco Polo. Seria muito fácil recrutar uma tripulação para ir até o Império Chinês ou a Cipango; para isso ali estavam lançadas as sementes. Quem não gostaria de reviver as aventuras do veneziano? Chegar ao Palácio do Kublai Khan?

Na Universidade, no entanto, trabalhava-se com mais objetividade, e embora o livro veneziano não fosse desprezado, Sacrobosco, Pompônio e D'Ailly eram na certa mais prestigiados, porque mais modernos, mais científicos e, além disso, oficialmente adotados. E, claro, Avicena e Galeno, e também Aristóteles, com sua *Ética*, ou *As súmulas lógicas*, de Pedro Hispano.

A preocupação maior era com os dados sobre a astronomia, embora ainda não houvesse um curso oficial. O problema era a confusão que muitos faziam dos dados oficiais com as previsões e a preocupação com os sinais dos céus sobre enchentes, secas, fracasso nas colheitas, mortes de reis e príncipes, sublevações e desastres.

A visita de um cometa era um espetáculo de rara beleza que prendia os olhares da população noite após noite, sempre havendo o temor de que anunciasse uma catástrofe. Nem todo cometa era visto como uma possível "estrela de Belém". Além do mais, quem continuava aguardando o Messias era o povo judeu. E, como muitos acreditavam, fora um cometa que anunciara a queda de Constantinopla na mão dos turcos.

Era um tema de que todos tratavam em Lisboa, e, além do panorama celestial mutante dos planetas e estrelas, os signos do zodíaco, muito bem assinalados por eles, serviam para interpretações que ocupavam as atenções de pessoas de todas as classes sociais.

Já as formas de medir as distâncias em terra, os cálculos matemáticos, a geografia dos povos conhecidos e a história dos feitos da Grécia, de Roma e da Macedônia preenchiam as horas disponíveis e os sonhos dos jovens. Aritmética, geometria, linguagem e latim possuíam seu peso, pois vinham desde o ensino elementar marcando aqueles que naturalmente achavam que dessas matérias já sabiam o suficiente. Mas era sempre a visita de algum homem de grande respeito e renome que lhes incendiava sua ânsia de aventuras. O contato com a parte mais prática de uma carreira de navegador — com os instrumentos usados a bordo, a bússola, o quadrante, as tábuas de medição do Sol, as cartas de marear, o astrolábio, com que se media a altura do Sol no horizonte para obter o grau de latitude — também acontecia, mas quase sempre como resultado da proximidade de figuras ilustres como Zacuto, Mestre João Faras, Bartolomeu Dias, Duarte Pacheco e outros.

Tais eram os nomes que inquietavam o imaginário dos mais moços.

Era preciso cuidar-se: ninguém podia entrar armado nas aulas, e precisava-se andar "honestamente vestido". Isto é: "nada de pelotes, barretes, capuzes, nem gibões vermelhos, nem amarelos, nem verdes". E muito menos cintos lavrados de ouro. Quem infringia a regra perdia as roupas para o bedel, que destinava metade para a guarda das escolas. E isso valia para todos, tanto para os candidatos a bacharel quanto para os licenciados ou doutores.

Além disso, não se podia negar que havia coisas divertidas para fazer: beber vinho nas tabernas da Mouraria, por exemplo. O perigo era envolver-se em rixas, o que freqüentemente ocorria.

Ter um plano de vida, uma ocupação certa e poder falar sobre ela era o sonho bem concreto da maioria. Os deputados e os mestres prestavam atenção constante ao procedimento dos alunos. Muitos estariam capacitados a ensinar a ler e escrever quando terminassem a Universidade, e já o podiam praticar, se quisessem. Havia para isso muitas salas de ensino. Até as donzelas podiam aprender, mas ou tinham de ir à residência dos professores ou receber em casa as lições. Já os rapazes das camadas inferiores dirigiam-se à escola para aprender a tabuada, as indispensáveis quatro operações, a leitura e a escrita, carregando seus papéis, penas, tintas e o ábaco.[35]

Principalmente na capital, mas também em Lagos, Faro, Évora, Coimbra, Setúbal e Porto, era possível ganhar a vida como escriba, armando uma mesinha nas praças e ruas, para ali redigir cartas, bilhetes, faturas, ofícios e até testamentos, depois lavrados em cartório, ou simples anotações e listagens de mercadorias. Havia também os que aprendiam, além do latim e do português, o castelhano e o árabe. De grande utilidade, sempre podiam ser convidados para servirem de *língua* nas viagens.

Aliás, um bom *língua*, um intérprete, tinha tratamento especial e ganhava muito, ficava quase sempre junto ao capitão do navio, acompanhando-o nos contatos onde a frota aportasse. Estava sempre entre os primeiros que desembarcavam, e se isso tinha riscos, tinha também vantagens. Em qualquer ponto aonde se chegasse, logo se buscava entre os da terra alguém que compreendesse um dos idiomas falados a bordo. E o intérprete então entrava em ação.

Pedro estava preparado para tudo isso e para mais, se preciso fosse. Como descendente que era de uma distinta família e como fidalgo da Casa Real, sonhava com o bastão de comando. Aprendera bastante e se aprestara para ser um guerreiro, um navegador ou um diplomata e ocupar a posição que o destino e a vontade real lhe designassem. Estava integrado ao pensamento de que um representante da Casa de Avis podia somar à autoridade da realeza no trono de Portugal a missão de desbravador de novas terras e a conversão de infiéis para o cristianismo. Mesmo que isso significasse uma conquista, uma ocupação.

Agia-se em nome da Cruz e da Ordem de Cristo, como estava muito bem pintado sobre as velas. Também ele o faria — "era um homem avisado", como ouvira de Dom João II e como a ele se referia Dom Manuel I. Precisava apenas de mais oportunidades para demonstrar toda a sua força e capacidade.

Enfim, o Mar Oceano

Da Ribeira das Naus haviam descido até a praia do Restelo. Os batéis transportaram até as margens todos os tripulantes válidos, permanecendo embarcados apenas os homens indispensáveis para a manutenção dos barcos agrupados e aptos para a partida no momento em que se tornasse necessária.

Era a hora dos últimos abraços, das derradeiras recomendações, das providências esquecidas ou adiadas até a última hora, e dos amantes dizerem-se as últimas frases de compromisso.

O próprio Rei Dom Manuel lá estava, na pequena ermida construída pelo Infante Dom Henrique, e convidou Pedro para privar do recinto onde a cortina,[36] enquanto não se iniciara a cerimônia, ajudava a ocultá-los dos fiéis e convidados que haviam acorrido a Belém. E também o arcebispo, os bispos, os nobres, o povo esparramado pela esplanada, todas aquelas mulheres de preto, chorando antecipadamente pela viagem sem volta que não queriam para seus maridos e filhos.

Ao redor já estavam marcados os sulcos e começavam a se assentar os alicerces do grande mosteiro que o Rei mandara construir, para assinalar a fé no futuro e a certeza do bom resultado da descoberta do caminho marítimo para as Índias. Tanto que do próprio Tesouro da Coroa haviam sido retirados os recursos para o início da construção.

Naquele 9 de março, os primeiros sinais do edifício serviam para demarcar onde o povo podia acomodar-se para acompanhar a cerimônia que no interior da capela se desenrolava com a presença do soberano e da mais alta nobreza.

Pedro teria já em mãos o grande envelope branco que continha a carta assinada no dia 15 de fevereiro por Dom Manuel, "fazendo saber a vós, capitães, fidalgos, cavaleiros, escudeiros, mestres e pilotos marinheiros e companhia e oficiais e todas as outras pessoas que aqui enviamos na frota e armada que vai para a Índia, que nós, pela muita confiança que temos em Pedrálvares de Gouveia, fidalgo da nossa Casa, e por conhecermos dele que nisto e em toda outra coisa que lhe encarregarmos nos saberá muito bem servir e nos dará de si muito boa conta e recado lhe damos e encarregamos a Capitania mor de toda a dita frota e armada. Porém lhe notificamos assim e vos mandamos a todos em geral e cada um em especial que em tudo o que por ele vos for requerido é da nossa parte mandado. Cumprais e façais inteiramente seus requerimentos e mandados assim e tão inteiramente e com aquela diligência e bom cuidado que de vós confiamos e o faríeis se por nós em pessoa vos fosse dito e mandado, porque assim o havemos por bem e nosso serviço e aqueles que assim o fizerem e cumprirem, nos farão nisso muito serviço. E os que ao contrário que não esperamos que nos dessirvam muito e lhes daremos por ele castigos e que por tais casos merecerem. Outrossim, para que as coisas do nosso serviço sejam guardadas e feitas como devem em semelhante frota e armada e por tal sejam castigados aqueles que alguns malefícios e delitos cometerem contra nosso serviço e em quaisquer outros casos que aconteçam, possam por esta estar presente que lhe damos todo nosso inteiro poder e alçada da qual em todos os casos até morte natural será inteiramente e se dará à exumação, serão seus os juízos e mandados sem dele haver apelação ou agravo. Porém este poder e alçada não se estendem às pessoas dos capitães das naus e navios que com ele vão e fidalgos e outros que na dita frota e armada enviamos quando alguns casos de crimes cometerem pelo que devessem ser castigados, porque sobre estes somente se farão processos de seus casos e nos serão trazidos para os vermos e segundo as qualificações deles serão punidos e castigados. Como for Justiça e em testemunho de tudo, mandamos fazer esta carta que por nós é assinada e selada do nosso selo a qual em todo mandamos que se cumpra e guarde como nela se contém sem minguamento algum. Dada em nossa cidade de Lisboa aos 15 dias do mês de fevereiro. Antonio Carneiro a escreveu no ano de Nosso Senhor Jesus Cristo de mil e quinhentos".[37]

E lá estaria a assinatura do Rei, a firmar a carta régia, entregue naquele envelope que a protegeria a contento, e sobre a qual a atenção de Pedro não se despegaria, a não ser para voltar-se para o Bispo de Ceuta, Dom Diogo Ortiz, o Calçadilha, que, com seu prestígio de orador sacro e de homem de cultura, professor em Salamanca e mestre até nos campos de batalha, como se sabia muito bem em Marrocos, proferia um claríssimo sermão de despedida. Dirigindo o olhar diretamente a Pedro Álvares, recordou os feitos que o haviam distinguido no norte da África, a ele e a seu irmão, e que o qualificavam para a grandiosa missão que lhe confiavam. Enalteceu o significado de sua aceitação, como se ele, com sua dedicação e entrega, é que estivesse se doando à causa portuguesa. Do alto do altar-mor, Dom Diogo afirmava que todos estes homens que estariam em tantos perigos e possivelmente guerras, esforçados, levando a Cruz de Cristo, arriscavam a vida por uma justa causa. Por isso, viajariam abençoados, pois não iam à conquista por simples cobiça de bens materiais, mas para arrancar almas ao seu abandono e ao desconhecimento do verdadeiro caminho. Havia muitos incréus muçulmanos e judeus desviados pelo mundo. Os seus destinos poderiam estar ainda no encontro com os discípulos de São Tomé perdidos na Índia, ou, quem sabe, lhes tocaria a sorte de estabelecer o contato com o grandioso reino cristão do Preste João?[38]

Ali mesmo, na praia do Restelo, algo parecido fora dito três anos antes a Vasco da Gama. Agora, lá estava o grande navegador confirmando com sua presença a possibilidade de um encontro com os cristãos distantes. Pelo menos era a certeza que trouxera de sua viagem e que defendia ante quantos quisessem ouvi-lo. Conhecera templos e vira imagens, conversara com cristãos, tinha certeza. Achara-se tão próximo deles quanto também entendia que estivera das terras que desde João II se afirmava existirem a oeste do Mar Oceano.

Sobre isso passara instruções a Pedro Álvares, desde os sinais de terra, a cor das águas e os pássaros — "que voavam rijos como garções"[39] — que haviam rondado suas naus, até a pouca profundidade do mar, confirmada com as medições que mandara fazer.

E, com os portulanos todos e com as cartas de marear e singraduras do caminho, passou ainda ao capitão-mor da segunda armada que partia na carreira das Índias anotações sobre a direção dos ventos, os pontos em que poderiam faltar e como evitá-los. E também o sistema de sinalização com fogos para que os barcos não se perdessem, indispensável para navegar naquelas paragens e manter a frota reunida. Era a soma de todo o conhecimento acumulado ao longo de tantas expedições sucessivas, desde que Ceuta[40] era portuguesa, seguindo cada vez mais para diante.

Deve ter sido grande a emoção de Pedro ao escutar Dom Ortiz referir-se aos seus feitos e de seu irmão em Marrocos e mais ainda quando recebeu a bênção ao final da missa. Ajoelhou-se ao pé do altar e curvou-se. Pôde ver então que o bispo benzia o estandarte real e depois lhe passava a mão sobre a cabeça. Sentiu os respingos da água benta e percebeu, com emoção, o soberano tomar das mãos de Dom Ortiz a bandeira com os símbolos nacionais das Quinas para ele próprio entregá-la.

Agradecido, Pedro recebeu-a, joelhos ainda em terra.

Ficava assim empossado como representante do poder real que exerceria dentro da armada.

Como se não bastasse, foi novamente o Rei quem lhe impôs solenemente o barrete que, por graça concedida, o Papa Alexandre VI enviara de Roma, abençoando aquela viagem que se faria também em nome da conquista de tantos infiéis.

O silêncio pétreo sobre toda a capela fez então cessar o bulício lá fora entre o povo que procurava acomodar-se para enxergar melhor os acontecimentos. Durante alguns segundos, pairou no ar como que um encantamento.

Depois de instantes de recolhimento em que estivera de olhos fechados, Dom Ortiz ergueu a mão para a sua bênção final sobre Pedro e, na pessoa dele, a armada inteira, a maior que jamais se formara em Portugal. Só aí entregou a bandeira da Ordem de Cristo ao Rei, que, como seu representante máximo, passou-a ao capitão-mor.

Um cavaleiro da Ordem saberia honrá-la, disseram a Pedro em tal circunstância. E a grande cruz estaria bem presente, pintada sobre as velas das naus e caravelas. Encarregou-se ele então de exibir bem elevado o estandarte, para a visão do povo que ali se concentrara, parecendo que lá estavam todos os habitantes da capital do Reino, então estimados em cinqüenta e tantos mil, a cercar a ermida ou andando pela margem do rio com os olhos postos ora no tombadilho das naus, ora na pequena igreja.

A multidão abriu passagem para o cortejo real com todos os seus fidalgos. Pedro assomara com a bandeira à porta da capela, e a seu lado estava o próprio Rei Dom Manuel, emprestando toda a pompa e significado à solenidade. Por um momento, do povo reunido não se ouviu mais do que um murmúrio de admiração e apreço.

No decorrer da missa, é fácil imaginar alguns semblantes sombrios e olhares furtivos, dirigidos a Pedro, tão evidente seria verificar onde estavam os que o criticavam ou que censuravam o Rei por dar-lhe missão tão importante, para a qual se julgavam muito mais capacitados... Já aquelas pessoas simples do povo que haviam acorrido a Belém para o grande espetáculo da partida, e também para a despedida dos seus maridos e filhos, nele confiavam e dele tudo esperavam. Queriam que a expedição tivesse êxito e que retornasse no tempo previsto, trazendo riquezas para todos. E que voltassem todos os que partiam, apesar de saberem que para cada um ou dois fidalgos que ficassem pelo caminho haveria centenas e centenas de humildes marinheiros que não retornariam. Para cada lágrima que uma dama da nobreza derramasse pelo desaparecimento de um marido ou filho, e que resultaria em orgulho pelos seus feitos que se somariam aos lauréis da família, aquelas mulheres do povo verteriam um mar inteiro, pela solidão e o desespero pelos parentes falecidos.

Os batéis iam e vinham, carregados de soldados e marinheiros, uns alegres, aparentemente felizes, outros tristes, preocupados. E então, finalmente, pisando a areia úmida, havia pouco alagada pelas águas do rio, Pedro Álvares postou-se, ereto, a aguardar que seus capitães, um a um, se prostrassem diante do Rei, para receberem a bênção e o adeus.

Assim o fizeram todos os comandantes: Gaspar de Lemos, Luís Pires, Pero de Ataíde, Diogo Dias, Nuno Leitão da Cunha, Nicolau Coelho, Simão de Pina, Aires Gomes da Silva, Vasco de Ataíde, Bartolomeu Dias, Simão de Miranda e Sancho de Tovar, o sota-capitão da armada. Por último, Pedro Álvares ajoelhou-se para beijar a mão de Dom Manuel.

O povo, em silêncio, esparramado pelas areias e encostas, mantinha-se observando. Ao fundo, as naus e caravelas. Os fidalgos da Corte, discretos, à distância, postavam-se atrás do batalhão de músicos e tamboreiros, com as bandeiras e estandartes desfraldados.

E desenhou o Rei sobre o seu capitão, com toda a pompa que se imaginaria, sabendo-se protagonista de um ato histórico, o sinal-da-cruz como bênção derradeira. Todos responderam com o mesmo gesto, persignando-se alguns, depois levantando-se. Na mesma hora, das naus explodiu uma saudação vibrante e guerreira com salvas festivas. Acenando, ocuparam os batéis e afastaram-se para seus navios. A expectativa era que os barcos se movessem em seguida.

Mas há um instante de constrangimento. Não sopra nenhum vento, nem a mais leve brisa.

Com as despedidas feitas, as lágrimas choradas, as músicas entoadas pelas trombetas e gaitas, os fogos de artifício lançados, com o Rei já em sua carruagem voltando para o centro de Lisboa, mães e filhos a iniciar a retirada, só se esperava que os navios da esquadra se fizessem ao mar.

Foi preciso, no entanto, uma noite inteira, pois o vento não atendeu à invocação e de nada serviram rezas e bruxarias.

Permaneceram imobilizados na foz do Tejo até o amanhecer da segunda-feira, 9 de março, como Pedro Álvares mandara escriturar no livro de bordo. Já então, desde muito cedo, Pedro caminhava inquieto pelo tombadilho, depois daquela noite de apreensão, examinando os sinais do amanhecer e os sintomas de um vento que levasse os barcos a começar a sua aventura. E foi ele próprio, já plenamente investido em sua tarefa de comandante, que acordou os companheiros e coordenou a manobra inicial, aproveitando o favorecimento da natureza.

A brisa leve aos poucos se intensificou e em seguida o vento arredondava as velas de toda a frota. Primeiro com lentidão e logo rapidamente, em meio ao júbilo dos tripulantes, os barcos deslizaram para fora da barra, deixando para trás Cascais, à sua direita, e pouco depois os montes de Sintra, onde se prendiam, saudosos, já, os olhares dos que sabiam que era o último verde da pátria que veriam por tantos meses ou anos. Ou, o que temiam alguns, até nunca mais.

Dentro em pouco era só mar e céu.

A CABRA DE OURO

Por quatro dias, rápidos, avançaram rumo Sul. E então, no quinto dia, a temida calmaria... Era o imenso mar desdobrando-se como um lençol líquido. As naves mantendo-se à vista umas das outras como que ainda ancoradas no Tejo. E nem a mais leve brisa encrespava a superfície das águas ou fazia vibrar as velas. O silêncio caíra sobre a armada junto com o cansaço pela inação. Até Frei Henrique e seus frades haviam emudecido suas cantorias, inúteis, diante da falta de resposta dos ventos.

Mestre João fizera as medições — estava-se dentro da área do que fora acertado em Tordesilhas —, e ele o havia explicado com precisão, desenhando as posições sobre o mapa. Seguindo as instruções, comparava as tábuas da Índia com o astrolábio. Estavam quase à vista das Canárias.

O capitão-mor contemplava o convés, onde alguns marinheiros dormitavam, outros falavam em voz baixa, a recordar a terra natal, as amadas, os pais e os filhos. Já Caminha, com o barco pouco mais do que balouçando, até poderia começar a escrever seu relato a Dom Manuel. Mas preferia fazer apenas anotações, e redigir em definitivo quando chegassem a terra firme, onde teria melhor caligrafia, pois assim El-Rei poderia comprazer-se com a leitura. E também então teriam mais notícias para dar.

Estavam imobilizados na vastidão do oceano. Alguma irritação poderia perturbar as relações, e, apesar de saber como proceder por experiência própria, Pedrálvares se valia da opinião de Bartolomeu Dias, Duarte Pacheco, Sancho de Tovar e dos capitães que chamara para uma reunião a bordo da nau capitânia. Sem soberba. Só depois de os ouvir tomaria decisões.

Alimentos havia dentro dos padrões habituais em tais viagens: biscoitos, carne salgada e defumada, sebo, queijo, manteiga, peixe seco e salgado, bacalhau, vinho, vinagre, azeite, sal, passas, figos secos, ameixas, marmelada, açúcar, mel e água, claro, o suficiente até a próxima aguada. A recomendação era agir com calma e permitir a jogatina a bordo; cartas, dados, tudo corria à solta. Assim os homens se distrairiam até que os ventos fizessem avançar a frota.

Mas era difícil suportar tanta espera.

Já quando o sol estivera a pino, ninguém conseguira permanecer a descoberto, e o astrônomo provava com repetida argumentação que se andassem um pouco para o sul estariam se aproximando ainda mais da terra da Guiné, onde a hora do meio-dia era insuportável.

O escrivão anotou: "sábado, 14 de março de 1500, último ano do século XV".

Pedro esperava que não confundissem com enjôos os incômodos que sentia a cada quatro ou cinco dias e que trouxera como marca inesquecível dos tempos de guerra na África. As noites maldormidas, a umidade noturna, os charcos pestilentos, o odor de pessoas e animais insepultos — os *físicos* lhe haviam dito —, tudo isso o acompanharia pelo resto da vida, marcado em seu corpo.

A cabeça lhe doía, a paciência esgotava-se rapidamente e era preciso recolher-se para sofrer sozinho como se fosse um bicho no fundo da toca, remoendo seus pensamentos, sem ver ninguém, para não se mostrar estúpido, agressivo ou intolerante.

Em todo o caso, sempre havia remédios à disposição, e ele intuía que seriam muito necessários, já que longa seria a travessia. Até para si próprio, Pedro assegurara-se no embarque que estivesse a botica de bordo bem abastecida: havia água de borragem para cólicas, os laxativos almeirões, água de endívia para os males de fígado, a desintoxicante alcoela, teriaga que era um antídoto contra as flechas envenenadas, beneditina para dores de cabeça, ungüento basilicão para os furúnculos, dialaca, um digestivo, e até jeropiga, feita de aguardente de uvas e tida como muito medicinal. Havia também açúcar e mel rosado, reconfortantes, e o indispensável ungüento *apostolorum*, milagroso, cicatrizante. E, é claro, canafístula, xarope de alcaçuz, zarcão e azougue, coisas básicas, insubstituíveis.

Para sua dor de cabeça recorrente estaria garantido com o ungüento beneditino e lançaria mão dele sempre que preciso. Melhor isso do que incomodar os companheiros de viagem com queixas repetidas. Pedro tinha a própria educação em alta conta; era um dos seus orgulhos. Não por acaso descendia dos nobres Cabrais, aqueles que havia séculos serviam ao Rei e à Coroa de Portugal com fidelidade.

Numa daquelas noites, sentara com Caminha no convés e contara-lhe, com manifesto prazer, uma das velhas lendas da família. A que falava de um pastor que habitava a região de Belmonte onde agora estava o castelo da família e que sonhara repetidas vezes com uma frase: "Vai a Belém que lá encontrarás o teu bem!"

E tantas vezes sonhou, que decidiu pôr-se a caminho.

Ao final da jornada, não encontrou senão outro pastor. E, como marinheiros que se conhecem ou se revêem nas tabernas no vaivém das viagens, começou a conversar com ele e trocar informações sobre o ofício comum e como gastava seus dias lá junto à Serra da Estrela.

O outro indagou-lhe:

— Mas, afinal de contas, o que vens fazer aqui em Belém e por que estás tão triste?

— É que tanto sonhei com esta frase: "Vai a Belém que lá encontrarás o teu bem", que aqui estou. Mas já estou farto de andar por aí e não percebo nada.

— Ora, meu amigo, mas tu acreditas em sonhos? Se eu acreditasse, já estaria na estrada, pois sonho todas as noites que, numa terra que se chama Belmonte, há lá um sítio e nele uma pedra onde uma cabra se deita todos os dias e debaixo dela há um tesouro!

E o pastor de Belmonte bateu com a mão na testa e pensou: "Ora, já sei o que é, já sei onde é, já sei qual é a cabra, já sei qual é o sítio."

Voltou para sua terra e foi lá onde bem sabia, no local onde a cabra que ele muito bem conhecia deitava-se todos os dias. Fez-lhe um carinho na cabeça, alisou-lhe o lombo, levantou-a. Debaixo da pedra encontrou uma cabra e um cabrito de ouro.

Emocionado com o achado, quis ir ter com o rei e prestar-lhe homenagem com uma oferta. Naturalmente, não lhe permitiram que se aproximasse do soberano. Mas o pastor insistia:

— Quero oferecer-lhe uma prenda.

Respondiam-lhe os assessores:

— Deixe conosco, nós a entregaremos.

— Não, só a entregarei ao rei, pessoalmente.

E então sentou-se ali e não arredou pé. Tantos dias decorreram, ele postado à porta, que lá no gabinete entenderam que era preciso dizer ao rei o que se passava.

O rei ordenou:

— Mandem cá vir o homem.

E ele entrou, e inclinando-se diante de Sua Alteza lhe disse:

— Senhor Rei, eu tenho cá um presente, uma cabra e um cabrito, qual quereis?

O rei respondeu-lhe:

— Então me dê o cabrito, que sempre é mais tenro.

O pastor entregou-lhe então o cabrito e, quando o rei viu que era de ouro, achou que tinha se deixado levar pela esperteza do pastor. Não querendo dar parte de fraco, emendou:

— Muito bem, muito bem. Agora só tenho um pesar, é que o cabrito fica órfão...

— Não — disse o pastor belmontense —, se é por isso, dou-lhe também a cabra.

— Muito bem — respondeu-lhe o rei —, já que és tão generoso, vai e na volta à tua terra pega um cavalo — e ele próprio mandou dar-lhe um bom animal —, e, completando em círculo, tudo o que percorreres desde o nascer ao pôr-do-sol será teu.

Isso explica, concluiu Pedro, por que os Cabrais assim se chamam e possuem tantas terras.[41]

Em Belmonte, Pedro recordaria especialmente, eram noites de muito frio e a neve cobria de branco todas as montanhas ao redor, quando ele bem menino assentava-se sobre as pernas dobradas, junto às outras crianças, irmãos e irmãs. As amas, as criadas, a mãe, todos achegavam-se ao fogo que os protegia do frio naquele castelo sem conforto, enquanto o pai, atendendo aos gritos de "repita, repita", recontava essa história, que agora ali, no meio do oceano, lhe tocava narrar para um Pero Vaz de Caminha atento, que tomava notas e também pedia a renovação de pormenores.

— É uma lenda, infantil, mas tão formosa!

E assim passariam metade de mais uma noite imensa, com o céu arqueado como um pavilhão, perfurado por milhares de estrelas. Mestre João, a puxar da perna minada pelo artritismo, aproximar-se-ia em silêncio, para também escutar.

Sorria, carregando o astrolábio e as tábuas, pois para mostrá-los e falar do seu trabalho viera da sua pequena caravela.

Ao perceber sua chegada, Pedro logo adivinharia que ele vinha confirmar o que não se cansaria de repetir até a volta, que o astrolábio era muito superior aos demais instrumentos para indicar com precisão onde se achavam. Por alguns momentos, ficariam os três homens saboreando a quietude da noite em pleno mar, cada um mergulhado em sua própria recordação.

E AINDA CALMARIA...

O mar era um liso espelho refletindo a luz da lua. As naus e as caravelas, pássaros adormecidos. Cabral impacientava-se, pois sabia que a sua febre chegaria logo e era preciso navegar. Sua pele já apresentava as rugosidades e asperezas que a prenunciavam. Tinha que aparentar calma, quando, na verdade, sentia era muita vontade de dar pontapés num cão e expulsar as galinhas para o porão. O porco, esse ainda contemplava com certa condescendência, conhecia-lhe o destino: a panela do Mestre Ruy.

A espera pelo vento angustiava-o particularmente, consumindo dele um tempo de que não dispunha. Só as lembranças da pequena Belmonte, para lhe permitir suportar a paralisia em pleno Mar Oceano... Transpunha-se, então, e via-se de novo atento, escutando o relato do pai, sobre as incursões contra os castelhanos que vez ou outra invadiam a terra dos Cabrais. Sonhava acompanhá-lo, um dia.

Ou via-se caminhando discreto, quase escondido, até o pelourinho, e escorregava entre as ruelas para ver a marca de Davi assinalando as casas dos velhos judeus. Estranhava sua aparência, seus hábitos, mas conhecia-os pelos nomes e divertia-se com os meninos da sua idade. Não poucas vezes, desciam em disparada até o Zêzere,[42] onde molhavam os pés e subiam a corrente, pensando no dia em que chegariam até as nascentes na Serra da Estrela, andariam pelos covões dos Cântaros e da Mulher, se a distração dos grandes e o tempo de luz o permitissem. E também subiriam uma daquelas *Escadas de Gigantes*, com o sol a refletir-se na pedra polida.

Podia-se ver correndo entre o verde das margens do rio, para atravessá-lo de pedra em pedra justo ali onde se encurvava como um arco, para passar sob a pequena ponte, a ansiar pelo arriscado e proibido banho. Muitas e muitas tardes eram consumidas ali, molhando os pezitos nas águas que rolavam doces no verão, mas que se arrojavam, velozes, encapeladas, apenas se anunciava a chegada da primavera.

Por vezes, havia também expedições de pesca, improvisadas entre os meninos ou com a companhia dos mais velhos. Então era uma festa só, encontrar a isca apropriada e arrancar os peixes do seu berço líquido e matá-los para comer, assados no fogo feito com lascas de madeira.

E tanto mais seguiria, em recordações, se Caminha não o arrancasse de tal mergulho, lembrando com um comentário à-toa o tempo que ali estavam, embalados pela calmaria. Faltava pouco para completarem um dia inteiro de imobilidade. Vasco da Gama bem que alertara Cabral — a falta de vento era um perigo a ser evitado, mas sobre o qual não se tinha mando. O capitão-mor pediu que lhe trouxessem os rolos de papel, os portulanos,[43] os mapas todos, e com eles Pero Escolar, o grande piloto. No convés havia unicamente a luz das estrelas. Melhor refugiar-se no castelo de popa, para fazer a reunião com Mestre João e Caminha. Pediu a presença também de Aires Correa, pelo significado do seu futuro cargo na feitoria de Calicute.

A Pero Vaz de Caminha, um humanista, como se considerava, não escapou aquele gesto democrático, e dele admirou-se, lembrando-lhe os grandes governantes de Atenas, que tinham paciência, capacidade e tolerância para ouvir as opiniões alheias e com elas temperar suas decisões. Pelo menos, assim aprendera. Ou teria, mesmo que por um instante de mordacidade do qual logo se arrependeria, enxergado nisso sinal de inexperiência ou até de insegurança do capitão? O fato é que Pedro, embora vestido com simplicidade, e usando como adorno uma cruz de prata que lhe caía sobre o peito, ao sentar-se para dirigir aquelas reuniões guardava a postura de um príncipe.

Lá estava, rodeado dos melhores homens a bordo, enquanto os grumetes, especialmente selecionados para o seu serviço, alumiavam a cena com grandes tochas.[44]

Não deixava de ter certa grandeza aquele instante! A nau capitânia praticamente inerte, levemente balouçando, as luzes quase imóveis, pois nem a menor brisa soprava, sobre a mesa estendidos os documentos que comprovavam a superioridade portuguesa quanto à navegação de todos os mares, como o sentiam em seus corações aqueles homens de tanto saber e importância, trocando idéias e fazendo observações que a todos pareciam judiciosas.

Ao redor, os 12 fogos assinalavam os demais barcos da frota igualmente paralisados. No castelo de popa, Caminha, em meio à reunião, ainda prosseguia com seus registros, que transcreveria mais tarde na carta a ser enviada a Dom Manuel:

"Sábado, 14, entre as oito e as nove horas, nos achamos entre as Canárias, mais perto da Grã-Canária, onde andamos todo aquele dia em calma, à vista delas, obra de três a quatro léguas."

No Porto,[45] além da família, Caminha deixara interesses a cuidar, e sua função de *Mestre da Balança*, que o ajudara a representar a cidade nas Cortes de 98. Era muito para deixar para trás; daí, preocupar-se: "Andar em calma melhora a letra mas amarga a vida. Deus nos ajude e que o vento nos tire desta parada onde já perdemos um dia inteiro!"

No alto do castelo de popa, seria possível divisar Frei Henrique, de Coimbra,[46] o principal dos padres a bordo, mais uma vez com o livro de rezas nas mãos, a rogar pela volta do sopro divino, talvez uma iluminação do Espírito Santo. Frei Henrique lia do seu breviário as palavras em latim degustando-as como se fossem biscoitos; percebia-se à distância o prazer que aquilo lhe dava.

Pedro, que de quase todas conhecia o significado, poderia facilmente imaginar-se num cortejo adentrando a Sé de Lisboa, a cantoria do povo, o órgão a soar, o cheiro de incenso a se espalhar pela nave da igreja. E ele, que poderia morrer ali, em pleno mar, tantas léguas distante de casa, sem jamais retornar à pátria, Sintra, Lisboa ou Belmonte, e jamais de novo por lá andar no pátio do castelo cercado por aquele alto muro ou cavalgar livre pelas encostas. Porque aquelas quartãs não o deixariam tão cedo, e, se viesse a livrar-se delas, sempre poderia sobrevir alguma tempestade. Ou algum pirata árabe ou o mal das gengivas...

E aquela imobilidade, que aprisionava as naves como se fossem patos surpreendidos no lago pela primeira neve do inverno!

No Restelo, mentira ao Rei, assegurando-lhe que desfrutar da proximidade dele seria a maior honra que poderia receber na terra, e que só a morte digna no Mar Oceano completaria sua graça! Mentira, sim, pois tudo o que não queria era exatamente morrer com pouco mais de 30 anos, já que escapara do sarampo, da coqueluche, das diarréias, da peste e até de uma punhalada que quiseram lhe acertar numa rua de Alfama, como também fugira para não testemunhar a fogueira em que queimavam um boneco vestido de judeu numa esquina perdida nas proximidades do Rosio. Um *boneco* apenas? Sempre teria dúvidas.

Decerto, um marrano que não quisera receber o batismo de pé e ainda teimava em acender seu candelabro de seis velas.

O cheiro da carne assada lhe chegava às narinas.

Mas, agora, era por certo daquele porco que avistara no tombadilho. Seriam horas de cear? Frei Henrique estaria dizendo as Completas? E o barco não se movia.

Adormecer em pleno mar com os olhos postos naquele caminho estrelado poderia ser fácil para qualquer um, mas como teria o céu o mesmo efeito hipnótico em um homem como Mestre João, sempre atraído pela sucessão das constelações e pelas mudanças de posição que, sabia muito bem, correspondiam aos movimentos da Terra?

Já constatara que as afamadas *tábuas da Índia* seriam dispensáveis. O astrolábio mostrara-se mais eficiente, apesar das dificuldades normais a bordo. Em terra, claro, tudo era mais fácil de conferir. Mas vinha acompanhando tanto o sol quanto as estrelas e pensava poder garantir que estavam em rumo certo. Poderia indicar o grau de ladeza[47] em que se encontravam com bastante precisão. Já passavam pelas Canárias e dentro de uma semana estariam frente às ilhas do Cabo Verde.

Pedro Álvares não teria deixado de lhe lembrar da importância de dar conta de suas constatações a El-Rei. E era o que o astrônomo pretendia fazer, tão logo tivessem um emissário ou tocassem num porto de onde se pudesse despachar uma carta. De modo que tudo correria perfeitamente para Mestre João, não fosse a coceira em sua perna lesionada que já ameaçava tornar-se numa chaga. E sua irritação tinha nome: Frei Henrique de Coimbra.

Sabia do respeito que por ele nutriam, até por sua posição na hierarquia eclesiástica, mas também que ele não conseguia sustentar uma discussão sem apelar para os dogmas da Igreja, quando estavam sendo debatidas questões científicas. Mestre João se incomodava ainda mais quando o Frei, com os olhos piedosamente revirados para o céu, procurava encerrar uma boa disputa, dizendo:

— Mistérios da Fé!

Era o que Mestre João, um admirador do conhecimento das leis naturais, não tinha capacidade de suportar. Para homens como ele, sempre houve dúvidas sobre a tal *verdade* geocêntrica. Ou não bastaria olhar para o firmamento, deixando-se encantar pelas milhares de estrelas e pelos planetas que se enxergavam, para se perguntar por que haveria de ser a Terra o centro de tudo? E quem estaria tão seguro de que a Terra não se movesse, também ela, desenvolvendo marcha própria por caminhos insondáveis? Por que então mudariam as estações, os dias do ano, por que o vento e a neve se sucederiam, e como, ao mudar-se de posição em meio à navegação, encontra-se outra vez o calor e depois o frio?

— Mistérios! — insistiria Frei Henrique. E tantos como ele.

Se Mestre João poupava-se de uma boa briga com o Frei, era porque preferia sempre ocupar seu tempo com os olhos no sol ou nas estrelas e preparar suas anotações para um fiel e útil relato a El-Rei. Ou mexendo com a alidade, a pequena régua do seu astrolábio. Ou, como no caso, porque de melhor proveito seria calar-se, para poder contribuir e aprender dos principais homens a bordo, reunidos, homens totais, completos, como os teria em conta Mestre João, homens que sabiam muito sobre muitas coisas, e todos concentrados, buscando dar o melhor de si, ao redor da grande mesa armada na capitânia, com Pedro Álvares à cabeceira.

Mais tarde um pouco e efetivamente chegaria a hora de cear. A mesa, esvaziada dos portulanos, cartas da Índia e do estimado astrolábio de Mestre João, enchia-se de terrinas, tigelas, escudelas, vasos. E os garfos que o capitão-mor fazia questão de usar, pois assim se fazia na Corte... E porque depois do custoso aprendizado para manusear o instrumento, agora, muito pouco civilizado deveria parecer a Pedro os usos de sua infância à mesa.

Mestre João não era propriamente desajeitado para lidar com a novidade — Caminha na certa teria maior destreza —, mas nos olhos dos grumetes um fio de ironia acompanhava as peripécias cumpridas por um pedaço de carne de frangão deslizando do prato para a toalha, perseguido desastradamente por quem ainda não sabia utilizar-se do garfo.

Afinal, chegara a hora de se recolherem, o angustiante dia de calmaria havia esgotado as suas resistências. E, no entanto, um grito de alegria rompeu o silêncio da noite, vindo do alto da gávea:

— Vento! — bradaria o gajeiro, e num instante as velas começariam a trepidar, primeiro timidamente, logo o inconfundível ruído, ao mesmo tempo em que uma onda de alegria tomaria conta da nau, com os gritos dos marujos, as vozes enrouquecidas de emoção.

Todos para seus postos, os capitães trataram de voltar rapidamente para os respectivos barcos. O próprio capitão-mor, apressado, dirigir-se-ia ao controle do leme, juntando-se ao piloto.

Das outras embarcações, ao redor, o mesmo grito de júbilo. Toda a frota era uma só vibração.

— O vento! Andamos!

Razões de Estado

"Assim flutuamos por cinco dias", lembraria Cabral, "e, como o nosso ânimo era elevado, à noite, superando o esbater-se das ondas na amurada, Nicolau Coelho fazia soar a sua gaita de foles,[48] enquanto muitos tocavam seus instrumentos acompanhando-o e alguns mesmo a cantar e a dançar."

As preocupações ficavam para trás; as saudades, não. E muito menos o rosto etéreo da donzela, Isabel, a flutuar diante de seus olhos, toda vez que eles se perdiam. No entanto, parecia haver lugar para o entusiasmo e a crença no êxito daquela missão que igualava marinheiros e soldados, grumetes e capitães, pilotos e padres.

Pedro Álvares não conseguia ficar só, a não ser que se refugiasse num dos castelos, na proa ou na popa, pois sempre havia quem lhe quisesse contar como estavam as provisões, como se navegava, que tempo haviam efetivamente levado até alcançar as Canárias ou Cabo Verde e como passeavam as estrelas no firmamento.

Sucediam-se as visitas: ou era algum tripulante com suas preocupações, ou Caminha com suas notas, ou Frei Henrique com seu livro de orações, ou o piloto Pero Escolar, com os mapas e portulanos.

Cedo ou tarde, chegaria a maldita febre. Já tinha um lenço à mão para cobrir os olhos, e a cada momento pressentia que a vista ficaria turva e, de disposto e bem-humorado, passaria para o desconforto e a irritação. Não se queixava publicamente, mas seus olhos enevoados diziam tudo.

Sempre refletia que afinal sobrevivera. Nada tinha além de marcas das batalhas, mas sem estilhaços destruidores alojados em seu corpo, nem rasgões permanentes que se pudessem transformar em chagas e que, inevitavelmente, o levariam à morte.

Na alma, sim, bem lá dentro, estava marcado por aquela irritação que se manifestava uma vez por semana e crescia até que se precisasse ocultar e fugir ao contato com os amigos. Os familiares no começo se surpreendiam. Aos poucos, contudo, foram se habituando, tanto quanto os companheiros de Corte.

Os médicos lhe receitavam mezinhas e chás. Alguém lhe dissera que uma certa pedra do Oriente, colocada sobre a testa, com sua frialdade gelar-lhe-ia a dor. Quem sabe poderia trazê-la desta viagem?

Quando a dor chegava, nada mais ouvia com paciência, nem lhe prendia a atenção. Só pensava em fugir, fugir, encerrar-se, silenciar num canto como um animal ferido. Enfiar-se em sua toca, lamber as feridas. Mas, por vezes, uma sacudida mais forte chamava-o à realidade, e ele entendia que era preciso voltar ao convés, ser visto, transmitir confiança, ouvir o que tinham a dizer os subordinados, mostrar-se forte.

Como se isso fosse possível! Como se não tivesse ele suas mágoas, suas dores, suas penas. E seria com imenso alívio que receberia a notícia de que se haviam passado cinco horas desde a ceia e que seria conveniente fechar os olhos e começar as tentativas para adormecer. Que os homens estavam todos a postos, que o vento soprava firme, que a rota estava certa e que as ordenações de Sua Alteza estavam sendo cumpridas. E finalmente, pela resposta dos fogos dos outros navios, que tudo ia bem em toda a armada. Enquanto o grumete aguardava respeitosamente à porta, para saber de suas necessidades, pois já lhe havia trazido água para suas higienes, seria então o momento de ajoelhar-se brevemente diante da imagem da Senhora da Esperança, que trouxera consigo de Belmonte, e rezar: "Ó bondosa Protetora/ dos filhos de nossa terra/ nunca desprezes as preces/ daquele que em/ Ti sempre espera."

Dentre todas as notícias tranqüilizadoras, poucas eram mais ansiosamente aguardadas do que saber se a nau de mantimentos, velha e muito usada, mantinha-se firme, e se não precisariam fazer aguada tão cedo.

Isso porque os projetos eram muito outros.

Segredo, ah, o segredo! Que procedimento tão lusitano, esta precaução de fazer mistério, de manter o sigilo sobre o que se fazia, por onde se andava e o que se conhecia, conquistava ou ocupava. "Somos tão poucos, Portugal é tão pequenino!", dizia-se sempre. Por isso, o projeto político do país significava mais e mais conhecer novas terras, implantar os padrões de posse ou a cruz, estabelecer rotas comerciais, feitorias.

Dom João II trazia sempre na ponta da língua, como mandamento básico, o sigilo. Nunca quis que se soubesse, principalmente nos reinos de Castela e Aragão, na França ou no Vaticano, onde seus marinheiros haviam andado, que mares navegados, que terras descobertas.

Pedro Álvares concordava que o respeito a esta norma que estava por detrás de toda ação lusitana é que levara ao bom êxito de Tordesilhas. Oportunamente, conversaria sobre o Tratado com Duarte Pacheco Pereira, que o acompanhava na nau capitânia e estivera na delegação portuguesa. Com ele e mais Bartolomeu Dias poderia falar também sobre a parte ocidental do Mar Oceano, este *mar tenebroso*, onde já estavam navegando.

Divulgação de qualquer feito, achado, descoberta ou conquista, no entanto, só depois de concretizados. Nem os bobos contam os detalhes do que farão. E se dizem alguma coisa sobre o futuro, é para tontear ainda mais os inimigos!

Neste sentido, concordava que chamassem a Dom João o Príncipe Perfeito. De fato o era. Como planejador e como condutor de um grande plano. Embora fossem muitos os fantasmas que podiam tirar o sono a Pedro. Não bastaria lembrar, mesmo a contragosto...

Não bastaria lembrar as confidências de seu meio-irmão, Diogo, prior dos povos e deão da capela da Guarda, durante a longa caminhada à beira do Tejo? Pedro estremecera com a história daquele 27 de agosto de 1484. O duque, irmão da rainha, morto pela iniciativa do cunhado e Rei! Sempre ouvira na Corte que a decisão de Dom João tinha sido entre matar ou então morrer vítima da conspiração. No entanto, perguntava-se até onde Portugal se sobrepunha a tais atrocidades.

Não lhe contara Diogo que tudo ouvira do próprio Dom João, perto da morte, lá em Alvito? O monarca tinha no peito a confessar que, sim, era verdade o que se dizia, que havia ensopado as mãos no sangue do Duque de Viseu, sem falar nos Bragança. Em seu crime, El-Rei fora ajudado e tivera sua tarefa completada pelo alcaide de Moura, Dom Pedro de Eça, e pelo velho Diogo de Azambuja, veterano coxo da batalha de Toro, mas ainda válido e capaz. Razões de Estado, alegara, e compreensíveis, talvez, a quem o destino dos povos assume, porque tratava-se de mácula sobre a qual Dom Manuel jamais falaria, justamente ele, irmão da vítima.

Dom Manuel, então apenas um jovem de 15 anos, quando fora chamado a Évora para ouvir do próprio Rei, o matador, a notícia da morte do seu irmão e que se tornaria o novo duque. Não com o título de Viseu, mas da Beja.

E apesar da proximidade na Corte e da semelhança de idade com ele, Pedro, nunca conversaram sobre o assunto. Mais adiante, quando se tornou o novo soberano com a morte do tio, se o manteve no serviço real com todas as tenças e os privilégios dados pelo antecessor, nunca o fez confidente a respeito do terrível momento.

Por conta dessas histórias, ao fechar os olhos para dormir, a nau a embalar-se, Pedro saberia sempre que a proa tinha um rumo: cumprir com o sonho que fora do Infante Dom Henrique, do Príncipe Perfeito e de tantos outros, e agora era de Dom Manuel, que todos ali estavam unidos e comprometidos, como ele mesmo, como todos os capitães que se haviam reunido nessa grande armada, até mesmo os italianos do *Annunziata*[49] e as tripulações do barco do Conde de Portalegre, confiando na empresa que lhe tocara comandar.

Era preciso, pois, acreditar nos astros, nos pilotos, nos mapas, nas cartas de marear, no astrolábio.

E, se preciso fosse, na potência e na força dos canhões.

Quanto à sua febre, só a pedra do Oriente talvez resolvesse. Por enquanto, era tentar suportá-la, em nome de tudo o que deixara para trás e o que pretendia do futuro.

O vento forte, sibilante, soprava, derrotando as possíveis dúvidas e tristezas no tombadilho das naves que se moviam rápidas, rumo sul. Tudo ficava no esquecimento, menos as dívidas do carteado que preenchia as horas de ócio no convés, o que fazia com que algumas coisas mudassem de dono, não sem pequenas rixas. Mas a tudo se impunha o vozerio da marinhagem no trabalho, superando as dificuldades. Com as bandeiras do Reino a tremular no topo dos mastros, andava-se rápido no caminho das ilhas do Cabo Verde.

Aquela semana voou, até que tiveram vista de uma verdejante ilha, identificada pelo piloto Pero Escolar, após conferir seus mapas, como São Nicolau, a principal do arquipélago. Era domingo, 22 de março, por volta das 10 horas e o encontro transmitiu alegria e excitação à tarefa daqueles homens do mar. Mas não se produziu a esperada parada para fazer lenha ou aguada, o que deixou uma sombra de dúvida na cabeça dos marinheiros mais experientes.

Sem comentar com ninguém, Pedro Álvares fez suas contas. Até 370 milhas a oeste estaria seguro dentro dos limites do Tratado, e, por recomendação de Dom João, a medição se deveria fazer a partir da mais ocidental das ilhas, a de Santo Antão. Que, aliás, já ficara para trás.

Foi um dia de festa, até com teatro a bordo, enquanto o vento soprava brando mas firme e a frota se encaminhava com precisão ao seu destino.

Quando se recolheram, com apenas os do quarto da hora em seus postos, cansados e felizes, depois de haverem trocado os últimos fogos de confirmação de posições das naus, assinalando todos os 13 suas presenças, o capitão-mor pôde levar para seu leito um certo sorriso de satisfação.

Que se transformou em tristeza ao amanhecer.

Comeu-o o mar...

— Falta um barco! Falta um barco!

Dezoito anos passados e ainda me ressoa esse grito de algum lugar lá do fundo, ou do oceano, ou da alma, a me cortar o sono, a me afastar de qualquer consolo...

Lembro que o alarma foi dado pelo gajeiro que estava no posto ao surgir do sol. Por mais que tivesse contado e recontado, só encontrara 12 barcos na *conserva*. Acordei-me, saltei do leito, e mesmo em camisa de dormir corri para a ponte de comando.

Parecia impossível perder-se um barco. Não houvera nenhuma tempestade, nem fortes ventos, nem correntes desconhecidas. Que alucinação, seria então? Ou um engano... Ou um mau presságio?

Pelos diversos navios, a reação foi semelhante. Assustados uns, pelo menos preocupados os mais experientes. Teria o outro sido engolido pelo mar, mas de que maneira, em meio àquela calma toda? Seria um aviso de que o pior estava à espera, ressuscitando antigos temores que tanto preocupavam os que se aventuravam no Mar Tenebroso? Mistério terrível, que parecia destinado a projetar sua sombra de pavor sobre a viagem que começara com tantos votos favoráveis.

Quem sabe algum problema houvesse obrigado a nau a bater em retirada. Mas nesse caso teria havido um comunicado com os fogos, como estava combinado. E então, como agir? Sair em batéis não era o adequado. Convinha era navegar em círculos, examinando o horizonte do alto das vergas, com muitos marinheiros buscando divisar algum vestígio da nau desaparecida, que, feita a chamada, já se sabia, era a de Vasco de Ataíde.

Apontou-se para o norte, de onde provínhamos, e assim andamos todo aquele santo dia. Indo e vindo, atentos a algum destroço que desse a certeza de que o barco estava perdido para sempre, no fundo das águas, ou uma indicação de que passava dificuldades e era preciso resgatar os tripulantes.

E como pensar que desistimos cedo demais? Enquanto houve luz do sol, buscamos um sinal, um pedaço de madeira, uma vela, e, ainda durante a noite, o surgimento de algum fogo longínquo.

Ao amanhecer, chamados os comandantes para uma reunião a bordo da nau capitânia, consultei-os, todos, sobre a situação. Optamos pela continuidade da missão, como não podia deixar de ser, acreditando mesmo que Vasco de Ataíde houvera se extraviado, mas que se salvaria, retornando a alguma ilha do arquipélago do Cabo Verde.

— Ou comeu-o o mar! — declarou um velho marinheiro, fatalisticamente.

Lembro-o, lembro-o bem demais.

Caminha anotou: “Fez o capitão suas diligências para o achar, a uma e outra parte, mas não apareceu mais.”[50]

Durante aquela noite, longas rezas se elevaram de todos os tombadilhos, enquanto os padres jogavam água benta com seus aspersórios às ondas para encomendar o caminho daquelas almas, se o destino havia sido mesmo perecer no oceano.

Tantos anos e tantos mais que se foram depois daqueles, tanto que se passou, e ainda me pego sacudindo a cabeça e somando esta mágoa às tantas que coleciono: “Comeu-o o mar. Mas será que o procuramos tanto quanto deveríamos?”

Não que seja consolo, mas se me ponho a lembrar de todos os fantasmas que emergiriam do fundo das águas para cobrar de mim e de seus companheiros, que seria? E também haveria espíritos de mouros e indianos para povoar estas noites maldormidas...

Mas que fazer se os sinto como se calçassem sapatos de pedra, pisoteando-me a cabeça, nos largos momentos em que meus olhos teimam em permanecer abertos, enquanto a noite anda e eu, insone, passo e repasso tudo o que me sucedeu nesses 18 anos, lá se vão.

Não estaria então eu sofrendo a punição divina por não haver consumido algumas horas a mais na busca aos companheiros perdidos? Teria razão da Gama em advertir que ao mar eu não voltasse?

O abandono a que estou relegado, o esquecimento que me martiriza as horas que deveriam ser de sossego, a falta de cartas e mensageiros que batessem-me à porta, a ausência de convites e de notícias reais, não seria tudo isso um castigo merecido?

Recordo sempre os instantes em que, entre o denso nevoeiro, sacudia-se a nau como que buscando um rumo; os frades de joelhos a rezar, os homens já à beira do desespero a jogar as relíquias ao mar, pedindo que não lhes sucedesse o mesmo que já levara tantos para o Além, a implorar em altos brados, ou a soar um lamento soturno e desesperado... Penso em tudo isso e imagino se uma cena igual ocorrera naquele primeiro barco perdido.

Não, não fizemos o suficiente, mas do que adiantam arrependimentos agora? Ou lembrar o consolo, a solidariedade e a aparente compreensão dos demais capitães que vieram a bordo da nau capitânia para comunicar que já haviam feito o possível. Não estaríamos apenas repartindo a culpa? Pensei isso então, penso ainda.

E nada vai tirar Vasco de Ataíde do fundo do mar, como nada trará de volta Bartolomeu Dias, como nada me levará para aquele mesmo dia, à mesma hora e ao mesmo lugar, para poder eu agir diferentemente, como nada nem ninguém me restituirá a alegria da infância ou do batismo de fogo, quando, ignorante dos perigos e a salvo da covardia do conforto, arriscava-me em meio aos infiéis, com apenas a certeza do meu irmão a meu lado, desafiando as leis do acaso e da prudência.

Agora estou só.

Nenhum de meus filhos pequenos me pode resolver os tormentos, nem sequer minha mulher, com essa sua sabedoria e a experiência resultantes do seu nível e de sua família, poderá servir-me, ou trazer-me a compreensão dos acontecidos... E o perdão.

Se isso fosse justo e possível.

Sim, mudei a maneira de a frota agir, então passei a exigir com muito maior presteza o sinal de localização, em obediência ao regimento, para evitar futuros dissabores e, pior, a perda de vidas e de barcos. Mas isso só servia de solução quando não havia problemas maiores, ou não chegava alguma devastadora tempestade.

Pelo menos, alertava os membros da expedição de que era preciso navegar uns à vista dos outros, como fora estabelecido,[51] e que todos eram solidários e responsáveis... por todos. Sob um comando único. Só esta comunhão de idéias e objetivos nos levaria até o fim da jornada.

Mas quem me devolveria, então, o sono perdido?

De que adianta pensar em mim como o escolhido de dois reis, Dom João e Dom Manuel... para estar onde eu estava? Pois mais vezes não penso é como os erros que cometemos nos levam a essa angústia toda? E o que se faz quando passaram-se lá 18 anos desde os lamentáveis enganos e ainda não cansamos de nos arrepender e não cessamos de nos lastimar?

Ah, o mar...

Escolhido por dois reis

Enquanto determinava o afastamento cada vez mais no rumo sudoeste para completar a volta do mar, de acordo com as instruções que recebera de Vasco da Gama, mais do que nunca deve ter pesado em Pedro o fato de estar a bordo da nau capitânia, a comandar a armada com o maior número de navios que jamais saíra de qualquer porto de Portugal; e levava ele a mais alta missão até então conferida. O primeiro tributo já lhe fora cobrado: onde estaria Vasco de Ataíde? "Comera-o o mar." Entrementes, havia interesses, os mais altos, em jogo, e era preciso seguir em frente, sem mais delongas. Vasco de Ataíde, que Deus o protegesse, agora, porque, com a decisão, apoiada por todos os comandantes, nada mais restava senão navegar no rumo que lhe tinha sido determinado.

Que consumisse então, Pedro, seus momentos, com o rosto e os cabelos molhados pelas vagas que rebentavam na amurada da sua nau, tentando compreender com que intensidade Deus havia colocado em suas mãos o destino. Estava sendo posto à prova, todo o seu passado, sua preparação.

Quem não gostaria de estar em seu posto? Mesmo Vasco, seu amigo, que chegara a ser cogitado, dizia-se na Corte, para ser o homem que estaria hoje ali, no meio do Mar Oceano, mesmo ele que lhe passara todas as instruções, narrando-lhe inclusive que estivera em 1497, na sua ida para a Índia, a poucas léguas da sabida terra firme a ocidente, estaria bem mais gratificado se tivesse sido o escolhido.

E quantos haviam ficado em Portugal, odiando-o talvez secretamente ou nem tão secretamente, a desejar que o mar lhe cobrasse a audácia e a pretensão de se tornar um dos maiores do Reino, se nem sequer à Grande Nobreza pertencia. Muito, em Lisboa, diziam ainda que só viajara como capitão-mor porque Vasco da Gama não o quisera, pois, já escolhido por El-Rei, alegara que pretendia primeiro casar-se e resolver a pendenga da vila de Sines, que lhe fora prometida e que ainda pertencia à Ordem de São Tiago.

E ouvira mais de uma vez quando lhe jogaram em rosto o fato de ter um irmão bastardo — e quem não o tinha? — e a pouca representatividade da família. Mas teria de ser descendente de uma das 72 escolhidas?, pensaria consigo. Afinal, duzentos anos e tanto nada significariam? Assim como procurava manter-se imune também a insinuações como... "afinal, não era ele apenas um segundo filho?".[52]

Entrementes, para estar onde estava, e assumir o comando das ações sem hesitar... ou hesitando só intimamente... precisaria tal homem se importar era com a frota seguir unida, sob sua orientação, navegando "em conserva", como aprendera, todos os barcos à distância do olhar, a cumprirem-se os objetivos que o Rei lhe havia delegado, e sempre com a Bandeira da Ordem de Cristo entregue pelo próprio Dom Manuel, o barrete papal que Dom Diogo Ortiz lhe colocara sobre a cabeça, e a confiança dos que haviam acorrido ao Restelo, na despedida.

Nas arcas, no castelo de popa, estavam os mapas e os portulanos. Em mãos do Mestre João, noutro barco, o astrolábio e as tábuas da Índia, para comparar qual dos instrumentos era o mais preciso, e, é claro, um exemplar do *Almanaque perpétuo* de Abraão Zacuto, seu velho e querido mestre, que preferira deixar Portugal a abrir mão de sua fé, indo embora em 1496 para o Magreb! E ali estava também a Religião, na figura do Frei Henrique de Coimbra e seus sete franciscanos. Era a bênção e a presença da Igreja: Frei Gaspar, Frei Francisco da Cruz, Frei Simão de Guimarães e Frei Luiz de Salvador, todos pregadores de fama e letrados de primeira linha; o sacerdote e músico Frei Masseu, organista conhecido em todo Portugal, que poderia tratar de "afugentar os demônios com suas harmonias", como dele diziam; Frei Pedro Neto, conhecedor das ordens sacras; e a "santa criatura de Deus", o que assombrava pela sua simplicidade e ingênuo destemor, Frei João da Vitória, um frade leigo.[53]

O carinho do Rei Dom Manuel por Frei Henrique vinha de muito longe. El-Rei fora buscá-lo no Mosteiro de Jesus, em Setúbal, onde o conhecera servindo Dona Justa Rodrigues, sua antiga ama-de-leite, a fundadora da instituição. Chamado pelo soberano, ele acorrera a Lisboa, apresentando-se na Corte na segunda-feira, dia 2 de março de 1500. Uma semana depois estava a bordo.

E como todas as Irmãs haviam ficado muito chorosas com sua ausência, preocupou-se o frei em escrever, antes da sua saída da capital, à abadessa, Sóror Coleta Talhada, uma longa carta em que se escusara dizendo que "Deus quer que eu vá, e por isso não vos ouve. E, pois Ele quer, é bem que queiramos todos nós. Não convém pois resistir à Sua vontade, pois é Sua ofensa não se conformar homem com Ele e com o que Ele quer e ordena. E Ele sabe quanto amor e afeição vos tenho, e obrigação de a ter".

E concluíra:

"Eu, logo à segunda-feira que a esta cidade cheguei, fui falar a El-Rei e assim concluiu que eu iria. Não sei se voltará. Prazerá a Nosso Senhor que, por sua misericórdia e piedade, não olhando a meus deméritos, me ajudará a fazer a Sua santíssima vontade."

Assim, se viessem desafios dos céus, haveria como proteger-se. Mas de onde viriam, a não ser de alguma tempestade?

O mar era um elemento no qual os portugueses habitualmente se sentiam seguros, apesar das traições que pudessem surgir, muitas vezes sem aviso, como bem o sabiam navegadores experientes como Bartolomeu Dias e Duarte Pacheco Pereira, dois dos maiores nomes da navegação e da cosmografia do país, que viajavam sob as ordens de Pedro naquela armada. Ao capitão-mor, com tal tripulação, bem cabia ser humilde e prudente, aprender a compreender o significado até de um pedaço de madeira boiando aparentemente sem motivo, uma súbita virada mesmo da mais leve brisa ou o grasnar aflito de uma gaivota. E recebera instruções expressas de Dom Manuel de só tomar decisão importante ouvindo a opinião dos outros.

Que dissessem, sim, na volta, que Pedrálvares Gouveia era, de fato, um "homem avisado" e que sabia respeitar a nobreza, a experiência, a religião e a ciência.

Tinha a confiança do Rei. Acompanhara-o na crise dos judeus, entendera suas razões, pois sabia das exigências da noiva castelhana. Estivera a seu lado no primeiro casamento com Isabel, a viúva do primo que trazia a futura união com Castela. E também na dor da sua morte, que se produziu no parto do Príncipe Afonso, em 1497. Junto com o soberano estivera, na partida de Vasco da Gama, companheiro de geração. E, na longa viagem do traslado dos restos mortais de Dom João II, Dom Manuel conservara-o longo tempo junto a si. Toda esta confiança precisava, então, ser retribuída. Em torno dele, o Mar Oceano aguardava, e a viagem, a missão. Essa era a sua oportunidade!

26 de março de 1500, quinta-feira. Viajavam havia 18 dias, tendo ultrapassado as Canárias e as ilhas do Cabo Verde, tinham tido apenas vista de São Nicolau; e não se fizera aguada, porque as instruções apontavam para uma parada mais adiante. Bastava fazer o cálculo. O astrônomo continuava a percorrer dia e noite as estradas celestes e ainda não estava totalmente satisfeito com as comparações que fazia. E muito menos com o navio onde viajava, "muito pequeno, muito carregado e onde não há lugar para coisa alguma".[54]

Quanto a isso, bastava a Pedro mostrar com um gesto as quase 200 pessoas que se acumulavam em seu barco. Ali estavam Aires Correa, que iria ser o feitor em Calicute, e mais os seus futuros funcionários, como o cavaleiro Francisco Correia, Fernão Peixoto, natural de Vila Franca e que sempre que podia falava em sua terra natal, Lourenço Moreno, João Rodrigues, Gaspar da Gama, os dois escrivães, Caminha e Gonçalo Gil Barbosa, Duarte Pacheco Pereira, experimentado navegador, uma espécie de consultor permanente para o capitão. Afonso Furtado, escrivão, também estava a bordo da nau capitânia, bem como um mouro convertido ao cristianismo, natural de Tânger, Gonçalo Madeira, o nobre indiano Baltazar e mais quatro pescadores igualmente indianos, que haviam viajado com Vasco da Gama dois anos antes e agora retornavam para sua terra. Havia ainda os oito padres, sete serviçais, dois degredados, e o peso maior, claro, dos 79 marinheiros e 78 soldados.[55] Sete oficiais completavam a conta: capitão, mestre, escrivão, carpinteiro, calafate, despenseiro e cozinheiro. Toda esta concentração em menos de 30 metros somada à busca dos objetivos e a incerteza das informações geravam certo desconforto.

As tripulações dos demais barcos, tão superlotados quanto o principal, também se mostravam inquietas. Os capitães regularmente respondiam com fogos precisos à confirmação das 11 posições, depois do desastre inicial com a nave perdida. Os velhos marujos eram os que mais estranhavam a falta de aguada em Cabo Verde e se preocupavam com o destino. Mas foi preciso botar um grumete a ferros porque insistia em querer saber para onde o estavam levando e quanto tempo ainda tinha de navegar sem chegar a uma terra firme. Uma reclamação descabida, considerou o mestre da embarcação. Estavam apenas no início e, para servir de exemplo, ele viajaria um tempo amarrado com o pé num buraco do tombadilho, próximo ao mastro principal, como se fosse um escravo negro rebelde. E o chicote foi colocado bem à vista, para que fechasse a boca e não ficasse mais perturbando o ambiente com seus berros danados que mais pareciam loucura do que protesto.

É A SAUDADE... UM SENTIDO DO CORAÇÃO

Era lento o escoar do tempo, quando abril chegou afinal, desta vez sem chuvas. Continuavam navegando à vista uns dos outros e o Mar Oceano mostrava-se benevolente. De vez em quando viam passar cardumes, desde peixes pequenos que quase podiam ser colhidos com as mãos até os voadores, que saltavam das águas, deslumbrando os marinheiros de primeira viagem, como alguns padres e artilheiros.

Nem o escrivão oficial, Gonçalo Gil Barbosa, nem Pero Vaz de Caminha, que iria ser o escrivão da feitoria em Calicute, faziam anotações importantes. Quando muito, algumas frases que se pronunciavam a bordo, ou a descrição do que se fazia para passar o tempo. Não deixaram de registrar o teatro improvisado, a música e o negócio do jogo de cartas que já gerara algumas desavenças e até meia dúzia de desaforos e encontrões.

Os freis rezavam como de hábito e queixavam-se muito do calor, pois estavam impedidos pelos regulamentos de tirar a roupa e ficar só de bragas, os práticos calções curtos, como os marujos e soldados.

E havia os futuros degredados, eram 20 na frota; por estes, Pedrálvares tinha grande piedade, mas não podia fazer outra coisa a não ser conduzi-los e liberá-los nos pontos em que a armada tocava. Lá ficariam, já com suas penas comutadas em troca do degredo, aguardando uma vaga possibilidade de retorno para Portugal, com a passagem de uma nova esquadra. Mas perdoar-lhes? Não tinha autoridade para tanto. Seguiam vigiados, quase sempre no porão ou escoltados por soldados, para que não cometessem o desatino de jogar-se ao mar com o intuito de encerrar ali seu sofrimento.

Gaspar da Gama, o *língua* da frota, fazia companhia quase que constante aos indianos que Vasco havia trazido e que eram levados de volta para suas terras para demonstrar a generosidade e a magnanimidade de El-Rei. Com suas roupas brancas e frescas, eles enfrentavam com mais facilidade o calor que se sentia nas proximidades da linha equatorial. O clima era natural também para os marinheiros experimentados, aqueles que já haviam participado de viagens semelhantes ao longo da costa da África ou mesmo se afastado para outros pontos a ocidente como El-Rei ordenara dois ou três anos antes e como bem recordava Duarte Pacheco Pereira,[56] um interlocutor freqüente, habitual, que tanto agradava a Pedrálvares.

Gostava de com ele ficar conversando, trocando valiosas informações. Deleitava-se com as narrações que fazia de sua estada em Castela, integrando a delegação que estivera em Tordesilhas. Com o tratado, podiam estar descansados: nenhum barco castelhano poderia impedi-los de navegar ou deles cobrar a presença naquelas águas. Se bem que não fora feita a demarcação oficial, conforme o combinado.

Duarte costumava contar que os súditos de Isabel e Fernando acreditaram piamente, no início, que Colombo houvesse chegado às Índias com as três naves, *Santa Maria*, *Pinta* e *Niña*. Agora, já se sabia que os enganos de medição indicavam que as ilhas, chamadas pelos nativos de Antilhas, estavam muito distantes do Oriente, que situavam-se em meio do caminho, se caminho havia por ali.

Já os portugueses conheciam muito bem o percurso mais curto. Era preciso afastar-se rumo sudoeste para fazer a grande volta do mar que os levaria direto ao Cabo da Boa Esperança, fazer o contorno e subir pela costa da África, atravessando o canal de Moçambique, e tomar o rumo de Calicute, como Vasco da Gama havia feito.

Duarte Pacheco Pereira usara a sua frase predileta, que Pedro tantas vezes ainda escutaria: "A experiência é a mãe da verdade, nos desengana e de toda a dúvida nos tira."[57]

Numa reunião a bordo da nau capitânia, Bartolomeu Dias, o *pai* do Cabo das Tormentas, contou os horrores que padecera para contorná-lo e como aprendera a fazer uma segunda volta do mar, mais ao sul, para subir a costa da África. Tais conversas, a princípio, surpreendiam até mesmo os seus participantes, pela liberdade que o capitão-mor permitia, pelas confidências e revelações.

Pedrálvares convocara todos os capitães, navegadores e fidalgos espalhados pelos 12 barcos da frota e estes acorreram em seus pequenos batéis. Espalharam-se em torno à grande mesa armada no convés, outros sentaram-se sobre coxins, outros ainda permaneceram de pé, onde dava e da melhor forma possível, juntando-se para conversar entre si e com o comandante. Tornou-se esta a melhor maneira de se manterem unidos e informados quando o tempo parecia não querer escoar-se.

O controle sobre a inversão das ampulhetas já fora abandonado. Em troca, havia o nascer do sol, a sua inclinação, as medições que se faziam a bordo de todos os barcos e, à noite, por algumas constelações e seu caminho no firmamento. Se alguém fosse ater-se às ampulhetas, teria que virá-las quase 50 vezes num dia, podendo perder a conta, além do muito fatigante que seria. Talvez um exagero.

A rotina de um amanhecer depois do outro substituía a passagem das horas que apenas a persistência dos franciscanos ainda assinalava com as quatro orações. Já a chegada do domingo marcava-se pela missa que se dizia a bordo, e a freqüência, embora deixada livre, não desagradava de todo a Frei Henrique. A pregação se adequava ao Evangelho do dia, como era de preceito, e para isso os freis haviam trazido os livros necessários e em abundância para distribuir na Índia. Isso na falta de atividade melhor, pois não é demais dizer que aqueles homens, cerca de 1.500, queriam ação — bem o sabia Pedrálvares.

Não os poderia conter, e em pleno mar era preciso encontrar fontes de diversão, porque nem a mínima sombra de vela passava no horizonte, muito menos a silhueta de algum pirata para ser perseguido.

Aos poucos a nostalgia se instalava, chegara, sim, a saudade. E se alojara praticamente em todos os corações, mesmo naqueles que pensavam que não haviam deixado nenhum laço. Ficara, neste caso, a própria terra, talvez a lembrança simples do verde dos montes de Sintra. A visão se turvava com a névoa que vagarosamente encobria o último pedaço visto de Portugal, com as lágrimas que corriam soltas pela pele endurecida daqueles homens do mar. E foi bom ler em voz alta para todos, comandantes, padres, oficiais, marinheiros, um trecho do *Leal conselheiro.*[58] Pero Vaz de Caminha sabia o que sugeria, e Pedro, ao concordar, tinha certeza de que estava administrando o remédio certo. Caminha leu pausadamente para que todos entendessem, com perfeição, o que o Rei Dom Duarte escrevera em seu *Leal conselheiro*:

"E a saudade... é um sentido do coração que vem da sensualidade e não da razão e faz sentir às vezes os sentimentos da tristeza e da pena. E outros vêm daquelas coisas que ao homem apraz que sejam e alguns com tal lembrança que traz prazer e não pena. E, em casos certos, se mistura com tão grande nojo que faz ficar em tristeza. E, para entender isto, não cumpre ler por outros livros, cá poucos acharão que dele falem, mas cada um, vendo o que escrevo, considere seu coração no que já por feitos desvairados tem sentido e poderá ver e julgar se falo certo."

Havia sete ou oito décadas, Dom Duarte escrevera estas linhas, e não era por nada, recordava Caminha, que o antigo rei era chamado de "o Eloqüente". Podia dar-se que nem todos soubessem definir o que era, mas na certa já haviam sentido uma saudade tal e qual Dom Duarte a descrevia. Pedro contemplou aqueles experimentados e quase sempre amargos homens do mar e viu que, de fato, estavam todos tocados pela misteriosa sensação que os deixava acabrunhados, ao mesmo tempo que aquelas admiráveis palavras lhes traziam conforto.

Ele próprio tinha sua Isabel, lembrança doce, ao mesmo tempo penosa, pela distância já de meio oceano entre eles, por nunca tê-la visto, sequer, sem o véu, e nem dela, ainda, ter se aproximado. No retorno, se houvesse, e para isso rezava diariamente diante da imagem da Senhora da Esperança, haveria de constituir uma família, o que muito consolo e ânimo trazia a qualquer hora, como percebia no rosto e nos olhos dos seus capitães e servidores. Mas sempre recordaria irmãos e amigos, lamentando a frouxidão desses laços. E até do pequeno quarto junto à fortaleza de Lisboa poderia ter saudades. Ou também dos alegres tempos da infância, dos passeios despretensiosos e sem compromissos.

A tristeza geral era tamanha, que Frei Henrique achou que o remédio era ministrar-lhes uma bênção. Foi o que fez, com os padres reunidos a cantar em coro para celebrar o sucesso que esperavam daquela viagem e a continuidade dos feitos de Portugal.

Sobre o tombadilho, o sol projetava uma grande sombra da cruz desenhada sobre a vela principal, que, inflada, colhia todo o vento favorável.

O LÍNGUA

Gaspar da Gama era o *língua* a bordo, e sua função de intérprete, ele a desempenhava com o maior prazer, até porque tinha com o que se ocupar.

Concentrara o máximo de aventura em uma vida já de 60 anos. Da pequena Poznan na Europa setentrional para a enigmática Alexandria com o seu inesquecível Lago Mareotis e a longa via ensombrada de palmeiras à beira-mar, não acabara indo para a China e para a Índia? E na Ilha de Angediva não subira a bordo da nau de Vasco da Gama e não estava ali cruzando os mares, depois de haver visitado novamente a Europa, onde pudera conhecer, afinal, a *terra de Ulisses*, Lisboa?[59]

Como explicar tantas reviravoltas?

Era muito comum alguém que vivesse em torno à bacia do Mediterrâneo saltar de uma cidade para outra, aproveitando a passagem de navios, e ele próprio conhecera muitos coptas e judeus que o faziam, ocupando-se de navegação ou filosofia, ou das duas coisas e da profissão de ourives ou... da usura. Alguns ficavam ricos, outros amanheciam violentados e decapitados por algum bárbaro que bebera além da conta em alguma taberna do porto. Ou assassinado por um devedor. Também isso acontecia, e Gaspar se maravilhava com o fato de haver andado ainda mais longe e ter escapado de tantos perigos.

Ele próprio se surpreendia com suas peripécias... Deixando bem clara em sua cabeça a nova situação: com o batizado, passara a ser um *cristão-novo* e adotara o sobrenome do seu padrinho, o poderoso Vasco. Muitos o chamavam de Gaspar da Índia, mas era, para todos os efeitos, Gaspar da Gama.

Sua missão era servir ao capitão-mor, Pedro Álvares, e trabalhar em todos os contatos que seriam feitos ao longo da viagem, já que conhecia o latim, o caldeu, o árabe, o italiano, o castelhano, algumas línguas indianas da região do Malabar, e entendia o português. Aliás, com a mistura de castelhano e italiano, comunicava-se facilmente com os lusos; como o Rei Dom Manuel já dissera em carta, era fácil de fazer.

Não sabia se exibir com esferas ou laranjas, isso não. Sempre se espantava com o modo como os indianos malabares faziam-nas saltar de uma para outra mão sem que tocassem no chão nem se chocassem no ar. Os marinheiros de Vasco da Gama até haviam lhe perguntado se ele também era capaz de fazer malabarismos... No primeiro instante não entendera, sorrindo em seguida. Sua percepção lhe dizia que os portugueses batizavam a habilidade dos habitantes de Malabar com o indicativo da naturalidade. Às vezes, Gaspar tinha dificuldade em explicar certas coisas, tão diferentes eram as palavras, sobretudo as maneiras de dizer e até os objetos utilizados na prática do dia-a-dia, diferindo de uma cultura regional para outra.

Compreendia a generalização que chocava seus novos *compatriotas*: por que eram às vezes chamados de francos,[60] se era sabido que nada tinham a ver com o reino destes, que ficava mais ao norte? Talvez pelo nariz... Mas o nariz de um verdadeiro franco, e um homem tão viajado como Gaspar da Gama não tinha dúvidas sobre isso, em geral era ainda maior.

Quanto a si mesmo, sua pequena estatura, a ligeira gordurinha nas maçãs do rosto quadrado, os olhos claros e o cabelo queimado pelo sol e por isso até mais quebradiço e curto, tudo conformava um tipo tão diverso que logo despertava a atenção, como ocorrera quando se apresentara ao capitão Vasco da Gama.

Em Lisboa, tão cosmopolita, recheada de tipos variados, passara quase despercebido. Mas não ali, naturalmente, onde além de tudo estava quase sempre junto ao contingente de indianos, vestidos com seus leves e ricos trajes, a eles explicando seguidamente o que diziam os *francos* e o significado do que ocorria a bordo.

Achava cansativo o balanço das ondas e ansiava pela terra firme. Na verdade, como todos. Mesmo para os mais experientes marinheiros, esse era sempre o prêmio, saudado com alegria que descia desde o mais alto mastro até o fundo dos porões.

O brado de *Terra à vista!* seria o som mais animador que se poderia ouvir num tombadilho. E era impressionante o entusiasmo que produzia e a repercussão nas demais naves, desde o momento em que brotava dos lábios do gajeiro até se propagar na incontável repetição de barco a barco, com o contentamento dos marinheiros.

E as ações e a azáfama que o grito desencadeava! Assim o fora na passagem pelas Canárias e pelas ilhas do Cabo Verde. Assim o seria sempre, ao longo daquela e de qualquer outra viagem. Era o momento mágico que fazia esquecer o desânimo, a modorra, a monotonia. Algo que ansiavam aqueles homens, ao cabo de 40 dias de viagem.

Porém, não havia nenhum sinal, nem no céu nem no distante horizonte, que pudesse trazer tal esperança.

Haviam se divertido com a Páscoa. Gaspar da Gama tinha sido o *judas*. Brincando, fora empurrado, borrifado de vinho, pauleado com um porrete, pendurado numa verga. Ajudara a animar os marinheiros, pedindo *clemência* antes que a brincadeira se estendesse demais.

As celebrações da Páscoa haviam ocupado a atenção de todas as tripulações, e eis que a Sexta-Feira Santa, naquele 10 de abril de 1500, não teve vento, nem chuva, mas sim calor e um sol muito brilhante sobre suas cabeças, chegando a cansar alguns tripulantes.

Não faltou quem aguardasse a hora em que se ouviria "E rasgou-se pelo meio o véu do santuário",[61] um grande estrondo e quem sabe o mar viesse a mostrar outro comportamento, cobrando a dívida histórica da Humanidade. Até porque, lembravam, "estamos num ano bissexto...". No qual *a tragédia dar-se-ia às três da tarde*. Como nada aconteceu, os frades que acompanhavam Dom Henrique puderam completar sua procissão em silêncio.

Já o romper de Aleluia foi como teria sido em terra firme, sacudido pelas atitudes de sempre, os judas malhados como de costume, a servir para algumas brincadeiras com os *cristãos-novos* que iam a bordo. E, entre esses, o mais ilustre era Gaspar da Gama, contemplado novamente com várias provocações. Integrado, ria bastante, fingia-se irado e divertia-se.

O jejum da Semana Santa ajudara a economizar provisões, embora não houvesse escassez nem de mantimentos nem de água. Numa longa viagem, toda prudência é pouca, comentava-se. O som da matraca espalhou-se. Até que o Domingo de Páscoa acabou por propiciar uma onda de alegria com aquele mar de puro azul, as processões, as missas e o soar das sinetas, enquanto se elevavam os coros, puxados pelos padres.

Pedro Álvares foi convidado a carregar o estandarte de Cristo, liderando o cortejo a bordo da nau capitânia. A missa foi celebrada com toda a pompa em 12 de abril, pedindo Frei Henrique em sua homilia que a Páscoa assinalasse a conquista de tantos corações e mentes infiéis quantos se propunham, nesta viagem às Índias.

Sabiam o quanto havia de muçulmanos nos portos por onde andara Vasco da Gama e também que os esperavam os cristãos convertidos por São Tomé e seus seguidores, havia tantos anos abandonados e separados de Roma. Que fazer com eles? Dizia-se que acreditavam em coisas de que os cristãos romanos já nem se lembravam.[62]

Nas mentes portuguesas, ainda não se extinguira o pedido de Henrique, o Navegador, repetido a todas as frotas que deixavam o país: "Tragam-nos notícias do Preste João."

Sim, era preciso chegar àquele reino misterioso, encantado, tinham isso bem presente em suas cabeças, e nesta exaltação cristã e histórica é que foi vivida a Páscoa na segunda armada que tomara o caminho das Índias contornando o Cabo da Boa Esperança.

A segunda-feira seria de descanso, como se estivessem em Lisboa. Ninguém trabalharia, ninguém estudaria, só se faria o mínimo, apenas a manutenção, o necessário serviço permanente, por causa da ressaca do dia anterior. Aliás, se estivessem em casa teriam feriado a semana inteira.

E para este descanso foram ajudados pelo comportamento do oceano, que docemente acolhia a frota, fazendo-a deslizar rumo sul, bem umas 600 léguas distante da Ilha de São Nicolau.[63]

Terra à vista!

Ao amanhecer da terça-feira das Oitavas de Páscoa, os marinheiros começaram a fazer ruidosas manifestações ante a presença de muitas ervas flutuando, chamadas botelhos e rabos-de-asno, sinais inequívocos de terra.[64]

Estavam mais atentos do que nunca.

O dia, contudo, transcorreu sem que o panorama se alterasse.

Pedro caminhava inquieto pelo tombadilho, ouvia conselhos sucessivos, desde o mais humilde grumete até o mais considerado nobre, rompida a hierarquia pela proximidade e a intimidade de bordo. Todos queriam contribuir e, excitados, faziam mil conjeturas sobre a existência de alguma ilha perdida na vastidão do oceano que atravessavam fazia já 42 dias.

O capitão-mor poderia até ter intuído que algo aconteceria, mas ainda iria dormir aquela noite com as expectativas a roubar-lhe a tranqüilidade. Conhecia por experiência e pelas informações que lhe chegavam que aquelas ervas que boiavam no mar provinham de alguma terra próxima, mas podiam deslocar-se por muitas léguas. A expectativa era grande, mas que terra seria, que tamanho teria e se era apenas uma pequena ilha ou algo mais, tudo isso era desconhecido dele e de qualquer um a bordo. O que sabia e o que não sabia, o que lhe diziam e o que podia ler nos mapas, tudo era ainda insuficiente para qualquer certeza sobre onde estariam chegando.

Lembrou das instruções de Vasco da Gama, da proximidade que a frota de 97 estivera de uma terra firme e a altura aproximada da viagem.

Como não era sua missão tocar terras por ali, o Gama seguira em frente. Mas eram as ervas flutuantes do mesmo gênero, e só faltariam os pássaros, que na viagem de dois anos antes "se dirigiam a alguma terra firme", como anotara Álvaro Velho. Entretanto, ainda sem indícios mais fortes depois da ceia, o jeito foi recolher-se e tentar dormir.

Aos poucos crescia a tensão, aumentava a ansiedade a bordo dos 12 barcos. Fazia calor, embora durante a madrugada se tivesse levantado sobre o mar uma espessa neblina que tornava a navegação mais perigosa. Quando surgiu o sol, a cerração ainda levou algumas horas até desfazer-se, obrigando as tripulações, atentas, a observarem as ondas encapeladas, em busca de sinais de rochedos que poderiam surgir de repente, se de fato estivessem a se aproximar de alguma terra.

Veio a quarta-feira, e Caminha anotava todos os acontecimentos. Um dia belíssimo. Algumas brumas se espalhavam, formando como que bancos de nevoeiro, a reduzir um pouco o ardor daquele sol. A manhã ia em meio quando surgiram, fazendo grandes giros para um e outro lado, muitas aves. "Fura-buxos", registrou o escrivão.[65] Agora já ninguém mais duvidava de que uma terra estava muito próxima. Os pássaros dela provinham e até muito longe não poderiam voar. Atenções redobradas, todos os barcos agrupados, depois de trocarem fogos de sinalização, continuaram seguindo no rumo sudoeste, obedecendo às ordens do capitão-mor.

Todos os que podiam encostavam-se às amuradas, pois queriam ter a sorte de primeiro avistar rochedos ou montanhas ou a linha branca de alguma praia. Apesar de algumas nuvens, a frota mantinha o rumo e a velocidade. Comandantes, pilotos, nobres, mercadores, padres, príncipes indianos, soldados, marinheiros, grumetes, degredados, todos presos ao primeiro alarma, que poderia incendiá-los de entusiasmo e alegria ou, se tardasse, mergulhá-los na tristeza.

As horas se escoaram sem novidades, repetiam-se as revoadas de fura-buxos e as ervas flutuantes, que ajudavam a aumentar a ansiedade sem contudo confirmar o que tanto desejavam.

Chegava o fim da tarde. Quando os frades iniciavam as orações das Vésperas, como que se produziu um rasgão no céu, trazendo o sol e iluminando a silhueta de um monte que se recortava no horizonte. Abriu-se o mar, a descortinar, em direção ao ocidente, toda a beleza do seu azul.

Ao fundo, perfeitamente visível daquela distância, a costa, onde, sempre que a rebentação se desfazia, emergia uma linha verdejante mais baixa do que a montanha, demarcada pela areia alvíssima que se estendia até onde se podia ver.

O *Terra à vista!* explode quase ao mesmo tempo nos 12 navios, logo a alegria fazendo o grito multiplicar-se de ponta a ponta em cada convés e chegando até o fundo dos porões. Abraços e saltos, vivas ao capitão-mor e muitos fogos.

Agora via-se mais claro: o grande monte, muito alto e redondo, e outras serras, mais baixas, ao sul dele. E, por toda a parte, grandes arvoredos.

Caminha, ao pé do capitão Pedro Álvares, dele ouve e anota: "Hoje é 22 de abril de 1500. Estamos em plena semana da Pascoela. O monte vai chamar-se Pascoal, e a terra, Vera Cruz."[66]

O capitão-mor manda lançar o prumo para saber a profundidade: acharam 25 braças. Ao entardecer, já mais próximo de terra firme, coisa de seis léguas, lançam-se as âncoras. Mede-se outra vez: 19 braças. Dá-se uma ancoragem limpa.

Decide-se que somente ao amanhecer começariam a exploração das cercanias. Chega-lhes uma bela e calma noite, as águas mantendo-se tranqüilas, marulhando suavemente junto aos cascos das naves onde se abrigam os portugueses. Muitos, contudo, não conseguem dormir, pela excitação com a perspectiva do achado.

Uma cruz apontando para o sul

Mestre João tinha um motivo muito especial para manter-se acordado: seu interesse estava muito mais no céu do que na terra. Desde o início da noite anterior até quase cinco da manhã ele ficara observando a marcha de uma constelação. Sabia onde achá-la e como identificá-la naquela posição. Agora, pela primeira vez, tinha a certeza da sua formação exata e do tempo que permanecia à vista; e verificava o quanto ela poderia ser útil aos navegadores.

A certeza lhe vinha do fato de que fazia dias que a observava, e ela mantinha um comportamento uniforme. Toda vez que o céu se mostrava puro e limpo de nuvens, era possível vê-la, sempre adiante no rumo do sul, como que correndo à frente na mesma rota que os estava levando, modificando apenas o ponto onde surgia e por onde desaparecia, pois estavam atravessando "aquele mar de longo" — como bem o dissera Caminha — buscando o sudoeste.

Era uma cruz que poderia indicar o sul, como a Estrela Polar servia de guia ao norte. Aparecera bem junto à linha do horizonte e cumprira o seu percurso elevando-se lentamente até mergulhar no outro lado, visível durante praticamente oito horas, enquanto a ausência do sol permitira a sua visão. Descrevia um arco de não mais de 10 graus. Mestre João notara que, à medida que avançavam rumo sul, mais próxima de sua cabeça ela aparecia. E mais luminosa, especialmente numa noite clara e translúcida como a de 22 para 23 de abril.

Apressou-se em fazer anotações confirmando observações anteriores, para uso em carta que enviaria ao Rei Dom Manuel na primeira oportunidade: "Estas guardas nunca se escondem; antes, sempre andam ao derredor, sobre o horizonte, e apesar de que ainda tenho dúvidas, pois não sei qual delas está mais baixa sobre o pólo antártico; e estas estrelas, principalmente as da Cruz, são grandes, quase como as do Carro; e a estrela do pólo antártico, o sul, é pequena, como a do norte é muito clara; e ela, a estrela que está em cima de toda a Cruz, é muito pequena."[67]

Feito isso, procurou desenhar com mão firme, para compensar o balanço do navio, a posição e a forma do cruzeiro apontando o sul. Cuidadosamente, repetiu sobre a folha de papel a conformação daquelas estrelas, quais as que apareciam mais brilhantes, onde estava o horizonte naquela hora e como os braços se assemelhavam a uma cruz como a de Cristo. Homem experimentado, bacharel em artes e em medicina, mestre de astronomia, físico reputado e da confiança do Rei, por um instante chegou a temer que a emoção lhe embaralhasse o raciocínio.

Como por muitas noites seguidas vira aquele sinal da cruz ao sul, sabia que não estava equivocado. Além disso, suas anotações confirmavam o que Luigi da Cadamosto indicara em sua viagem pela costa da África de quase 50 anos antes, fins de junho de 1455, quando o italiano viajava a serviço da Corte portuguesa e estivera na foz do Rio Zâmbia, onde vira o que batizara como "carro do sul". Continuaria investigando. Aquela, mesmo que tocassem em terra, não seria a última noite da viagem; além disso, retomariam o percurso para outra vez cruzar a linha equinocial. E, depois da Índia, ainda haveria a longa viagem de volta até Portugal.

Acostumado a defender suas posições científicas contra os mistérios e crenças dos padres e os supostos milagres da Igreja, ainda assim Mestre João, naquele instante, sentiu-se pequeno. Diante do tamanho da sua descoberta, tocado pela curiosa coincidência com a Cruz de Cristo que identificava as velas, ínfimo diante da magnífica curvatura.

"Bem, se existe mesmo um Deus", refletiria Mestre João, lá com seus instrumentos de desenho, "ele tocou com a sua mão em meu ombro. Se não sou cego, estou vendo uma das suas mais belas obras. Darei conta disso a El-Rei e ao nosso capitão-mor. Mas o próprio Deus é testemunha de que acompanho seu trabalho, com rigor científico, há muitos dias, para não me enganar, para não me deixar seduzir pela simples beleza que tanto emociona."

Com os olhos, percorreu o barco e percebeu que Frei Henrique não estava à vista:

"Assim não preciso transformar esta experiência científica num transe místico. E nem ninguém há de me obrigar a rezar padre-nossos e ave-marias antes que eu complete minha tarefa."

A seguir, assinalou com precisão a presença das *guardas* e confirmou a inclinação que via na *Cruz do Sul*[68] naquele horário em que a manhã se aproximava.

Quando concluiu seus registros, as estrelas empalideciam no firmamento, o sol começava a despejar seus primeiros raios e a mudança produzia-se rápido.

Era o amanhecer de 23 de abril de 1500.

Mestre João Faras, sem dormir, estava tão desperto quanto os demais que, na excitação, também não haviam conseguido conciliar o sono. Só havia euforia a atravessar os tombadilhos, todos ansiosos em pisar aquele chão.

E o astrônomo, ainda mais inquieto, sem querer ser importuno, mas ansiando fazer logo a comunicação ao capitão-mor do que vira no firmamento, e que teria, em sua opinião, uma incrível utilidade para os navegadores. Precisaria deslocar-se logo até à nau capitânia. E maldizia-se, mais uma vez, por estar reduzido a uma caravelinha tão pequena e incômoda como aquela em que viajava. Também ele, portanto, com o raiar do dia, de olhos na terra firme, preparou-se para o possível desembarque.

Agora a todos cabia incorporarem-se aos movimentos decisivos que então se iniciavam. Sempre seria assim, cada vez que se produzisse uma ancoragem.

Os naturais

— Há homens na praia — gritam das caravelas que haviam seguido à frente, por serem menores e mais rápidas, procurando ancorar mais próximo daquele litoral.

Espanto e preocupação perpassam o escolhido grupo de homens que trazia o conhecimento das coisas e a ciência do velho mundo na ponta da língua, prontos para aceitar qualquer novidade, mas sem as certezas que só o contato direto lhes traria.

— São sete ou oito! — gritam, e a notícia é transmitida de tombadilho a tombadilho até chegar ao último navio.

Quem seriam eles, em que estágio de civilização estariam? Seriam como os negros da Guiné ou como os muçulmanos da costa africana, feito os indianos que Vasco trouxera e agora regressavam a bordo da esquadra? Ou, ainda, inferiores? Que língua falariam? Seriam cristãos extraviados ou idólatras e heréticos? Teriam tido contato com algum civilizado?

Içam-se as velas em toda a frota. Os barcos pequenos seguem à frente, depois os maiores, direto a terra. Fazem-se novas medições. Primeiro, 17 braças, depois 16, 15, 14, 13, 12, 10 e finalmente 9 braças até meia légua dela, onde todos lançam âncoras, junto à boca de um rio. Então começam a ser baixados os batéis e esquifes, e os capitães acorrem à nau capitânia para conversar com o comandante.[69]

Mestre João mal encontra tempo para mostrar suas anotações a Pedrálvares, pois já todos cercam o capitão-mor e, eufóricos, apontam para a costa que se desenha tão próxima, verdejante, promissora e com as silhuetas daqueles homens, atentos a contemplá-los como se chegassem da lua.

Toma-se a decisão de mandar o experiente Nicolau Coelho para a primeira tentativa de contato, e nesse caso nem é preciso lembrar as instruções estritas de Dom Manuel: fazer amizade com os povos, estabelecer com eles relações de comércio e, se for o caso, convertê-los à fé cristã. A que o capitão-mor adicionaria o conselho de que não se cometesse nenhuma hostilidade, mas também nenhuma distração. Que todos se protegessem da melhor maneira.

Nicolau Coelho leva apenas seu próprio barrete vermelho, uma carapuça de linho e um chapéu preto.

Mas o tempo passa. Eram 10 horas quando se dera a última ancoragem; depois, com a reunião e a saída do primeiro barco, avançara a tarde e o vento aumentava. Seria preciso apressar-se um pouco. A missão era chegar até a boca do rio, investigar a região, tentar contato com os naturais e retornar para a frota. Com tantas novidades entre o céu e a terra, Pedro Álvares seguia atento e preocupado com o que o pessoal de vanguarda realizava.

Quando o batel português chega à foz, depois de custosamente vencer a rebentação, já eram 18 ou 20 os homens de cor parda, todos nus e sem nada lhes cobrindo o sexo, que esperam e fazem menção de acercar-se, empunhando arcos e flechas.

Nicolau Coelho faz-lhes sinais para que pousem seus arcos e eles obedecem prontamente. Mas não pode haver nenhum outro entendimento, o mar quebra tão forte que nada se consegue ouvir, ninguém distingue ou é capaz de entender o que procuram dizer.

Foi possível fazer apenas uma troca de presentes: o barrete vermelho, a carapuça de linho e o chapéu preto foram jogados, e os nativos atiraram um colar grande de continhas brancas que parecia de aljaveira, e um chapéu de abas largas, bem grande, com uma copazinha feita com penas pardas e vermelhas, por certo de algum papagaio.

Mas o próprio mar se interpõe entre aqueles homens que chegam de longe e os naturais do lugar. As poucas palavras gritadas de um e de outro lado, tanto dos batéis portugueses quanto das balsas rústicas dos nativos, não conseguem vencer o ruído da rebentação, a esfuziante vibração das espumas, o sacudir das vagas.

Mas, acima das palavras, mais concreta do que elas, a troca de presentes significa um desejo que aproxima os representantes de dois povos tão distintos. Separados por séculos de desconhecimento e por um oceano inteiro de distâncias, eles se sabem semelhantes. De um e de outro lado, homens que buscam desesperadamente superar obstáculos para um encontro.

Os pilotos insistem que há riscos, se permanecerem onde estão, e o capitão ordena a retirada. Em pouco, ao cair da noite, começa um forte aguaceiro, levado por vento sueste tão forte que para se manter as naus onde estavam é preciso muito esforço dos marinheiros, que recolhem todas as velas e reforçam os cabos e as âncoras. Estavam certos, portanto, os que haviam tido preocupações. O barco que mais sofre é a nau capitânia.[70] Já os padres se benzem, agradecendo a Deus e a São Jorge.

— Hoje, 23 de abril, é o dia do padroeiro de Portugal. Outra razão para que rezemos muito, agradecendo mais esta bênção. É uma nova terra, e são gentios que devemos catequizar. Quantos mais o forem melhor para nós.

"Sem... encobrir as suas vergonhas..."

Ultrapassada aquela noite longa e nervosa, em que praticamente ninguém dormiu, por volta das oito horas da manhã novamente os pilotos aconselharam a retirada e a busca de um lugar mais abrigado para prosseguir nas explorações da terra. O capitão mandou levantar âncoras e fazer velas, e a frota começou a navegar no rumo norte, com os batéis e esquifes amarrados à popa, à procura de um bom lugar para fazer aguada, lenha e um bom descanso. Não que houvesse necessidade absoluta, ainda não seria a hora de reabastecimento, mas já que estavam ali e as circunstâncias pareciam favoráveis, o aconselhável seria arranjar um local mais adequado.

Era uma sexta-feira, 24 de abril.

Andaram meia manhã e meia tarde, e de longe avistavam os homens pardos também se deslocando na praia. Eram coisa de 60 ou 70.

A expectativa era idêntica dos dois lados. Tanto dos nativos, que não imaginavam quem seriam aqueles que os vinham visitar, quanto dos portugueses, que mais uma vez chegavam a novas terras e se defrontavam com povos desconhecidos, um exercício antigo a que a nacionalidade estava mais ou menos habituada.

Os navios menores seguiam mais junto à costa, e os maiores logo atrás. E assim navegaram até um recife, pouco antes do pôr-do-sol. A profundidade era de 11 braças, e a ancoragem estava se dando umas 10 léguas ao norte da parada anterior. Os barcos maiores ficaram do lado de fora.

Caminha pôde anotar: "É um *porto* muito bom e muito *seguro*."[71]

Um dos pilotos mais capazes, Afonso Lopes, homem de grande habilidade e destreza e que conduzia a nau capitânia, foi o escolhido para seguir num esquife e inspecionar o local. Avançando até as proximidades da praia, com astúcia mais do que força, pegou dois daqueles homens e os colocou em seu barco, trazendo-os para bordo. Eram jovens, bem-feitos de corpo, sendo que um deles trazia um arco com seis ou sete setas. Não as usou para defender-se, e de nada adiantaria também alguma tentativa de seus companheiros de terra, pois Afonso agira tão rapidamente que surpreendera a todos.

Quando a noite caía, já os nativos eram recebidos a bordo.

Pedrálvares preparou-se com esmero. Fez com que colocassem uma boa cadeira com o espaldar elevado, e aos pés mandou estender, como estrado, uma alcatifa. Do pescoço pendia-lhe uma cadeia de ouro. Junto a si acomodaram-se Sancho de Tovar, Simão de Miranda, Nicolau Coelho, Aires Correa. E Pero Vaz de Caminha, que não cessava de tomar notas.

Acenderam-se tochas. Introduziram os dois rapazes.

Eles não fizeram nenhum gesto de cortesia, nenhuma inclinação de corpo ou de cabeça, nem pareciam compreender a importância que poderia ter qualquer um dos cavalheiros que ali estavam. Tampouco falaram. Quando viram o colar do capitão, sinalizaram com a mão para a terra como a dizer que lá também havia ouro, e o mesmo fizeram em relação ao castiçal de prata.

Pedro se perguntava se eles de fato percebiam de que eram feitos aqueles objetos e que valor poderiam ter, se saberiam o que era ouro ou prata. Quando alguém mostrou-lhes um papagaio pardo que estava com o capitão, deram a entender que em terra havia muitos. Depois, trouxeram atado um carneiro, do que eles não fizeram nenhum caso.

Mostraram-lhes uma galinha. "Quase tiveram medo dela, não queriam lhe pôr a mão", escrevia febrilmente Caminha, "e depois a tomaram como que espantados."[72]

Entendendo que deviam dar-lhes de comer, já que os recebiam a bordo, ofereceram-lhes pão, peixe cozido, confeitos, pastéis, mel e figos passados. Não quiseram comer quase nada. Trouxeram-lhes vinho numa taça e, mal lhe puseram os lábios, não gostaram nem um pouco, e bem o demonstraram, não querendo mais. Depois foi a vez da água. Não beberam. Usaram-na apenas para lavar a boca e jogar fora.

Um deles, ao ver um rosário de contas brancas, pediu que lho dessem, com gestos muito claros, e o lançou ao pescoço. Enrolou-o depois no braço, ao mesmo tempo em que acenava sinalizando para terra, sem que os portugueses percebessem nada e nem conseguissem eles se fazer compreender.

Na verdade, cada um entendia a seu modo, e Pero Vaz de Caminha anotava que eles "acenavam para a terra e de novo para as contas e para o colar do capitão, como dizendo que dariam ouro por aquilo. Isto tomávamos nós assim por assim o desejarmos...".

Depois, o que pedira o rosário de contas devolveu-o a quem lho havia emprestado. E então, cansados, e ante o espanto de todos, estiraram-se de costas na alcatifa, a dormir, sem nenhuma preocupação ou pudor.... "Sem buscarem maneira de encobrir as suas vergonhas", registra mais uma vez o escrivão, cuidadosamente.

Pedro mandou colocar-lhes coxins sob a cabeça e cobri-los com uma manta.[73] E eles, calmos, consentindo, ajeitando-se melhor, dormiram. E assim passaram sua primeira noite a bordo de uma nau portuguesa. Todos procuraram fazer silêncio para não os despertar, e mesmo revezavam-se na observação e na guarda.

A CRUZ, "SOB CUJA OBEDIÊNCIA ESTAMOS": A PRIMEIRA MISSA

Era como se uma preciosidade estivesse a bordo. O próprio capitão veio silenciosamente espreitar se os dois convidados dormiam bem. Encontrou-os ali, jogados no tapete vermelho, como se nada os incomodasse.

Todos se haviam recolhido, permaneciam apenas os vigias da hora. O capitão tomara todas as precauções para que não fossem perturbados, e de fato a tripulação cumprira o seu papel. Não teria sido esta a primeira vez que desconhecidos subiam a bordo de uma embarcação portuguesa, mas na certa raros teriam recebido tão fidalgo tratamento. Era um belo presságio. Mesmo não tendo conseguido até ali arrancar deles uma só palavra, porque não havia nenhum entendimento em qualquer língua tentada, a presença dos dois jovens, pacificamente adormecidos, era um compromisso que se tomava com aquela terra.

Quando os capitães se reuniram a bordo da capitânia naquele sábado, de manhã bem cedinho a primeira coisa que fizeram foi conhecer os rapazes que dormiam no tombadilho. Àquela altura, o ruído os despertara, principalmente porque os barcos haviam içado suas velas a mando do capitão e contornavam a entrada buscando abrigo naquele porto que lhes parecera tão seguro. Os 12 barcos se acomodaram, e o local era tão amplo, que ali caberiam 200 naus.

Foram mandados a terra Nicolau Coelho e Bartolomeu Dias, mais alguns homens de proteção, um criado de Dom João Telo que ficaria degredado, chamado Afonso Ribeiro, e, junto, Pero Vaz de Caminha, para que fosse registrando o que via para posterior relato a todos e a El-Rei. E mais os dois visitantes forçados, que receberam camisas novas, carapuças vermelhas, um rosário de contas brancas de osso, guizos e campainhas.

À medida que o grupo se aproximava, o número de naturais aumentava na praia. Quando o batel embicou na areia, já eram uns 200. Os dois que haviam estado a bordo acenavam para que baixassem os arcos e se afastassem. Não usaram de arma nenhuma, mas também não quiseram recuar muito, procurando ver de bem perto como eram aqueles estranhos visitantes.

Afonso Ribeiro a muito custo conseguiu acompanhar os dois jovens que haviam estado no navio, pois estes, logo que puderam, começaram a correr e assim atravessaram um rio com água que lhes batia pouco acima dos joelhos e seguiram até alcançar uma moita de palmas, onde estavam seus companheiros. Só ali pararam. O degredado ficara para trás, com a corrida inesperada dos dois, e por isso outro dos nativos o recebera e o acompanhara até o local onde se encontravam os demais.

Os que pernoitaram na frota, tendo chegado a terra com as camisas que lhes foram presenteadas, reapareceram nus no instante seguinte. E então os portugueses fizeram uma aguada que contou com ajuda inesperada. Os nativos logo entenderam o que eles pretendiam e prontamente começaram a trazer cabaços de água, tomando mesmo os próprios barris, carregando-os e trazendo-os de volta aos batéis. Nicolau Coelho, que levara muitos guizos, braceletes, chapéus e carapuças de linho, distribuía esses presentes, recebendo em troca os arcos e as setas.

Já eram tantos, que a praia parecia toda ocupada, e entre eles havia inclusive duas ou três moças, com longos cabelos negros caídos até as espáduas, também nuas e despreocupadas com relação ao sexo que ostentavam, sem vergonha nenhuma diante dos europeus. Todos ficaram a admirá-las, deslumbrados com a beleza e a pureza que delas parecia emanar, pois não tinham nenhum receio nem constrangimento.

Os portugueses continuavam o reabastecimento de água doce, e os íncolas foram afastados para o outro lado do rio, através de gestos. Em breve, reapareceriam para devolver o degredado com os presentes que levara — uma bacia pequena e algumas carapuças vermelhas —, mas Nicolau Coelho fez com que ele entregasse tudo ao nativo que o havia recepcionado. Este recebeu os objetos, mas não aceitou ficar com Afonso Ribeiro. Não o queriam entre eles.

À tarde, foi a vez de o próprio capitão divertir-se naquelas águas. Mas não quis ir a terra firme. Estiveram todos, isso sim, num ilhéu grande, que na baixa-mar ficava bem à vista, enquanto os marinheiros andaram a pescar peixe miúdo mais por prazer do que como uma tarefa. Queriam mesmo era ver o tipo de peixe que dava por ali.[74]

Passou-se assim o resto do dia.

Caminha fizera muitas anotações e ardia de impaciência pela hora de alinhar tudo aquilo numa longa carta ao Rei Dom Manuel, embora soubesse que todos os capitães também escreveriam.

Quando o sol se levantou, correram todos a olhar para a praia e contemplar aquela maravilha verdejante que se estendia até o horizonte. Desde muito cedo estavam acordados e bem acordados, como que tocados por alguma vara mágica.

Era um domingo, um belo domingo de Pascoela, e o capitão mandou rezar missa no ilhéu onde todos haviam estado na tarde anterior. Com a baixa-mar, crescera ainda mais e aparecia como uma grande coroa vermelha, por causa da cor da areia molhada, cercada por aquele mar azul e tendo ao fundo o relevo da costa verdejante, delineada pela fina areia branca.

Pareceu-lhe o local indicado para agradecer a Deus por ali se encontrarem, e por isso determinou que todos se vestissem com os melhores trajes e levassem junto todas as bandeiras, estandartes e insígnias. Que erguessem um pálio e instalassem um altar, onde Frei Henrique Soares diria a missa, acompanhado pelos seus frades. E foram todos, partindo dos respectivos navios em seus batéis — capitães, pilotos, fidalgos e comerciantes, todos muito bem vestidos, com os pequenos barcos balouçando bastante com o vento forte.

Com o capitão, seguia a bandeira da Ordem de Cristo, que ele conservou bem levantada durante todo o trajeto e desfraldou na hora da leitura do Evangelho, tal como fizera 46 dias antes, na partida de Belém.[75]

Frei Henrique deu toda solenidade à missa, com voz entoada, no que foi seguido em todas as respostas em latim pelos demais sacerdotes. Ao levantar a hóstia, todos se prostraram, e era de ver-se a inesperada devoção que se lia naqueles rostos macerados de experimentados marinheiros. Reergueram-se depois do último sinal da campainha. Havia como que a certeza de que se cumpria então um ato de comunhão total entre os objetivos daquela empresa e aqueles signos pintados nas velas e nas bandeiras.

In hoc signo vinces, pensaria Caminha, lembrando a moeda que Dom João e Dom Manuel haviam feito cunhar e dos milhares de cruzados e reais que viajavam nas arcas daquela armada. Sim, "com este sinal venceremos", e não pôde deixar de alongar a vista por aquela terra que ainda não se tinha certeza se era uma pequena ilha ou parte de uma imensa terra firme, como o sustentava, entre outros, o piloto Pero Escolar.

Com os portugueses todos recostados na areia do ilhéu, fez Dom Henrique uma leitura tirada da história do Evangelho, e concluiu comentando a viagem e o achamento daquela terra, que estava sendo batizada de Vera Cruz. Para encerrar, transmitiu muita emoção, com um grande e solene sinal-da-cruz — "sob cuja obediência estamos" — fez questão de lembrar.

Durante todo esse tempo, permaneceram os nativos a observar à distância, desde a praia, em silêncio. Quando a missa acabou e os portugueses sentaram-se na areia, começaram a fazer soar suas buzinas. O sol ia bastante alto e estava na hora de uma refeição forte. Assim, iniciou-se logo em seguida o regresso, sendo organizados os batéis. Bartolomeu Dias, no primeiro deles, e cada tripulação com suas bandeiras. Assim percorreram um bom trecho, como se fosse numa procissão marítima, desfilando ao longo da praia onde se encontravam centenas daqueles homens, nus como sempre. Alguns naturais acercaram-se do esquife onde ia o capitão Bartolomeu e, com gestos, ofereceram água e convidavam para que fossem até a praia. Um dos marinheiros misturou-se a eles e não lhe fizeram nenhum mal. Ao contrário, alegraram-se evidentemente com isso.

No entanto, um deles, com os peitos, quadris, pernas, espáduas e braços pintados de vermelho, um vermelho que mais vermelho parecia ficar cada vez que ele era envolvido por uma vaga da rebentação, falava muito e parecia tentar dissuadir os companheiros. Não lhe deram atenção e pareceram muito tristes quando os batéis começaram a se afastar, rumando para as naus. Esta era a instrução que Bartolomeu recebera do capitão-mor, e tratava portanto de cumpri-la.

Os nativos voltaram para a beira da praia e os portugueses, tocando seus instrumentos, recolheram-se às suas naves, que permaneciam agrupadas na enseada. O som da gaita de foles encheu os ares da terra de Vera Cruz.

Não deixava de ser curioso — anotava Caminha — que os primeiros contatos se produzissem com danças e cantos, o que refletia também a total incapacidade de comunicação por palavras, pela falta de compreensão da língua de uns e de outros. Nem os esforços de Gaspar da Índia haviam produzido resultados. Não havia qualquer semelhança no que falavam os locais com português, castelhano, árabe, indiano, muito menos caldeu ou aramaico, nem nada, e o pouco entendimento que se fazia não ia além da mímica.

Com boa vontade, desejo de conhecer aqueles seres iguais, curiosidade em saber o seu pensamento, a troca de presentes, a prestação de pequenos serviços, tudo isso ficava bem claro e substituía a falta de diálogo. Assim fora desde o primeiro dia, quando os dois moços seqüestrados tiveram de dormir a bordo.

O escrivão comentou sua maneira de ver com Pedro Álvares e congratulou o capitão porque a disciplina, a educação e o cavalheirismo haviam predominado, impedindo que qualquer incidente viesse a toldar as relações entre um povo superior, um dos países mais avançados do mundo, e aquele que parecia viver pouco além da idade mais primitiva da civilização humana. "É uma gente bestial, de pouco saber e muito esquiva!", concluiu. O capitão pediu que repetisse suas observações diante do conselho dos comandantes da frota, reunido logo depois de todos haverem feito uma refeição ligeira.

A questão principal proposta pelo capitão era o envio da nave de mantimentos para levar a notícia do achamento da terra, para que Dom Manuel pudesse "melhor a mandar descobrir e saber dela mais do que agora se poderia saber".

Foram muitas as falas que se fizeram ouvir, todos quiseram expor seu pensamento, mas a maior parte achou que se faria muito bem enviando o barco de volta a Lisboa. E, diante desta decisão aprovada, Pedro Álvares perguntou se lhes parecia bem tomar dois reféns para os mandar a El-Rei, para que todos os vissem e tirassem suas conclusões na Corte, deixando em troca dois dos degredados que traziam na frota. Sobre isso, logo entraram em acordo: "não era conveniente, porque em geral quem é assim violentado acaba dizendo que ali há de tudo o que lhe perguntam".

Além disso, os nativos, "por ser gente que ninguém entende e nem tão cedo aprenderiam a falar", de nada serviriam. E ainda haveria o escândalo de tomá-los pela força e depois o trabalho de amansá-los e os pacificar.[76]

Melhor informação da terra dariam os degredados ao serem recolhidos numa próxima viagem. Seriam estes, pois, deixados lá, para que convivessem com os naturais, aprendessem a língua e descobrissem como viviam, pois até agora nem casas se sabia se possuíam ou se simplesmente nasciam e por aí ficavam, ao ar livre.

Foi o que ficou determinado: seguiriam todos os batéis para terra, os homens armados e com as bandeiras, para ver bem como era o rio e também para que os marinheiros e soldados pudessem divertir-se um pouco.

Já tinham decorrido quatro dias desde que haviam sido avistados a costa e o Monte Pascoal.

AS TROCAS

Primeiro, os chapéus, as carapuças de linho; depois, qualquer coisa servia de mercadoria de troca pelos arcos e setas dos nativos. E se no início ainda procuravam, de ambos os lados, manter-se isolados, logo viam-se andando misturados. Tanto que pareceu ao capitão que ia havendo algum exagero e que era preciso ter mais cautela. Pediu a dois homens que o passassem no colo, cruzando o rio, e ordenou a todos que retornassem.

Os nativos queriam continuar as trocas, para o que já traziam muitos arcos, setas e continhas. E o cercaram e acossaram até mesmo quando ele retornou para a outra margem. Pedro era o senhor de todos aqueles 12 barcos e suas tripulações, incluindo seus comandantes, pilotos, nobres, comerciantes e até mesmo os estrangeiros, como os indianos e os italianos. Sobre eles, menos sobre os nobres e os oficiais, tinha poder de vida ou de morte que lhe concedera El-Rei, enquanto durasse a viagem.[77] No entanto, os nativos nem imaginavam ou tomavam conhecimento de sua posição de comando. Também com ele queriam simplesmente fazer troca de presentes, e até um deles, mais velho, que trazia nas mãos um remo de almadia ou como quisessem chamar aqueles estranhos esquifes de troncos atados que eles usavam, postou-se ao seu lado e falou, falou, falou, sem que ninguém pudesse entender o que dizia. Tinha, como a maioria deles, o beiço bem furado, por onde passaria não só um dedo mas o próprio polegar, e o que o distinguia dos demais era uma pedra verde ali enfiada.

Ficando-a nela seu olhar, Pedro deve ter se lembrado do que lhe haviam contado sobre a cura milagrosa de febres, por obra de uma pedra verde do Oriente. Mas logo se daria conta da impossibilidade de encontrar no Ocidente o que teria de procurar no Oriente. Talvez lhe ocorresse, naquele instante, que, afinal, não era Colombo, para cometer tal erro. Mas, assim como não se atrevia a comentar com ninguém sua preocupação e seu desejo de obter a tal pedra, muito menos deixaria que escutassem de sua boca uma desairosa observação sobre o navegador genovês.

Ocorreu, entretanto, que o nativo mais velho quis enfiar-lhe a pedra na boca e ele se chateou. Rapidamente, um dos seus homens arrematou-a em troca de um chapéu velho e deu-a ao capitão. Caminha estava, como sempre, ali ao seu lado e deve ter imaginado que, na certa, o capitão enviaria a pedra, entre as outras coisas, a Sua Alteza.[78]

Havia em tudo o ambiente de festa. Os nativos dançavam e brincavam, sem se tomarem pelas mãos, soltos, mas com muita graça. Tanto que Diogo Dias, que muito apreciava festas e música, levando um dos gaiteiros com sua gaita de foles, meteu-se entre eles e, tomando-lhes as mãos, dançava. Todos riam e surpreendentemente ninguém fugia ao ritmo. Diogo, cada vez mais animado, passou a dar saltos-mortais que deixavam embasbacados os nativos. Mas isso não foi o suficiente para os conquistar totalmente.

"Tomaram logo uma esquiveza como animais monteses e foram-se para cima", escreveu Caminha assim que retornou a bordo, pois não queria perder a lembrança da imagem ao mesmo tempo de liberdade e temor em que pareciam complexamente envolvidos os naturais.

Bartolomeu Dias, tendo matado um tubarão, entregou-o aos nativos e o próprio capitão deu ao velho que o abordara uma carapuça vermelha. Entretanto, quando a aproximação era mais intensa, eles "se esquivavam como pardais, do cevadoiro", anotava Caminha, para concluir que eram como "aves ou alimárias", pois "a água e o ar livre lhes fazem muito bem". Assim esgotou-se o domingo. Houve o regresso aos barcos, mas na segunda-feira, mal amanhecera, ansiosos os portugueses, depois de comer, foram-se para a praia.

Os nativos voltaram, desta vez trazendo um tipo de barrete que usavam, ornados com penas, algumas verdes, outras amarelas. Vieram, como de outras vezes, também algumas mulheres, sem nada a lhes cobrir o sexo, e disso não mostravam nenhum tipo de vergonha ou receio. E os marinheiros acharam que eram muito lindas. Mais belas que muitas de suas compatriotas.

Decidido que fora enviar a nau de mantimentos de volta a Portugal, puseram-se a escrever, comandantes e pilotos. E Pero Vaz de Caminha, mais do que todos, na certa por ser escritor de profissão e também porque fazia tantas anotações que achava que seria uma lástima caso se perdessem e delas não se tirasse proveito. Satisfeito, tudo registrava, procurando captar o que via. E não foi sem um sorriso que anotou que até as folhas de papel começaram a ser utilizadas como elementos de troca e que os nativos davam, por elas, arcos, setas e seus barretes verdes e amarelos.

Aquele foi o dia da mistura total.

Tanta foi a confiança ganha, que Pedro Álvares mandou Afonso Ribeiro e outros dois degredados, em companhia do alegre e divertido Diogo Dias, até uma légua e meia de distância, onde encontraram uma povoação com 9 ou 10 casas. Eram cabanas coletivas, construídas de madeira, cada uma tão comprida quanto as naus portuguesas, cobertas de palha e com redes altas atadas, onde os nativos dormiam. Cada casa tinha duas portas pequenas, uma em cada extremidade. "Debaixo", escreveu Caminha, "para se agüentarem, faziam fogos".

A troca de presentes produziu-se, como sempre, trazendo os lusitanos, para seus barcos, papagaios vermelhos, muito grandes, dois verdes pequeninos e muitas carapuças de penas verdes e uma espécie de pano, tecido com penas de muitas cores.

A confiança ganha era tanta que os nativos queriam vir para as naves, o que não lhes foi permitido. No dia seguinte, uma terça-feira, apareceram todos sem arco e passaram a ajudar os visitantes a fazer lenha e colocá-la nos batéis. Eram cerca de 200 e muitos deles cercaram os carpinteiros que trabalhavam na feitura de uma grande cruz. O que os atraía mesmo era a enxó de ferro, pois a ferramenta que utilizavam para um serviço semelhante era uma pedra metida em um pau entre duas talas muito bem atadas. O instrumento os impressionava mais do que o objeto que estava sendo produzido. O alarido chegava quase a atrapalhar, e continuavam cada um tentando entender o outro, embora as palavras de nada servissem. O pouco progresso que havia era por meio de gestos.

A quarta-feira foi toda consumida na reorganização dos mantimentos, transferidos da nau de Gaspar de Lemos, que retornava a Lisboa, para os outros 11 barcos. O próprio capitão-mor coordenou esta operação, e apenas Sancho de Tovar foi à praia naquele dia, onde andavam uns 300 nativos. Ele trouxe dois jovens, a quem mandou tratar muito bem, dar-lhes de comer, e depois mandou fazer-lhes cama com lençóis.

Caminha concluiu seu diário com esta nota: "E assim não houve mais este dia que para escrever seja."

Na quinta-feira, 30 de abril, todos queriam sair cedo, mesmo o capitão-mor, mas Tovar levou seus hóspedes à nau capitânia. E como não haviam se alimentado, serviram-lhes uma refeição, e de tudo comeram com agrado, especialmente presunto cozido e arroz, cada um sentado em uma cadeira. Não lhes deram vinho, porque Sancho de Tovar já lhes havia oferecido na véspera e eles não tinham gostado.

Depois, entraram no batel junto com o capitão e Pero Vaz de Caminha, e seguiram para a praia, onde já se ajuntavam cerca de 450 ou 500 deles, alegres, com suas pinturas pelo corpo todo, ajudando na tarefa de fazer lenha e transportá-la para os batéis, trocando ainda alguns arcos e setas por carapuças ou o que lhes davam, e alguns já bebendo vinho e gostando. O escrivão pôde anotar o que muito bem estavam todos sentindo: "andavam já mais mansos e seguros entre nós do que nós andávamos entre eles".

Pedro Álvares, no entanto, começava a sentir as estranhas inquietações que, sabia, lhe trariam a incômoda febre. Perguntou várias vezes a todos os capitães da frota se não estaria na hora de retomarem o caminho para a Índia, uma vez que, ali, só com longa estada se conseguiria descobrir mais. E uma vez que estava tomada a decisão de enviar de regresso Gaspar de Lemos com as primeiras informações ao Rei, a tarefa se completava com a aguada, a lenha e a colocação de um sinal da visita.

Sobre a dúvida se estariam dentro de área assegurada pelo Tratado de Tordesilhas, isso já lhe haviam argumentado suficientemente. Mas, apesar de todas as evidências pelas medições feitas por Mestre João, Pedro ainda guardava uma certa interrogação.

A nau de mantimentos poderia percorrer uma rota junto a este litoral para mais descobrir e assinalar em mapas e portulanos, para conhecimento de futuras navegações, sobre até onde se estenderia a costa, pois na opinião dos pilotos mais experimentados tratava-se efetivamente de terra firme e não de uma ilha, pequena ou grande que fosse. Quem chega do mar alto não tem condições de discernir no primeiro momento.

Era preciso, pois, agir com cautela, prudência e determinação. Embora pretendesse escrever uma carta ao Rei, todas as providências que adotava comunicava a Caminha, para dispor sempre do respaldo de uma testemunha com a idoneidade, o prestígio e a importância daquele "cidadão do Porto" que, por honra e sorte, viajava em sua companhia.

Uma dúvida que tivera, discutira-a com o escrivão. Uma cruz bem elevada e de bom tamanho seria logo percebida por quem chegasse de navio e assinalaria melhor o local do que um marco-padrão de posse? E o problema de a madeira ser verde? Pequenas incertezas que o perturbavam. Ficando bem à vista, na foz do rio, facilitaria sua visibilidade nas próximas expedições. Mas, seria respeitada por aquelas populações locais?

Como estavam no denso bosque que se formava ao longo daquele pequeno rio, e a cruz que os carpinteiros haviam construído no dia anterior permanecia ali encostada, esperando a hora de ser implantada, Caminha sugeriu ao capitão que "todos nos puséssemos de joelhos e a beijássemos para eles verem o acatamento que lhe tínhamos".

E os 10 ou 12 nativos que por ali se conservavam, atendendo a um aceno de incentivo dos portugueses, trataram de imitá-los, beijando a cruz. Talvez isso transmitisse um certo respeito que poderia protegê-la durante os próximos meses — entenderam os lusitanos.

Tinha sido feita uma bela cruz, de dois metros de altura. Talvez não oferecesse tanto contraste com a mata, mas, para que fosse percebida pela próxima expedição, o local onde a fincariam era bem adequado. Precisariam transportá-la, e para fazê-lo seria muito conveniente usar uma certa solenidade, tudo, enfim, para lhe conferir importância, aos olhos dos naturais.

Nau Capitânia

Quadro de Vasco Fernandes, o "Grão Vasco", do acervo da cidade de Viseu, pintado entre 1501 e 1506, talvez o único retrato verdadeiro de Pedro Álvares Cabral que se conhece. Cabral seria o personagem ajoelhado

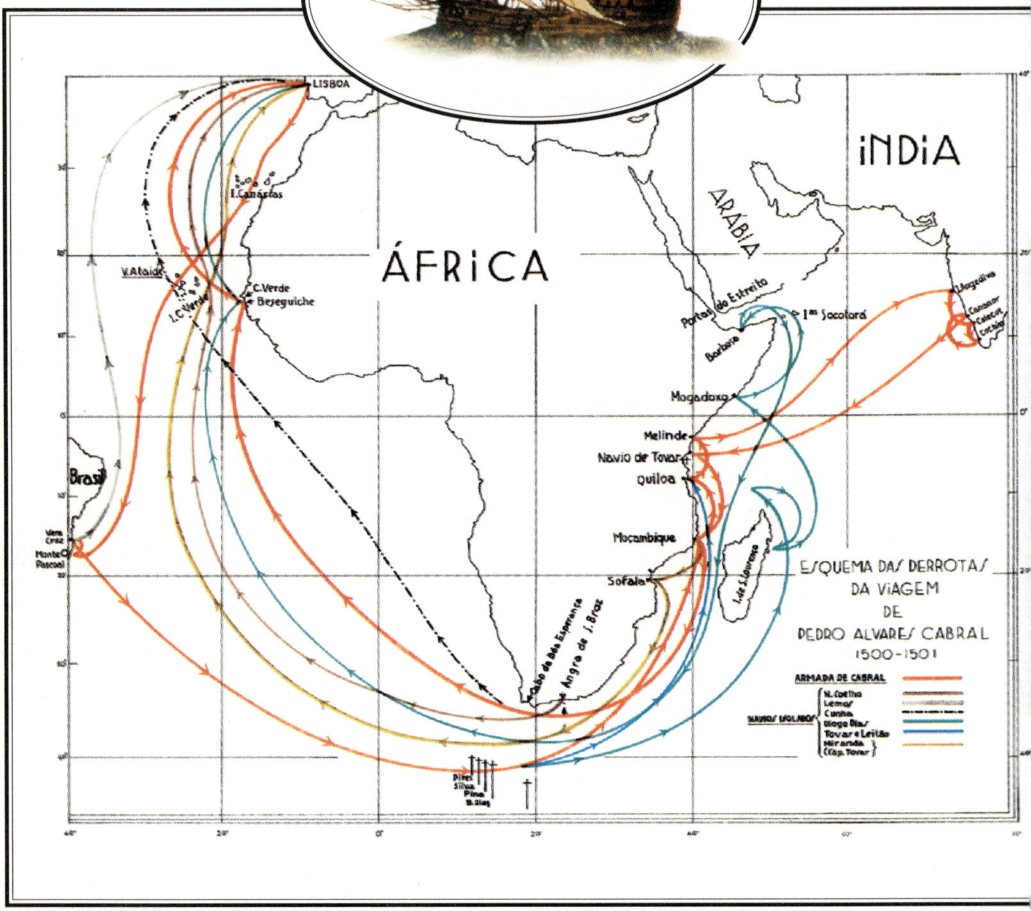

Uma caravela típica da era dos Descobrimentos

O mapa com as rotas percorridas pelos integrantes da armada de 1500. Nosso descobridor, em sua viagem, enlaçou quatro continentes

O castelo em Belmonte, com a família Cabral desde o século XIV, local provável do nascimento de Pedrálvares

Uma Pietà e a sepultura dos Cabrais, na capela de São Tiago, em Belmonte

O brasão da família

O vale verdejante onde corre o Rio Zêzere em Belmonte, vindo da Serra da Estrela

Uma ruína romana, a torre de Centum Cellas em Belmonte, onde os meninos brincavam de guerra

Sagres, o "promontório sacro"

Dom João II,
o grande planejador
da expansão portuguesa

Fernando e Isabel,
os Reis Católicos de Espanha

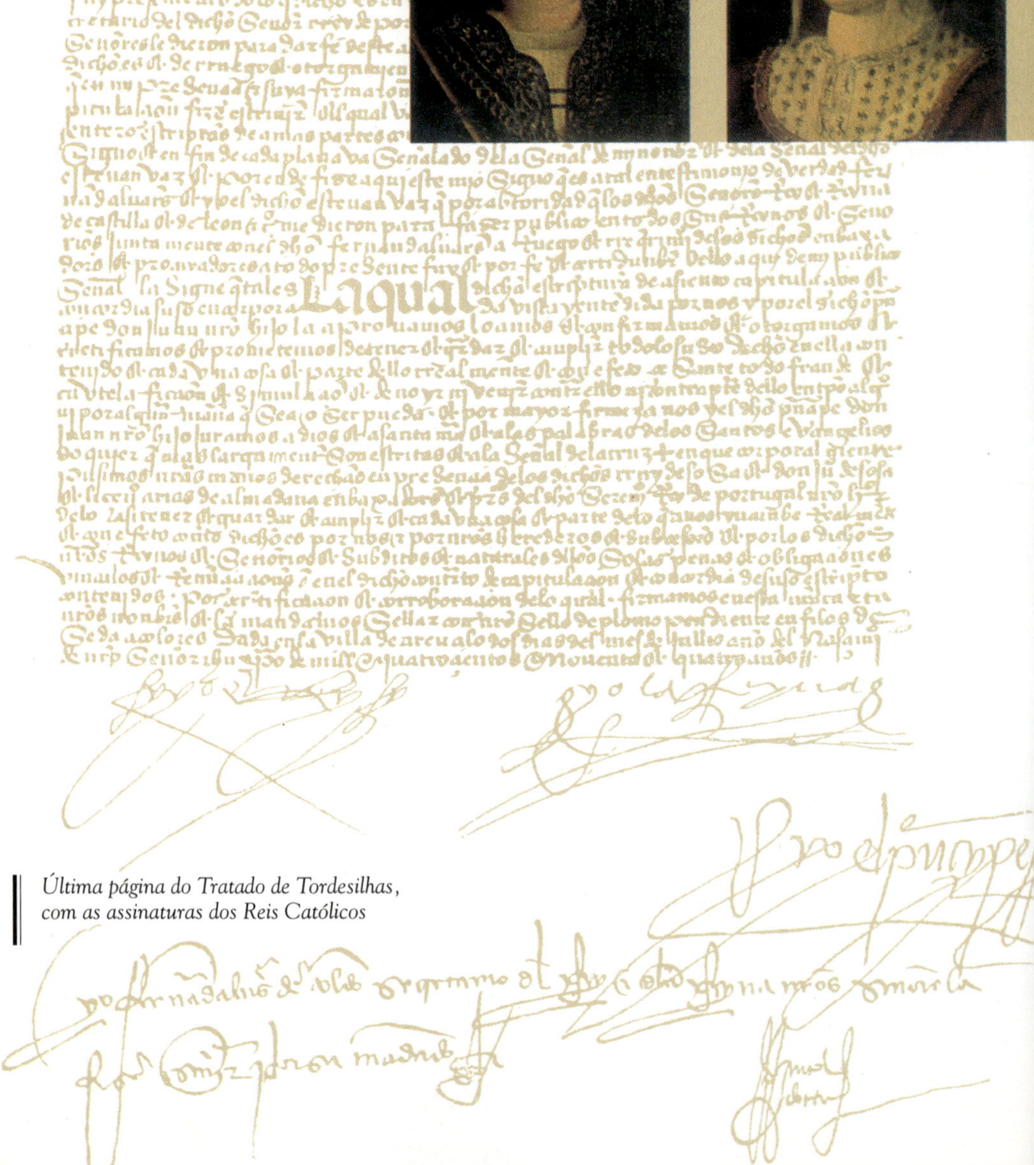

Última página do Tratado de Tordesilhas,
com as assinaturas dos Reis Católicos

Cristóvão Colombo (retrato pintado no século XVI por um anônimo)

Vasco da Gama, amigo ou rival de Pedro Álvares

Astrolábio, instrumento de orientação dos portugueses

A representação da armada de Pedro Álvares Cabral em livro de marinharia do século XVI

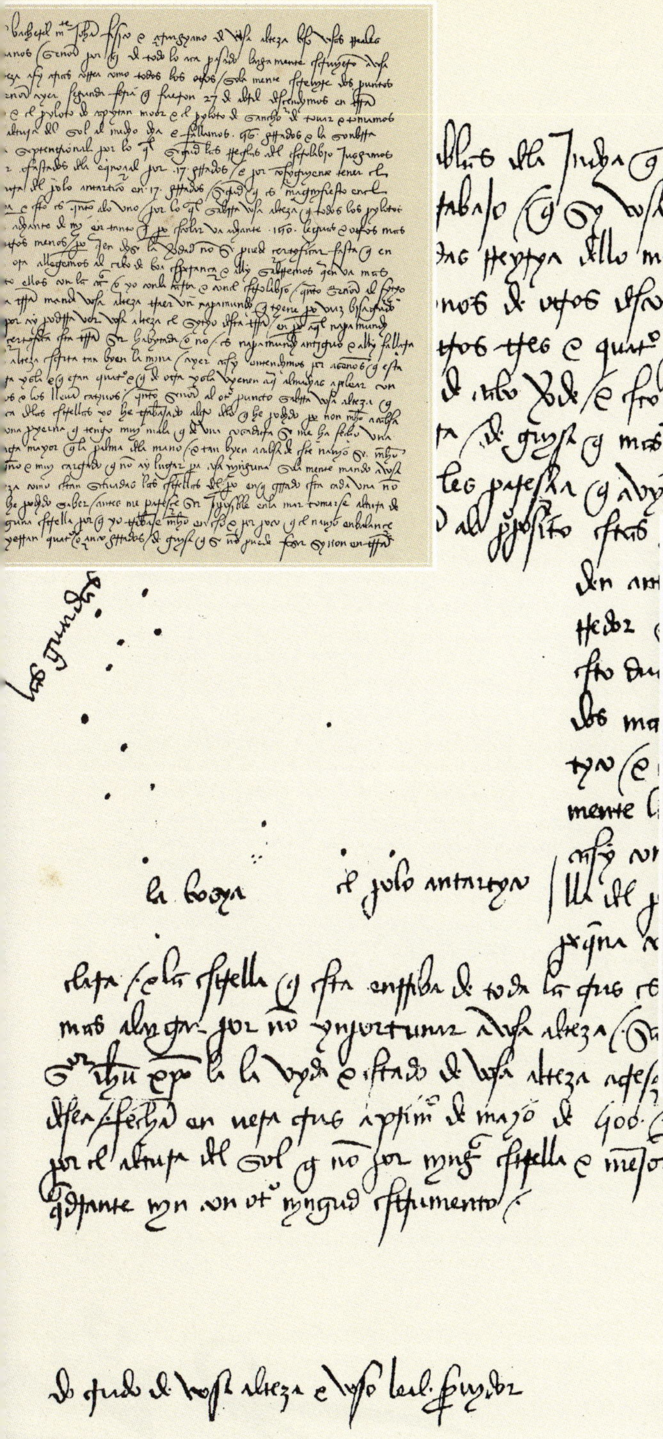

Carta do Mestre João a Dom Manuel com o desenho do Cruzeiro do Sul, que identificou durante a viagem de 1500

A imagem de Nossa Senhora da Esperança na igreja matriz de Belmonte e que, tradicionalmente, se afirma ter acompanhado Cabral em sua viagem

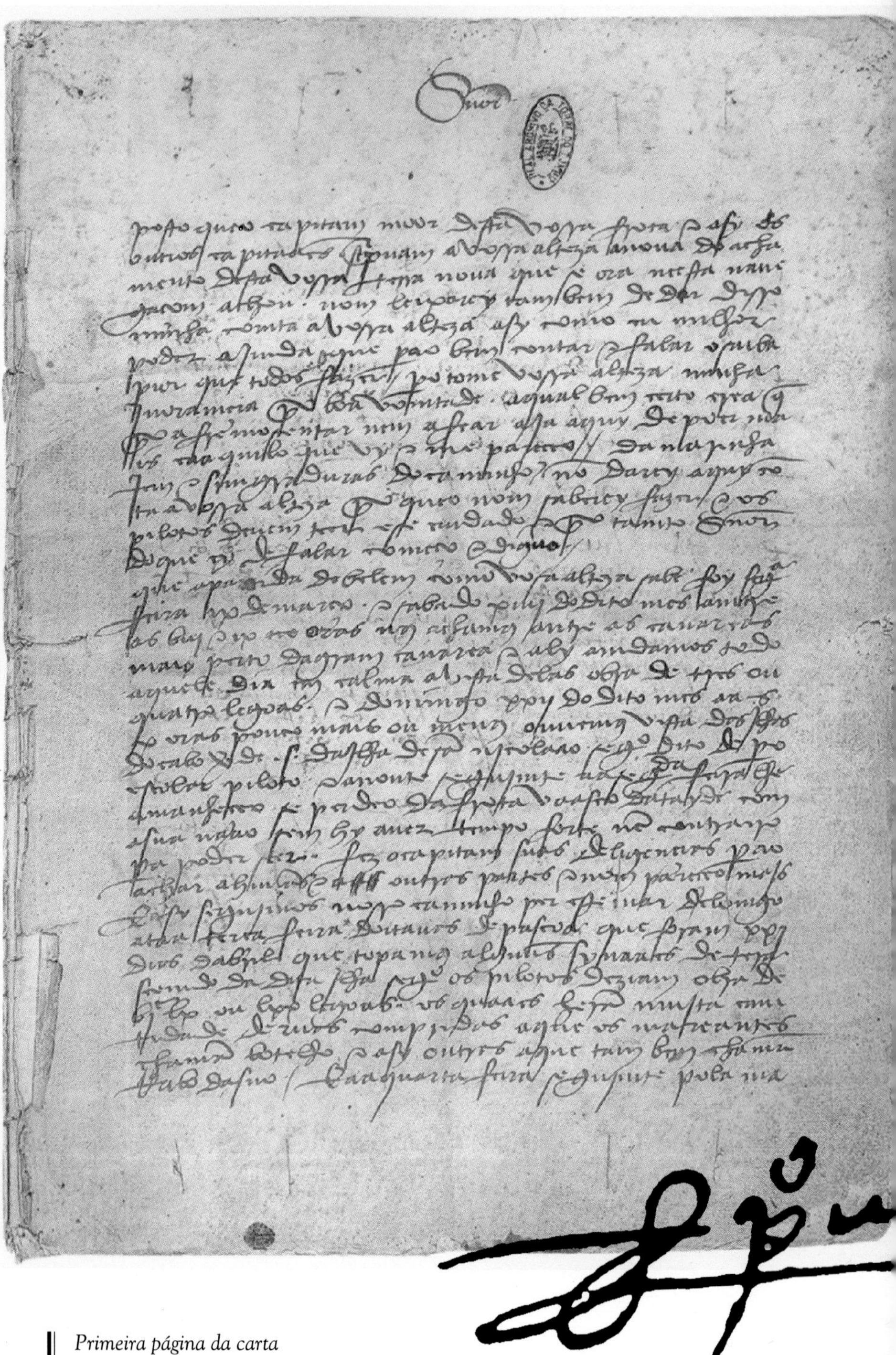

Primeira página da carta de Pero Vaz de Caminha

Mapa de Cantino, feito com informações espionadas em Portugal para o Duque de Este, em 1502, onde aparece pela primeira vez o Brasil

Assinatura de Pero Vaz de Caminha ao final da carta

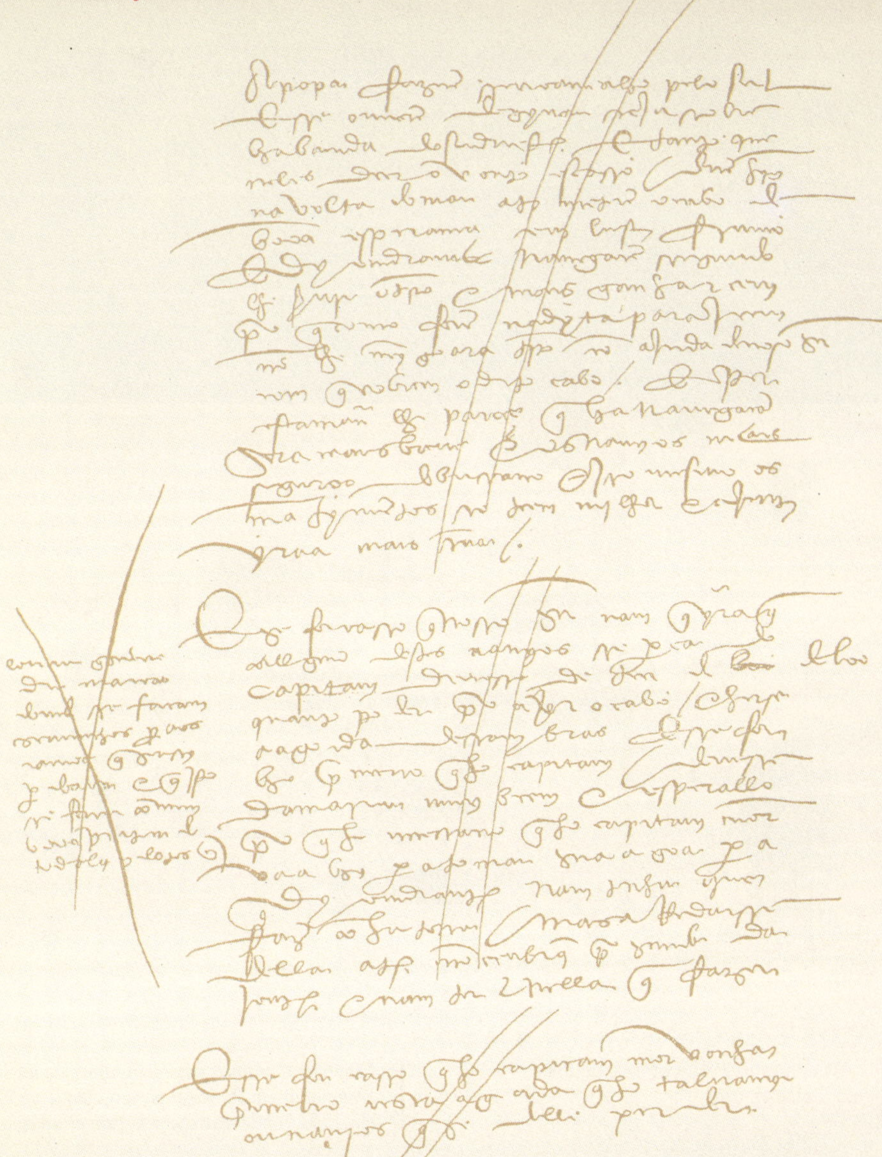

Reprodução do rascunho das instruções de Vasco da Gama para Pedro Álvares Cabral

O medalhão que está no Mosteiro dos Jerônimos em Lisboa, retratando Pedro Álvares Cabral

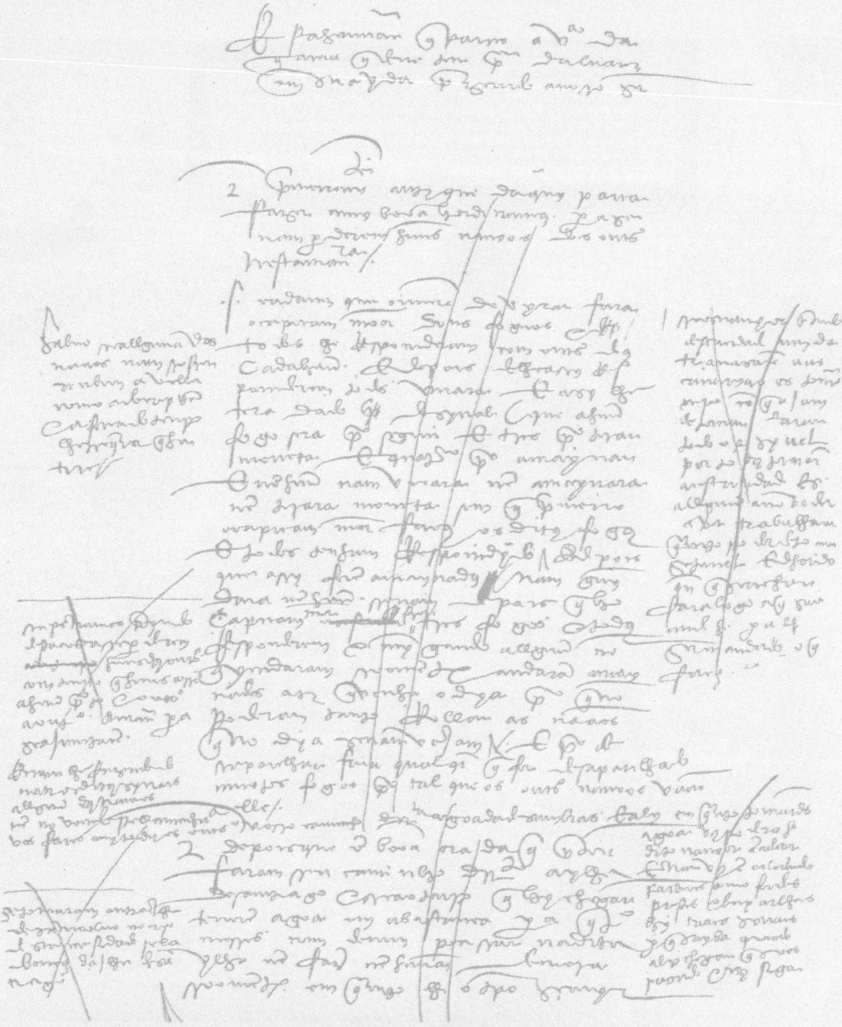

Hans Staden retratou assim em 1557 uma aldeia indígena brasileira

TERRA BRASILIS
CLIMA
C LIMA

Mapa da costa do Brasil
de Lopo Homem-Reineis, de 1519

O convento de Tomar, sede da Ordem de Cristo

O primeiro rinoceronte que a Europa viu, enviado por Dom Manuel ao Papa Leão X, desenhado por Albert Dürer

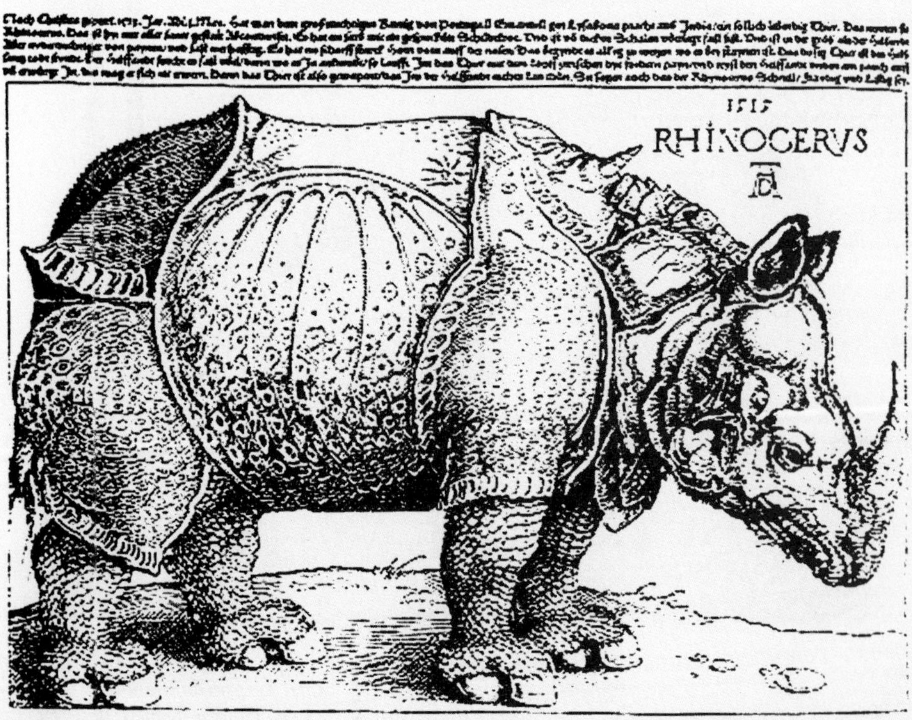

O Foral de Santarém, segundo os cânones da Leitura Nova da reforma manuelina

O que resta hoje do Chafariz do Rei, em Santarém, que tantas vezes Cabral deve ter visitado

Mapa-múndi de 1507, de Martin Waldsemüller, onde aparece pela primeira vez o nome de América no novo continente

AMERICI VESPVC
ASIA
EVRONOTVS

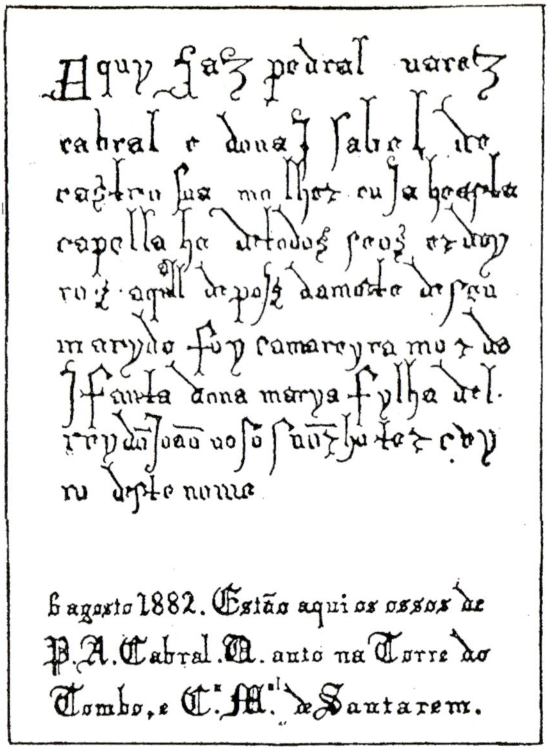

Aquy jaz pedral uarez
cabral e dona Jsabel de
castro sua molher cuja he esta
capella ha de todos seus erdey
ros aquall depois da morte de seu
marydo foy camareyra mor da
Jfanta dona marya fylha del
rey dom Joam noso senhor ho terceyro
deste nome

6 agosto 1882. Estão aqui os ossos de
P. A. Cabral. V. auto na Torre do
Tombo, e C.ª M.el de Santarem.

Epitáfio no túmulo de Cabral na Igreja da Graça, em Santarém

A pedra sobre a campa rasa do descobridor do Brasil, em Santarém

A Igreja da Graça, onde estão sepultados Pedro, a mulher, Isabel de Castro, e alguns filhos

A Torre de Belém, erguida
a partir de 1517, diante
da praia do Restelo, ponto

A presença dos portugueses na Índia, representada num planisfério anônimo de 1545

Uma representação de Cabral – apresentado como Senhor de Belmonte e Alcaide-Mor de Azurara, o que aliás nunca foi – por Pedro José de Figueiredo, em Retratos e elogios dos varões e donas que ilustram a nação portuguesa, *Lisboa, 1817. A figura ilustrou até cédulas de dinheiro*

O tio poderoso, Afonso de Albuquerque, governador-geral da Índia, que tentou interferir a favor de Cabral

No monumento Padrão dos Descobrimentos, em Lisboa, que homenageia os navegadores portugueses, Pedro Álvares Cabral aparece em primeiro plano, sendo o quarto da esquerda para a direita

Monumento ao descobridor do Brasil numa área remanejada especialmente para homenageá-lo, em Santarém, próxima à igreja onde está sepultado

Belmonte: Terra de Pedro Álvares Cabral. O monumento está na praça principal

Ao menos uma pousada para a navegação à Índia

Naquela sexta-feira, 1º de maio de 1500, anotou cuidadosamente Caminha, "último ano do século quinze", os portugueses subiram o rio "contra o Sul" e foram desembarcar onde poderiam "chantar a Cruz para melhor ser vista e ali assinalou o Capitão lugar onde fizessem a cova".

Todos reunidos, religiosos à frente a cantar, com os nobres e as bandeiras, foram buscá-la, transportando-a em procissão. Os nativos, em torno de 70 ou 80, trataram de se meter entre os portugueses, para ajudar, e acabaram juntos no local onde ela seria colocada. E ali o capitão mandou Frei Henrique dizer a missa.

Pregadas as armas e as divisas de Portugal e de Dom Manuel, foi então erguida, e diante dela montou-se um altar. Enquanto isso, os nativos se multiplicavam. Ali permaneceram, ajoelhavam-se quando os cristãos o faziam, erguiam-se e alçavam as mãos ou assentavam-se, sempre a acompanhar o ritual, imitando o comportamento dos portugueses.

Para Caminha, eles seriam alvo fácil de conversão ao cristianismo, "uma vez que parecem gente de tal inocência que, se homem os entendesse e eles a nós, seriam logo cristãos, porque eles, segundo parece, não têm, nem entendem em nenhuma crença".

O sol estava muito forte, e à hora da comunhão, de que participaram os sacerdotes, o capitão e alguns portugueses, muitos nativos retiraram-se. Entre os que permaneceram, um deles, que deveria ter entre 50 e 55 anos, conversava muito com os demais e lhes acenou com o dedo para o altar e depois para o céu, como se lhes explicasse a representação que estava sendo feita. Como Frei Henrique, acabada a missa, desvestira os hábitos, e apenas com a alva iniciava uma pregação do Evangelho, eles permaneceram também, atentos, como se compreendessem o que se dizia.

Para encerrar aquela segunda missa em terras de Vera Cruz, Nicolau Coelho trouxe algumas correntes de estanho com um crucifixo, que eram colocadas no pescoço dos que acorriam ao pé do altar, onde Frei Henrique as benzia, fazendo com que primeiro as beijassem e alçassem as mãos, para então recebê-las. E assim levaram todas, cerca de 40 ou 50.

Passava uma hora do meio-dia, e todos, com muita fome, voltaram para as naus. Pedrálvares trouxe junto dois nativos, aquele que fizera os sinais mostrando o altar e o céu, e um seu irmão. A bordo, dirigiram-lhes muitas homenagens, e o capitão presenteou-os com uma camisa mourisca e uma outra mais comum, daquelas que portavam seus próprios marinheiros.

Sempre pensando na possibilidade de tornar toda a gente nativa em cristãos — e para isso considerava úteis os dois degredados que ali estavam sendo deixados — Caminha rapidamente dirigiu-se à mesa, e registrou:

"Entre todos os que hoje vieram, não veio mais que uma mulher moça, a qual esteve sempre à missa e a quem deram um pano para que se cobrisse. Puseram-lhe a redor de si. Porém, ao assentar, não fazia grande memória de o estender bem, para se cobrir. Assim, Senhor, a inocência desta gente é tal, que a de Adão não seria maior, quanto a vergonha."

Desde o dia 26, havendo segurança da ida do correio a Lisboa, o escrivão adotara o sistema de encerrar a jornada diária com um capítulo da carta que estava dirigindo a El-Rei. Alongava-se mais naquele dia...

"Creio, Senhor, que com estes dois degredados ficam mais dois grumetes, que esta noite se saíram desta nau no esquife, fugidos para terra. Não vieram mais. E cremos que ficarão aqui, porque de manhã, prazendo a Deus, faremos daqui partida.

Esta terra, Senhor, me parece que da ponta que mais para o Sul vimos até outra ponta que contra o Norte vem, de que nós deste porto houvemos vista, será tamanha que haverá nela bem vinte ou vinte e cinco léguas por costa. Tem, ao longo do mar, nalgumas partes, grandes barreiras, delas vermelhas, delas brancas; e a terra por cima toda chã e muito cheia de grandes arvoredos. De ponta a ponta é tudo praia-palma, muito chã e muito formosa.

Pelo sertão nos pareceu, visto do mar, muito grande, porque, a estender olhos, não podíamos ver senão terra com arvoredos, que nos parecia muito longa.

Nela, até agora, não pudemos saber que haja ouro, nem prata, nem coisa alguma de metal ou ferro; nem lho vimos."

A alguns companheiros consultara Caminha, para perguntar-lhes se o clima lhes parecia semelhante ao do Minho ou Entre-Douro, do Ribatejo ou de que outra região de Portugal.

— Entre-Douro ou Minho — lhe teriam respondido, o que ele de imediato transcreveu, acrescentando ainda:

"Águas são muitas; infindas. E em tal maneira é graciosa que, querendo-a aproveitar, dar-se-á nela tudo, por bem das águas que tem.[79]

Porém o melhor fruto que dela se pode tirar me parece que será salvar esta gente. E esta deve ser a principal semente que Vossa Alteza em ela deve lançar."

Foi do piloto Pero Escolar um comentário que Caminha aproveitou:

"E que aí não houvesse mais que ter aqui esta pousada para esta navegação de Calicute, isso bastaria."

Antes de finalizar a carta, Caminha pediria o conselho de Frei Henrique de Coimbra, pois pretendia aproveitar aquela forma de se dirigir a Sua Alteza para incluir um pedido a favor do genro Jorge de Osório, que, desde que cometera o crime e pecado de invadir a igreja de Rio de Moinhos e agredir o abade de Santo Estêvão de Oldrães e São Miguel de Paredes, se achava exilado na Ilha de São Tomé, sofrendo com a distância e o sol abrasador de todos os dias. El-Rei já o havia perdoado dos crimes em 1496, mas ele não conseguia retornar ao país. Era uma espécie de prolongamento da pena. Pediu perdão, ao Frei, em nome do seu parente, recebendo-lhe a bênção e o conselho para que registrasse o apelo, já que, naquela vida difícil e numa viagem tão longa que agora iria prosseguir, não se poderia ter certeza sobre o que Deus reservaria para cada um.

"E pois que, Senhor, é certo que, assim neste cargo que levo, como em outra qualquer coisa do vosso serviço for, Vossa Alteza há de ser de mim muito bem servida, a Ela peço por me fazer graça especial, mande vir da Ilha de São Tomé a Jorge de Osório meu genro — que d'Ela receberei em muita mercê.

Beijo as mãos de Vossa Alteza.

Deste Porto Seguro, da vossa ilha da Vera Cruz, hoje, sexta-feira, primeiro de maio de 1500.

Pero Vaz de Caminha."[80]

Então, rumo à Índia

Bom tempo, sol, vento e o imenso Mar Oceano pronto para acolher as 11 naves que sobravam e que prosseguiriam a viagem rumo à Índia. Era o dia 2 de maio, Vera Cruz ficava para trás. Gaspar de Lemos, já aliviado dos mantimentos que tinham sido repartidos pelos que deveriam seguir adiante, apenas com o essencial para o retorno, recebera ordem do capitão-mor para percorrer até o norte, enquanto fosse sensato, o litoral que se desenhava tão vasto quanto desconhecido. Que se produzissem os mapas de costume e então retornasse a Lisboa com as notícias.

Na praia, o espanto e o pranto. Os nativos, com evidente tristeza, viam as grandes naus com as velas desfraldadas iniciarem sua viagem, batéis e esquifes recolhidos, marinheiros acenando, bandeiras tremulando e os dois degredados ali, a chorar em altos brados, com as lágrimas escorrendo soltas por acharem que viam pela última vez as bandeiras do seu país e aqueles rostos amigos ou pelo menos conhecidos. Tanto foi o desespero de Afonso Ribeiro e seu companheiro, que os nativos deles se acercaram, procurando dar-lhes consolo.

Depois, longo tempo permaneceram assentados à praia, muito depois de os barcos, parecendo cada vez menores, sumirem completamente na linha do horizonte. Só então acreditaram que estavam mesmo abandonados e, se quisessem sobreviver, teriam de aprender a língua daqueles selvagens com quem se comunicavam apenas por gestos e que aparentemente não os queriam, pois nas duas tentativas anteriores os haviam devolvido ao convívio dos portugueses.

Nada mais lhes restava senão construir com troncos alguma cabana e, com o auxílio daqueles seres, recomeçar a viver. E a sonhar com o prometido resgate dali a um ano, quando outra esquadra estaria tocando ali, fazendo escala no rumo de Calicute. Mas, com aquela imensa costa que se adivinhava, seriam vistos, alcançados, acertariam os navegantes justamente o ponto daquele porto seguro? A cruz seria avistada de bordo?

Abraçados, na areia, choraram lágrimas sem fim.

Também não foi sem trauma que os marinheiros viram os vultos dos dois degredados serem reduzidos cada vez mais, com a distância que tomavam as naus, empurradas rapidamente pelo vento favorável.

Porém, as atividades de navegação, o respeito pelo hábito e pela lei mais facilmente extinguiram as mágoas, e a rotina de bordo encarregou-se de eliminar o resto das inquietações. O caso dos dois grumetes desertores que não mais foram vistos também foi logo esquecido, comentando os marinheiros mais velhos que aqueles rapazes talvez nada tivessem a perder.

Haveria um risco, e Mestre João era o que mais se preocupava, pois percebera, por sinais que lhe fizeram os naturais dali, que poderiam ser quatro ilhas e não apenas uma, e que, "de outra ilha, vinham aqui pelear com eles e os levavam cativos".[81] Alertou, então, ao capitão, que os grumetes poderiam ser escravizados ou mortos. E incluiu ainda essa informação na carta a El-Rei, embora entendesse que não era de sua alçada comentar o risco dos degredados e dos desertores.

"Afinal", concluíra, "ninguém está feliz e imune aos perigos, mesmo em sua terra, pois há guerra entre os homens, embora criaturas da mesma espécie."

Restabeleceu-se a rotina. Sabiam que agora o importante era encontrar a rota certa para contornar o Cabo da Boa Esperança, e que numa das naus seguia justamente o homem que primeiro o dobrara, Bartolomeu Dias, em 1487. Não poucas vezes ele teve de explicar como o fizera, mas os que tinham experiência em navegação bem o imaginavam e, mais ainda, temiam. Apenas buscavam na conversação reforçar suas certezas e com isso expurgar o medo que naturalmente vinha à tona quando se falava em tempestades no mar.

A jornada se fez em calma, e durante 10 dias não tiveram com o que se inquietar, a não ser as discussões a que os levavam o xadrez, o gamão e o jogo de cartas.

Curioso era que muitos dos nativos de Vera Cruz carregavam, enfiadas nos beiços, peças de osso iguais às torres com que Caminha por vezes ameaçava o rei de Mestre João, que se irritava sempre que perdia uma partida, como no dia em que havia virado o tabuleiro com uma alçada de braço, inconformado com um conselho que haviam dado ao seu adversário. Risos e impropérios se misturaram, mas ele passara a exigir segregação absoluta na hora de qualquer confronto.

O mar até aqui permitira o xadrez por muitos dias. A travessia se completava em meio a bastante placidez, e havia momentos em que o oceano parecia um imenso lagoão. Pedro Álvares também participava dos torneios, embora a categoria de conhecimento de Pero Vaz de Caminha acabasse normalmente por consagrá-lo vencedor. Ele, sim, sabia usar os roques[82] e as rainhas, os perigosos bispos agindo em diagonal e os pacientes peões.

No entanto, passados 10 dias desde a partida de Vera Cruz, o céu reservara-lhes outro espetáculo, que logo empolgou Mestre João bem mais do que o xadrez e primeiro maravilhou, depois amedrontou as tripulações dos 11 barcos que atravessavam o mar.

Era a noite de 12 de maio.

Lá, bem a leste, como se estivesse na altura da Etiópia, disseram os pilotos, surgira um grande e brilhante cometa com uma cauda imensa, que se mantinha iluminando os céus e concentrando as atenções, enquanto o sol não chegava para apagá-lo do firmamento. E na seguinte noite, lá estava ele outra vez, quase no mesmo ponto, em sua rota, enquanto os homens cá na terra, diminutos em seus barquinhos, se prostravam mudos na contemplação de sua beleza ou se jogavam no tombadilho, rezando para que não os abatesse uma desgraça. O capitão-mor mandou convocar uma reunião do conselho dos capitães, e com eles pôde ponderar o significado e os efeitos da aparição. Mas a não ser pelas crendices ligadas ao surgimento de cometas, ninguém contribuía com apoio científico suficiente para que se tomassem precauções.

Pelo contrário, nem os frades, nem os astrônomos possuíam elementos para incriminar o colosso celestial como profeta de algum desastre.

Isto é coisa do *povo miúdo*, diziam todos a Pedrálvares.

Mestre João foi objetivo: não havia nenhuma confirmação de que desgraças pudessem acompanhar a aparição de uma maravilha celestial como um cometa. Os indícios de males em geral vinham da terra e da água, do comportamento dos homens, principalmente, e de alguns animais, que costumavam alertar, pelo seu nervosismo, para o surgimento de algum fenômeno incômodo. Mas nunca dos céus, pois lá os astros seguiam imperturbáveis sua rota, a Terra girando sobre si mesma e — quem sabe? — perseguindo o Sol, mas sobre isto não era hora de falar, pois havia muitos ouvidos abertos e olhos penetrantes, e a Igreja não costumava sancionar esta versão da nova ciência.

Pedro Álvares achou mais prudente mandar chamar Bartolomeu Dias, para uma boa conversa. Bartolomeu reafirmou que as dificuldades de 13 anos passados poderiam repetir-se e que daquela feita o tempo estava de tal forma encoberto e o mar se fizera rebelde de uma hora para outra com tal violência, que foram obrigados a ficar dando voltas dentro de uma mesma baía.

Após muito empenho, haviam contornado, então, o cabo, mas de fato só foram vê-lo e compreendê-lo quando fizeram o retorno. Foi preciso a Bartolomeu negociar com seus marinheiros três dias a mais de navegação, pois todos queriam desistir e voltar para Portugal. Reuniu ele, na ocasião, os oficiais e marujos e acertou a continuação condicional. Uma trégua apenas. Era 3 de fevereiro quando descobriram um bom ponto para uma aguada, na qual puseram o nome de São Brás. Haviam deixado a nau de mantimentos bem acima, na costa ocidental, aos cuidados de nove homens.

"Navegando ao longo de uma praia árida, a maior parte do tempo encoberta por densa neblina, chegamos a uma pequena enseada. Ancoramos. Chamamos o lugar de Angra Pequena. Os marinheiros aí desembarcaram, mas não encontraram sinal de vida humana. Deixamos uma cruz de mármore com sete pés de altura e procuramos navegar para o sul. Mas encontramos um vento contrário que nos obrigou a dar voltas e mais voltas. Foram tantas, que acabamos chamando o lugar de Angra das Voltas. Ao mudar o vento, o mar tornou-se subitamente bravo, obrigando-nos a mudar a rota para leste. Com velas a meia haste, enfrentamos 13 dias de ventania. Treze. A tempestade acalmou e rumamos para o norte, e assim chegamos a uma baía, a que batizamos Baía dos Vaqueiros. Havia muito gado e apareceram nativos que, ao nos verem, fugiram espavoridos. Fomos de novo para o leste e encontramos uma ilhota com outra baía. Nesta baía da lagoa deixamos outro marco. Foi aí que fomos a terra, mandamos dizer missa e consegui o acordo com as tripulações para mais três dias de navegação. Subimos até à foz de um rio, e o capitão João Infante, que seguia na frente com a nau *São Pantaleão*, foi o primeiro a saltar. Encontramos uma corrente de água muito quente, e é fácil distingui-la, porque até a cor do mar é de um azul mais escuro. Voltamos e no regresso vimos o grande cabo, o Cabo das Tormentas, que agora chamamos de Boa Esperança, entrando mar adentro com seus contrafortes que tornavam difícil a aproximação e suas enormes montanhas que não permitiam divisar o que existia além dele. Sacudidos pelas ondas, batidos pela ventania, acossados pelas correntes diversas, nós o ultrapassamos.

Reencontramos logo depois a nau dos mantimentos. Só três dos nossos nove homens haviam sobrevivido. Os outros foram assassinados por nativos com quem estavam a negociar. E um deles morreu de alegria ao nos rever. E dali retornamos a Portugal, para levar a El-Rei a notícia de que havíamos finalmente contornado a ponta da África."[83]

A referência sobre as condições de correntes marítimas estava nas instruções que passara Vasco da Gama ao capitão-mor: "Terá que aportar na Aguada de São Brás, onde a água é quente, e já ali será o mar das Índias, na costa oriental da África." Agora tinha de aproveitar ter diante de si o homem que abrira as portas para o próprio Vasco e para outras incursões. Procurava sempre ouvi-lo atentamente, na oportunidade indagando-lhe se interpretava a presença daquele cometa nos céus como um mau sinal.

Bartolomeu e os seus, naquela oportunidade, não haviam avistado nenhum cometa, nem disso precisariam ou de qualquer aviso dos céus, mesmo respeitando as crenças, para saber que o mar por lá era traiçoeiro, pois estavam numa encruzilhada dos ventos e das correntes. Era um tremendo desafio e por tudo era necessário redobrar os cuidados.

A superstição popular martelava a cabeça de todos, e a lembrança mais forte associava a presença de um grande cometa nos céus da Europa — "e que envolvia as estrelas em sua grande cauda com um clarão ondulante" — com a queda de Constantinopla, uma história que já tinha quase 50 anos mas permanecia bem forte na memória geral. À medida que os otomanos se iam afirmando lá perto da terra de Alexandre, o Grande, mais visível se tornara o cometa e assim permanecera por muitos dias.

Pedro prolongava suas consultas. Com efeito, Mestre João, o astrônomo, recusava-se a aceitar a presença daquele inesperado sinal dos céus como uma advertência de qualquer tipo. Caminha protestava em nome da ciência e do conhecimento da navegação e dos mares. No entanto, sempre havia quem ponderasse que não se sabia tudo e que havia muitos segredos guardados no comportamento das águas e dos ventos. Diziam-no velhos e rudes marinheiros, veteranos de outras jornadas. E até mesmo os indianos que retornavam para sua terra pediram que Gaspar da Gama lhes narrasse o que acontecia para acalmar seus receios, já que percebiam a perturbação dos tripulantes.

Convinha ponderar sobre tudo isso, mas também "navegar era preciso", como recomendavam os antigos. Tinha-se o rumo, em mãos, os portulanos, levantados desde que Bartolomeu Dias primeiro ali estivera, e ainda teriam a presença do cometa por mais alguns dias. Era certo que ele não desapareceria em menos de uma semana.

Um grande manto de medo espalhava-se por toda a esquadra, e inutilmente os capitães tentavam dissuadir seus homens. As rezas e cantorias dos padres pareciam impotentes. Haviam passado mais de 20 dias desde que tinham deixado Vera Cruz. Durante a tarde, uma rápida borrasca sacudira as embarcações, fazendo com que as velas permanecessem na metade dos mastros, mais como cautela.

Quando a noite caiu, o espanto foi geral.

Trêmulos de medo, haviam percorrido como sempre o firmamento de ponta a ponta, sem no entanto achar vestígio do cometa que os assombrara durante todo aquele tempo de viagem. Os gajeiros, colocados no ponto mais alto das naves, vasculharam os céus, e Mestre João, com sua técnica, dividia o que via em faixas e quadrados. Inútil a busca.

O cometa simplesmente sumira.

Houve como que um grito de júbilo que brotou e cresceu pelas 11 embarcações, desde a menor caravela até a maior das naus. Saudaram-se todos com fogos, cumprindo uma ordem da capitânia, a assinalar suas posições. Mesmo os mais racionalistas suspiraram com alívio. Desaparecia a pressão sobre as tripulações, uma nova confiança se instalava, apesar de a lembrança do fenômeno permanecer como uma secreta apreensão.

O mar estava calmo, os ventos, embora constantes, mantinham-se moderados, e a frota avançava unida em meio à escuridão da noite.

O Cabo Tormentoso

Quando amanheceu, não houve tempo para contemplar a imensidão do oceano e menos ainda para vasculhar o horizonte a leste para buscar sinais de terra. Veio um tufão, um vento tão forte e tão de súbito, que ninguém pôde perceber ou tomar qualquer iniciativa antes que as velas ficassem cruzadas nos mastros. Ondas gigantescas se levantavam, primeiro a elevar os barcos no seu topo, como se fossem levá-los até o céu, para logo lançá-los no vazio, provocando um terrível descompasso. Estalava o madeirame, dando a impressão de que iria se desmanchar. Eram inclinados perigosamente, ameaçando a sua capacidade de flutuação. O mar bramia, como se batesse em vão em algum rochedo. Os marinheiros corriam, buscando imobilizar o que restava do velame para que ainda pudesse ser utilizado. Na verdade, o importante era impedir que um desequilíbrio afundasse algum dos barcos ou que um destes em meio a toda aquela violência simplesmente se desfizesse. Este era o temor de todos.

De terra, nem sinal.

Rezava-se para que não surgisse um inesperado recife que destruiria qualquer embarcação. E os padres deitavam relíquias ao mar na tentativa de conter a fúria da tempestade. Os marinheiros, em altos brados, clamavam: "Salva, salva, ó Corpo Santo", e os que ainda tinham alguma calma rezavam, invocando "São Pero Gonçalves", e se lamentavam, dizendo que "Santelmo" não os viera visitar.

— Agora é tarde, Santelmo, Santelmo!

Pedro Álvares mantinha-se no posto de comando, de onde podia verificar constantemente se ainda navegavam junto a si as outras naves. Já não tinha certeza de nada, pois as gigantescas ondas ora se interpunham entre os navios, ora inclinavam a nau capitânia para o outro lado, tirando-lhe a visão de uma parte do grupo. As vagas explodiam com grande estrépito e se desfaziam em frações de segundo, provocando um buraco que poderia engolir uma embarcação. Em meio à chuva, ao vento e ao fragor das ondas.

Mas, Pedro sabia que já não eram mais 11.

Vira, com os próprios olhos, a caravela em que navegava justamente Bartolomeu Dias — que havia pouco com ele estivera, e quem mais temores, por todas as razões, deveria ter desta passagem tormentosa — ser engolida por aquele mar monstruosamente enlouquecido, que não cessava de se insurgir e erguer-se com fúria. E com ela, mais duas ou três naus.

E se é verdade que os freis, agarrados uns aos outros, pálidos e amedrontados, estivessem a rezar para Santa Bárbara, não parecia que ela, São Jerônimo ou quaisquer outros santos pudessem fazer logo ceder aquele inesperado desvario. Nem havia como medir se os demais navios agüentariam e até quando seria possível suportar o vento, com os mastros abalados e as velas rotas. Os pilotos faziam soar seus apitos, os *guardiões* dos marinheiros faziam o mesmo com os seus, mas não conseguiam estabelecer harmonia nenhuma, nem organização de trabalho, em meio à desordem da Natureza.

Fazia-se o que se podia. Grumetes rudes, que só conheciam o bombordo pelo cheiro da cebola e o estibordo pelo fedor do alho, arregalavam os olhos e choravam alto. Só mesmo a misericórdia divina — na opinião dos mais experientes marinheiros — poderia salvá-los. O mar permaneceu de tal maneira embravecido durante todo aquele dia que o pesadelo parecia não ter limites. E aos poucos produziu-se a dispersão que não se pôde evitar. A própria nau capitânia, perigosamente abalroada por uma das naves, foi a muito custo dominada, mas desviou-se. Arrastou duas outras consigo, enquanto rumo diferente tomaram a *El-Rei* e mais outras duas.[84] Finalmente, uma caravela solitária foi vista, afastando-se, sem que o seu piloto conseguisse controlá-la.

Somente havia lugar para lamentos naquele dia 24 de maio e nos que se seguiram, porque nada os podia consolar das perdas e da desorganização que atingira a orgulhosa frota. Alguns dos seus maiores nomes: Aires da Silva, Simão de Miranda e Luís Pires com suas naus, Bartolomeu Dias com a sua caravela, ele que fora o grande construtor e organizador da frota inteira, quatro barcos, portanto, tantos marinheiros, soldados, tantos tripulantes, todos no fundo do mar, e já se podia dizer que a poderosa armada que deixara Lisboa quatro meses atrás estava reduzida à metade.

Prosseguir, com que espírito?

Mas era o que a honra exigia, o regulamento impunha, mandava a experiência e o determinavam as obrigações assumidas.

Não se passava um único dia em que não lamentassem o desaparecimento dos companheiros e que grandes rezas não se ouvissem a bordo de todos os barcos para pedir a salvação deles. Um dos frades, pregador de fama, não se cansava de dizer que a culpa de tudo cabia à sodomia que se praticava entre os marinheiros. Punição de Deus. Outro dizia que era o preço que se pagara pela jogatina desenfreada e pelos palavrões que se ouviam a toda hora. E que só restava então pedir pela salvação dos desaparecidos. Se não houvesse mais como resgatá-los com vida, pelo menos por suas almas rezavam. Eram centenas, na certa mais de 400 pessoas, que ali haviam perecido.

E assim, por vinte e tantos dias, até 16 de junho, quando tiveram vista da costa, foram obrigados a navegar com as velas arriadas, apesar de a tempestade já ter amainado, uns ignorando o que aos outros sucedera. O desastre fora tão grande que, para restaurar o moral e as forças físicas, pedia-se uma bonança e uma parada, nem que fosse para descansar em terra, conversar, lamentar-se um pouco e refazer os planos. Isso sem falar nos prejuízos a analisar. Considerando o valor médio de cada nau em 36.000 contos de réis, haviam ficado como tributo ao Cabo das Tormentas, ali na curva sul da África, 144.000 contos de réis, uma fortuna e quase metade da frota. Mais chorado de todos, ainda mais pelo capitão-mor, seria Bartolomeu Dias, seu amigo, pelo seu renome de navegador, por sua importância. Que preço cobrara o Cabo das Tormentas ao seu descobridor!

Seria preciso mesmo um pouco de favor celestial para se recuperarem. Finalmente, no 17 de junho, dia de Corpus Christi — uma bênção dos céus, como alardeou Frei Henrique —, foram favorecidos pela Natureza. O sol voltou a brilhar. Os barcos estavam agora navegando na costa da África, no rumo que haviam traçado com aqueles homens desaparecidos, sofrendo o pesar pela morte dos companheiros.

O ânimo só retornaria de fato com uma mudança radical mais longa. Muito sol, bons ventos, bom tempo. Foi o que tiveram, e tornou-se possível até uma boa pescaria. Os portugueses só queriam, depois do pesadelo, uma trégua do oceano.

Imploravam por uma chance para descanso e recuperação. E foi o que fizeram no que chamavam de "costa arábica".

Enfeitaram, pois, as naus que sobravam, estenderam tapetes por onde foi possível e até usaram as suas melhores roupas, que tiraram dos baús. Vestiram-se com capricho e então tocou o sino maior em todas as embarcações. Na nave capitânia foi armado um pálio, para que sob ele estivesse o Santíssimo Sacramento durante todo o tempo que durou a procissão, que deu três voltas no barco. Uma missa foi oficiada, e eles entoaram os cânticos a que estavam habituados, rezaram, pediram perdão dos pecados, e todos comungaram, até o capitão-mor, que foi o primeiro a ajoelhar-se perante o altar. Em conjunto, disseram um "Deus os perdoe"[85] por todos os que haviam perecido ali diante do gigantesco Cabo das Tormentas. Reconfortados, restava agora recuperarem-se das perdas.

Além da tempestade, estavam todos cansados do segundo inverno no mesmo ano. Haviam saído de Lisboa com o frio de fevereiro a castigar os corpos mal abrigados, preparados que estavam para o verão do norte da África. Assim havia ocorrido, e em toda a viagem até a Ilha de Vera Cruz, o verão os acompanhara. Ao tomarem o caminho do Cabo da Boa Esperança, voltara o inverno. Era a segunda vez naquele ano que experimentavam a dureza das temperaturas baixas e até dos gelos. E agora, ali na costa arábica, rumo a Melinde, outra vez o verão. Então ainda teriam mais um inverno, outro verão, e finalmente outro inverno na viagem de regresso a Lisboa.

O capitão-mor queria também verificar o que sobrara da sua grande armada, contar os feridos, contabilizar os mortos. Para isso, seria preciso esperar por Melinde, ponto marcado para o reencontro e lugar de hospitalidade garantida, pelas relações estabelecidas anteriormente, na viagem de Vasco da Gama, não sem antes atingir Sofala, onde havia uma grande mina de ouro até então conhecida somente por sua fama, que lhes tocaria incorporar aos conhecimentos portugueses.

Diante dela havia ilhas e, por causa do comércio e da mineração do ouro, muito movimento de navios. Dentre os barcos que ali estavam, dois eram de mouros. Carregados de ouro da mina, estavam pretendendo seguir para Melinde. Mas, ao avistarem os portugueses com suas velas infladas e as suas cruzes nelas desenhadas, trataram de se safar, primeiro jogando uma boa parte da carga ao fundo do mar, depois saltando sobre os pequenos batéis. E só pensavam em fugir de qualquer maneira. Os três navios portugueses completaram sua tarefa ao cercar os sobreviventes e capturar todos os que podiam. Principalmente os personagens mais importantes, facilmente identificáveis por seus trajes, como o comandante, com longas vestes brancas.

Ainda não seria hora de descanso para ninguém.

Em busca dos seguidores de São Tomé

Quando Pedro Álvares soube que o capitão mouro que estava a ferros a bordo era um poderoso xeque, primo do Rei de Melinde — este um sincero amigo que os portugueses haviam deixado naquela região —, e que a esposa e um filho dele haviam se afogado na tentativa de fuga, ficou profundamente agastado e mandou logo devolver as duas naus tomadas, com tudo o que nelas havia, inclusive o carregamento de ouro, embora desfalcado da parte que jazia no fundo do oceano.

O capitão mouro perguntou se havia, a bordo da esquadra portuguesa, um "encantador", capaz de descobrir onde se encontrava o precioso metal, para tentar recuperá-lo, mas Pedro respondeu-lhe orgulhosamente que não, que não se trabalhava com este tipo de gente em navios de Sua Alteza, pois em Portugal predominavam a ciência, o conhecimento das coisas e a religião cristã. No entanto, aquilo deve tê-lo feito lembrar-se do quanto havia de adivinhos, botadores de cartas, *raparigas de virtudes*, bruxas e magias de toda ordem em Lisboa.[86] Mas não a ponto, presumivelmente, de se arrepender da sua negativa e da sua mentira, e se bem que, diante da tempestade do Cabo, se fizera necessário invocar todos os recursos da religião e das coisas do Além, não sabia de bruxos em sua frota nem tinha de fato conhecimento de nenhum profissional do gênero pedido pelo mouro a bordo.

No momento, a urgência era pacificar o enraivecido capitão mouro, dar-lhe muitas atenções e, mesmo que não o pudessem compensar da perda da mulher e do filho, que se haviam afogado, pelo menos tentar resgatar um pouco da confiança. Quando chegassem a Melinde, teriam de lançar mão das influências já conquistadas.

Trataram de afastar-se dali e rumar o mais rapidamente possível para o projetado ponto de reencontro, pois ainda havia muita água e muita missão pela frente, apesar de já estarem a navegar fazia mais de três meses, incluindo a parada em Vera Cruz. Seria preciso aproveitar as monções favoráveis para a travessia do mar da Índia e chegar a Calicute.

Durante um mês inteiro, prosseguiu a jornada ao longo da costa africana, no rumo norte. E foi só a 20 de julho que a frota, agora reduzida a três unidades, sempre na busca do reencontro com as companheiras desgarradas, chegou a uma ilha pequena chamada Moçambique,[87] pouco povoada, embora muito visitada por mercadores ricos.

Ali a esquadra fez aguada, a tripulação descansou. Foi contratado um piloto conhecedor dos mares locais para dirigir a expedição até Quíloa, onde seis dias depois uma grande alegria assinalou o reencontro com três naus que se haviam desviado na tempestade do Cabo. Eram seis, agora, pelo menos uma frota com alguma dignidade numérica.

Mas não havia notícia do sétimo barco. Era 26 de julho.

Pedro pôde ver que havia muita riqueza em Quíloa. As edificações eram altas, como nas cidades espanholas; os habitantes, negros, andavam vestidos mais ricamente do que muitos espanhóis ou portugueses, com tecidos finos de algodão, brocados ou sedas. Eram mercadores muito ricos, que comerciavam com ouro, prata, almíscar, âmbar e pérolas.

Mandou pedir ao mandatário local, que se chamava Amir Ibrahim, um salvo-conduto, no que foi prontamente atendido. Com ele, mandou a terra Afonso Furtado, seu embaixador, e mais sete homens muito bem trajados, para informar que as naves eram do Rei de Portugal e que carregavam muitas mercadorias para com eles comerciar.

Travou-se um diálogo que se tornaria comum naquela viagem, pelas desconfianças recíprocas sempre difíceis de administrar e pelo complicado regimento que visava proteger o capitão-mor e as mais altas autoridades portuguesas das frotas. O soberano declarou que conversaria com o capitão quando este descesse a terra. Mas o embaixador Furtado fez-lhe ver que o capitão tinha sobre si o regimento especial, que o impedia de desembarcar. Ficou combinado então que seguiriam, cada um em seu batel, para um contato, no dia seguinte.

E foi uma festa naquela acolhedora baía, diante da engalanada Quíloa. Tanto os portugueses quanto os nativos, vestidos com suas melhores roupas, carregando bandeiras, tocando suas trombetas e pífaros, enquanto os outros faziam soar os seus instrumentos, tangendo-os à moda local.

Quando as duas comitivas estavam à distância de uma fala, a frota reagrupada com seus seis navios, disparou-se uma salva de artilharia que deixou o Rei e todos dali atônitos e assustados com o grande estrondo que se produziu. Julgando que haviam obtido bom efeito com aquilo, os portugueses prepararam-se para conversar e tentar a troca de mercadorias. Aliás, bem uma hora estiveram entretidos nos preparativos, mas a parte prática ficou para o dia seguinte, quando Pedrálvares tornou a enviar a terra seu embaixador.

Então, o rei amistoso da véspera tornara-se desconfiado e retraído, e parecia persuadido de que estava recebendo a visita de corsários do mar. Disse que não tinha nenhuma necessidade das mercadorias que lhe estavam oferecendo, e durante três dias esgotou-se a paciência recíproca naquele vaivém, pelo que foi decidido que era hora de partir. O capitão determinou a saída, mais uma vez no rumo de Melinde, e mandou deixar em terra um degredado.

Ao longo da costa que chamavam Moçambique e na grande cidade com este mesmo nome, encontraram muitos mouros. Depois cruzaram pela Etiópia.[88] E por ali, como em toda parte, recebiam a informação que muito interessava ao capitão, de que tanto nas ilhas quanto no interior daquelas terras habitavam muitos cristãos que faziam guerra permanente aos mouros.

Com eles, no entanto, não houve contato, porque, todos diziam, viviam lá para o interior da terra, atrás das montanhas. Seguiram naquela navegação costeira pela África, enquanto Pedro ia fortalecendo a idéia de que estava a pouca distância dos seguidores de São Tomé, que, como se afirmava, tinham vindo para aquelas paragens fazer pregação do cristianismo. Porém, os seus devotos, pela distância e a dificuldade das viagens, haviam ficado tão isolados que acabaram por se desviar da doutrina de Roma. Era o que sempre ouvira contar em Lisboa, desde os tempos de Dom João II. Aliás, era esta uma certeza em Portugal que vinha desde Henrique, o Navegador.

Nos seus fundamentos, a crença era a mesma dos cristãos lusitanos, como sempre lhe haviam assegurado e Frei Henrique não se cansava de repetir. Seria uma bela tarefa restabelecer esta ligação. E qual cristão, obediente à Igreja de Roma, não o desejaria? Para tanto, poderia contar com a colaboração dos freis, pois ali estavam eles dispostos a isso, acima de qualquer outra coisa.

Havia um problema mais urgente a bordo com que se preocupar... Na semana em que deixara Quíloa, rumo a Melinde, Pedrálvares mandara rezar muito pelos seus homens acometidos de escorbuto, pedindo uma cura, pois não havia laranjas a bordo para tratá-los. Foi com muita emoção que se sentiu atendido imediatamente; no dia 2 de agosto, logo que a frota aportou, o Rei de Melinde mandou para bordo muitos carneiros, galinhas, patos e sobretudo limões e laranjas. E os cítricos estavam entre os melhores que havia no mundo, segundo julgamento dos marinheiros mais velhos, em especial os que haviam participado da viagem de Vasco da Gama, saboreando as doces frutas coloridas que chegavam nos batéis.[89]

Uma festa. Os que padeciam de escorbuto melhoraram, e o capitão mandou embandeirar todas as naus e fazer soar as bombardas diante da cidade, enquanto mandava a terra dois feitores que sabiam falar o árabe. Depois de tantas agruras, era como se Pedro e os seus houvessem se reconciliado com a vida. Os pequenos barcos iam e vinham, decidindo-se enviar o feitor-mor, Aires Correa, aquele que estava designado para assumir o mais importante posto em Calicute, para levar a carta e os presentes que o Rei de Portugal, Dom Manuel, enviava ao Rei de Melinde. Curiosamente, a embaixada que desceu em terra, como se para não desdizer o modo pelo qual os chamavam os locais, estava bem ao jeito dos *francos*, os homens de grandes narizes e que adoravam ostentação, já que incorporados a ela havia música, tambores, gaitas de foles, pífaros e trombetas, sacabuxas[90] e, naturalmente, o colorido das vestes e das bandeiras.

Quem tem azar no mar

Ah, o mar! Quem me dera estar sofrendo o agitado balanço das ondas, ver o horizonte subir e descer...O que me trouxe o mar, os melhores momentos da minha vida, o que me levou, meus amigos e meus sonhos todos... Ah, o mar!

Dezoito anos passados, os meninos e as meninas crescendo cá na tranqüilidade de Santarém. Lá estão Fernando, António, Constança, Guiomar, Isabel e Leonor, "doces testemunhos deste santo casamento de doze anos" que já vem desde quando?... De 1503.[91] E Dom Manuel que não mais me aproveitou? Por que seria?

Principalmente depois da estada em Vera Cruz, em Moçambique, em Melinde, na Índia e em Bezeguiche, onde tanto aprendi! Eu que posso hoje servir ao Reino, e no entanto aqui estou, esquecido.

Cá me encontro, forçado às recordações, como um ancião dispensado da atividade, a entreter-me com pensamentos que não se decidem, reexaminando sempre onde e por que falhei. Quando fui posto de lado por El-Rei? Ah, o mar, que me chama sempre... Quantas aventuras!

Lembrar, sim, a algazarra dos portos, a vibração do vento nas velas e cordames, o estremecer dos mastros, o embalar dos barcos, a correria dos marinheiros, a troca de palavrões, de insultos que na verdade eram amigáveis brincadeiras. Ou aquela embaixada que mandei ao Rei de Melinde, Aires Correa à frente, num grande desfile, as arcas e baús com os presentes que Dom Manuel enviara. Ainda hoje seria capaz de descrevê-los de cor: uma sela rica, um par de cabeçadas com seu esmalte, um par de estribos com esporas de prata, esmaltadas e douradas, com o peitoral igual para a sela, todas as correias e demais jaezes de carmesim muito ricos, um cabrestilho de fio de ouro para um cavalo, duas almofadas de brocado e outras duas de veludo carmesim, um tapete fino, um pano de Arrás, dois cortes de pano escarlate, uma peça de cetim carmesim e outra de tafetá.

Escutamos as trombetas, anunciando a solene procissão que levou todos aqueles presentes com as cartas de Sua Alteza, e então muitas mulheres vieram ao encontro de Aires Correa, nobres e capitães, que com bálsamo em perfumadores cheios de brasa demarcavam o caminho até onde o Rei de Melinde estava assentado, ao lado de muitos mouros nobres e seus principais servidores.

E o contentamento deles foi tão grande que a um só tempo deram um grande grito no meio da sala, para externar a sua alegria por aquela amizade que os ligava ao Rei de Portugal, cuja carta em português e árabe acabara de ser lida.[92]

O mandatário local mandou vir alguns panos e sedas e distribuiu-os entre os visitantes. Obsequiava muito a Aires Correa, e rogou que ele permanecesse em terra enquanto a armada não deixasse o porto. Mandou alojá-lo e dar-lhe tudo de que precisasse, sim, carneiros, galinhas, arroz, leite, manteiga, tâmaras, mel e frutos de toda espécie.

Felizes momentos!

Ante a insistência do Rei, concordei eu em visitá-lo, e para tanto vesti-me com as melhores sedas e levei comigo os meus homens mais importantes, todos finamente trajados e fortemente armados por baixo das vestes, pois ainda se desconfiava, como sempre se desconfiaria. Afinal, quando se viaja, pode-se acabar prisioneiro, ser vendido ou comprado, naufragar, "anoitecer senhor e amanhecer escravo ou morrer", é o que sempre me disseram os antigos.

Lá o esperavam os mouros mais ricos e importantes de Melinde. Com grande aparato, degolaram um carneiro no exato momento em que o Rei montou a cavalo. O Rei passou por sobre o corpo do animal, enquanto bradavam palavras místicas, que me pareceram algum ritual de feitiçaria.

Com tantas demonstrações de amizade, entendi eu que era o momento de pedir o apoio do Rei e solicitei-lhe um piloto que guiasse a frota até Calicute. Foi-me designado um guzerate que estava num dos barcos ancorados no porto, e assim, já no dia seguinte, começamos a travessia no caminho da Índia. Era o 7 de agosto.

Quando se viaja é assim mesmo. A cada passo, uma surpresa enorme que permite viver com uma intensidade que a lavoura e o gado na certa não propiciam.

Já com os anos a passar, e sem que se produza um novo chamado do Rei, que me soaria como a mais doce das melodias. Afonso de Albuquerque, sei-o bem, fora suficientemente claro e insistente. Afinal, ainda tinha eu amigos na Corte, bem mais do que imaginava, e lutavam todos para reconduzir-me à ação. E por isso seria tão grato, eu que já não suporto mais este amargo exílio, por mais que me anime a convivência com Isabel e com meus filhos. Acontece que não fui moldado para afundar-me no amanho da terra ou no tratamento das vacas e cavalos.

Não posso nem queixar-me de todo, já o disse à própria Isabel, pois se com as tenças anteriores e com as novas que Dom Manuel mandou me pagar, desde o retorno da viagem, e depois aquelas pelo casamento, e o que representara em crescimento do patrimônio tudo aquilo, as casas e herdades, as pastagens, os campos, o solar em Belmonte, mais o que cá me tocara com a morte do irmão João Fernandes e até a permissão para o uso do sobrenome que tanto distinguia minha família, tudo só ajudou a consolidar minha situação social e econômica.

Mas, para ser feliz completamente, porém, precisava é voltar ao mar.

O que não posso é viver assim, com o pensamento voltado para essa minha grande viagem, que já passou, e com a dor daquele momento em que tive de dizer ao Rei que não aceitaria dividir o comando de uma nova esquadra.

E ainda tive de escutar, pelos cantos, os murmúrios que se espalhavam pela Corte de que ele era um homem sem sorte: "Quem tem azar no mar a ele não deve voltar!", era o que diziam, não era?

Vasco da Gama, que se dizia meu amigo, teria sido realmente capaz de uma tal maldade? De cunhar essa pecha, de tramar meu ostracismo? ...E mesmo depois de lhe transmitir tão cuidadosamente as instruções que lhe permitiram o acerto da viagem à Índia e à África. E de dar ao Rei as indicações que guiariam os seus emissários e prepostos ao encontro daquelas novas terras que batizei de Vera Cruz, mas que Dom Manuel mudou para Santa Cruz e que agora chamam de *Brasil*...

No entanto, não foram poucos os que me vieram contar que essa era uma das frases prediletas do almirante. Muitos me disseram ainda que minhas relações com Vasco da Gama estavam arruinadas pelo despeito por essa minha descoberta. Gaspar de Lemos, quando voltara com a nau de mantimentos, descrevera uma costa muito mais vasta do que se supunha e mais rica do que me parecera à primeira vista. Era uma imensa terra firme e não uma simples ilha. E embora tivesse levado consigo um nativo de Vera Cruz, contrariando as ordens expressas de Dom Manuel, atraíra as atenções da Corte para o meu feito. Fora isso que o Da Gama não suportara, ele, então, tido como o grande navegador de nosso Reino.

Contudo, não fora o próprio Vasco a recusar o comando da armada de 1500? Não declarou ele que pretendia primeiro casar-se e obter o senhorio de Sines? Não fora ele próprio que alegara cansaço e tristeza pela perda do irmão Paulo, o adorado irmão, na sua primeira ida à Índia?

É isso. Enquanto permaneci na Corte, ora com o Rei em Lisboa, ora em Sintra ou Évora ou por onde fosse, fui eu mesmo me intoxicando com os dichotes, os olhares significativos, as insinuações. Não podia estranhar, pois tanto aprendi dos homens. Desde cedo, sabia o quanto os humanos poderiam ser inconstantes, falsos, mentirosos, interesseiros e covardes. Ainda mais na Corte, onde estavam em jogo poder e dinheiro.

E não foi o próprio Dom João II envenenado? Não vi eu mesmo o júbilo pela morte do Príncipe Perfeito estampado na face de tantas pessoas de ilustres famílias que poderiam ter seus motivos, talvez, mas não a coragem para concretizar um ato desses? E muitas vezes não assisti alguns destes que se jogavam ao chão, quase beijando o solo onde o Rei tocara? Nada, então, poderia surpreender-me. Nem deveria. No entanto, não deixa de me doer.

Pena e lástima, devo ter é por mim mesmo, por estar neste momento tão distante da Corte, do Rei, dos fatos que acontecem em meu país, desse entusiasmo com Portugal e com seu destino que me arrebata, esse sentimento que se me escapa, estando eu cá desterrado, exilado em minha própria pátria, a cheirar bosta de vaca e a virar a terra em meio aos camponeses ou a escutar as conversas miúdas dos aldeãos, a preocupar-me, então, apenas com o engorde dos suínos.

Ainda bem que há ainda quem se me recorde, o Afonso de Albuquerque,[93] ele mesmo, "O Terrível", tio de Isabel, e que aparentemente tanto me estimava, não me mandou uma cópia da carta que escreveu a Dom Manuel? Então, quem sabe chega um portador de Lisboa com a ordem de salvação, o resgate desta minha solidão, deste abandono, o perdão real, o fim do ostracismo que me corrói a alma muito mais que as febres semanais.

Isabel — minha doce Isabel — já me disse que era preciso ser mais cordato, manter um bom humor permanente, ser bem-educado e polido sempre e não exteriorizar aquelas crises a cada quatro ou cinco dias. O controle porém me foge, e muitas vezes me surpreendo em meio a uma tempestade de impropérios. Ou então, cá me recolho ao mais profundo dos aposentos, escondo-me, até melhorar e poder voltar à tona, mas só depois de recuperar completamente a visão, e quando a dor de cabeça desaparece.

E o mensageiro do Rei que não chega com sua esperada carta de alforria, essa ordem incisiva que não me permitisse hesitações e subterfúgios e que me devolveria a única felicidade possível.

No mar.

Em Calicute

A partida de Melinde fora um dia de festa quase tão grandioso como aquele de Lisboa, cinco meses antes. Todos perfilaram-se nos seis tombadilhos, vestidos com suas melhores roupas, levantando as bandeiras, tocando as trombetas. As velas foram içadas, e como se aguardasse uma determinação, o vento começou a soprar lentamente, depois firme e constante, enquanto o capitão-mor mandava soar a artilharia.

Da praia, os mouros levantaram suas espadas e sabres e fizeram soar seus gritos de despedida, enquanto acenavam também com seus estandartes. Pedrálvares comentou que poderia contar a Dom Manuel, no retorno, que ali ficaram verdadeiros amigos dos portugueses, mesmo que "nos chamassem erradamente de francos".

Lá permaneceram também dois degredados, para serem recolhidos, como de costume, na próxima viagem. E estes choravam muito, ainda mais porque teriam de separar-se: um deles, Luís de Moura, ficaria em Melinde, enquanto o outro iria para Cambaia,[94] um porto no fundo do Golfo da Índia, e nem ele nem nenhum português saberiam dizer o que o esperava.

O piloto árabe conduziu a frota pela rota almejada e, depois de passar as ricas cidades que havia na costa da Etiópia, mostrou qual era o caminho para a entrada do Mar Roxo,[95] a rota das jóias e especiarias que vinham da Índia e eram conduzidas até o Cairo e Alexandria, depois da travessia do deserto no lombo dos dromedários — que os portugueses, por confundirem os dois animais, chamavam de "camelos corredores" —, verdadeiros navios, pela velocidade com que moviam suas patas, integrados em longas caravanas.

Todos os capitães, pilotos e escrivães anotavam o que viam ou lhes diziam, enquanto os geógrafos procuravam traçar os mapas, guardados a três chaves nas arcas que viajavam com os pertences dos comandantes, para que de tudo fosse possível dar conta a Sua Alteza.

E, assim, viram a Ilha de Socotorá, junto à embocadura daquele mar que alguns chamavam de Roxo, e outra, cheia de mouros, chamada Ormuz. Souberam os portugueses que adiante, ao atravessar o mar em diagonal, estariam na Índia, na rica província de Cambaia, produtora de muito arroz, trigo, cevada, açúcar, cera e incenso, cavalos e elefantes, e que o poderoso Rei local tornara-se muçulmano, por influência dos muitos mouros habitantes e comerciantes daquela região.

Durante 15 dias, a armada percorreu a costa, verificando a constante navegação que se realizava naqueles mares, com embarcações carregadas indo e vindo, nas rotas do intenso comércio da região. Até que, de acordo com as instruções de Vasco da Gama, que ali estivera dois anos antes, chegaram à Ilha de Angediva, esta por sua vez a duas milhas da terra firme diante de Goa,[96] um ponto de aguada e descanso dos viajantes que provinham de Calicute e seguiam para Meca e outros locais da Arábia.

Era 22 de agosto e o capitão-mor determinou a permanência ali para refazer forças, tomar lenha e outras provisões, e ao mesmo tempo aguardar alguns navios mouros que pudessem ser apresados. Se fosse possível. Afinal, esta era uma tarefa que os cristãos não deviam desprezar. Inimigos jurados, para atacá-los teriam sempre a bênção papal. Poderia parecer uma situação meio dúbia, mas em meio àquele oceano, distante da pátria por vários meses de navegação e perigos, tudo parecia válido e justo.

O capitão, aliás, recebia com muita festa e demonstrações de agrado a gente da terra que vinha a bordo, o que acontecia com freqüência. Traziam diversas informações de como se vivia naquelas paragens e notícias da passagem de navegantes. Os esperados mouros é que tardavam... Na ilha, uma espécie de ermida foi aproveitada para se dizerem missas. Padre não faltava a bordo. Os tripulantes se confessavam e comungavam, e os dias se escoavam tranqüilos, servindo para recuperar energias, apesar da permanente atenção a qualquer notícia da chegada de barcos mouros vindos de Meca.

Como estas naus não apareciam nunca, foi decidido seguir para Calicute, distante dali 70 milhas. Afinal, em 13 de setembro de 1500, a esquadra fundeou a uma légua de distância da cidade, com todas as suas armas e bandeiras expostas, para caracterizar que chegava de Portugal, renovando a visita de dois anos antes feita por Vasco da Gama. Por todas as instruções e informações que lhe haviam repassado, Pedrálvares mostrava-se calmo: parecia um país amigo, onde até se encontravam cristãos.

De fato, logo que ancoraram, uma frota de pequenos barcos acercou-se da nau capitânia, com o governador do lugar e um rico mercador guzerate,[97] a anunciar uma feliz acolhida e uma agradável promessa de bons negócios, trazendo mensagem de que o Rei de Calicute tinha grande prazer com a chegada dos portugueses.

Uma salva de artilharia brotou das bocas de fogo de todas as naves, e eles, boquiabertos com tal saudação, diriam:

— Só mesmo Deus teria força contra vós!

A salva, muito além do ato de saudação em si, tinha justamente a intenção de impressioná-los. E Pedrálvares perguntaria a Frei Henrique, com um sorriso irônico:

— Eles pretendiam referir-se a Deus ou... Alá?

Chegara a noite, e assim permaneceram os portugueses, espreitados desde a praia pelos admirados moradores de Calicute. Só na manhã seguinte é que Pedro Álvares determinou que os indianos que haviam viajado com Vasco da Gama, e que ele trouxera de volta, fossem devolvidos à sua terra, solicitando que fossem ter com o Rei a fim de pedir-lhe um salvo-conduto para os visitantes.

Somente o príncipe pôde ser recebido pelo Samorim Rajá. Os demais, quatro pescadores, nem se atreveriam a chegar até ele, pois pertenciam a castas inferiores e não poderiam fazê-lo. Atendendo ao pedido do nobre, o Rei logo autorizou o desembarque.

Tudo parecia correr bem, apesar das dificuldades que a desconfiança recíproca impunha em tais ocasiões. Tanto que o capitão mandou seu costumeiro embaixador Afonso Furtado, acompanhado de um intérprete que falava o árabe, para que explicasse ao mandatário local que as naus eram do Rei de Portugal, que a missão era de paz e de comércio, exigindo garantias para que o capitão-mor pudesse desembarcar, pois este tinha um regimento que o impedia de fazê-lo sem ter um penhor pela sua pessoa.

"E que assim houvesse de mandar para as naus aqueles homens que Afonso Furtado lhe indicasse."

O Samorim mostrou-se surpreso e disse que os reféns que lhe pediam eram muito velhos, anciãos, e não suportariam as agruras do mar. Mandaria outros. O embaixador Furtado respondeu-lhe que só poderia levar aqueles apontados pela "memória que o capitão-mor lhe tinha dado e que era a mesma que lhe entregara El-Rei de Portugal".

Isso causou espanto ao Rei de Calicute, que hesitou dois ou três dias até se resolver atender à solicitação. Avisado, Pedro Álvares aprontou-se para descer em terra com os 30 homens dos mais importantes da frota, oficiais e criados e toda a prata que havia a bordo. O espanhol Sancho de Tovar, capitão substituto, havia tantos anos a serviço de Portugal e que conquistara nível de alto respeito e consideração, ficou no comando da armada com a incumbência especial de fazer as honras da casa aos indianos que permaneceriam como reféns.

A difícil negociação acabou por alongar-se até o dia seguinte. O Rei veio até uma casa que tinha junto ao porto e dali mandou enviar a bordo cinco homens, protegidos por 100 guardas de espada e adaga, acompanhados por um pelotão de 25 ou 30 tangedores. Um novo impasse criou-se: o capitão-mor português chegou num batel, e os cinco indianos não quiseram subir a bordo sem que ele desembarcasse. E assim, durante horas, novas e desgastantes discussões tiveram lugar, até que Aires Correa, que estava designado para as mais altas funções exatamente na feitoria que Portugal pretendia construir em Calicute, se propôs a seguir num barco, para conferenciar diretamente com eles e tentar resolver a questão.

Convenceu-os, e eles então dirigiram-se para uma das naves, enquanto Pedro Álvares saltava em terra.

O Samorim Rajá

Então o inesperado, o inusitado... Nobres locais cercaram o navegante português e sua comitiva e não permitiram que tocassem com os pés em terra, levantando-os nos ombros e assim transportando-os até onde estava o Rei, assentado num alto estrado e com duas ou três almofadas de seda, onde apoiava um braço. Os portugueses, tocados pela imponência e pela extravagância do que sucedia, não cessavam de admirar o luxo daquela corte.

O Rei, a quem chamavam *Samorim Rajá*, estava nu da cintura para cima e, dali para baixo, envolvido em um pano de seda e algodão muito leve e branco, todo lavrado de ouro. Na cabeça, um grande barrete de brocado; das orelhas pendiam brincos de ouro, com rubis, diamantes e pérolas, uma delas redonda, outra no feitio de uma pêra, maior do que uma avelã. Maravilhados, os portugueses contemplavam aqueles sinais de riqueza que se completavam com inúmeros braceletes de ouro que lhe adornam os braços. Em prestando atenção, viram ainda mais: as pernas também estavam cobertas com ricas jóias, um dedo do pé tinha um anel de rubi, e os das mãos estavam cheios de jóias, como esmeraldas e diamantes. O Samorim usava ainda dois cintos de ouro, enquanto, ao seu lado, havia uma grande cadeira toda de prata, salvo o lugar onde encostava os braços, que era de ouro também, possuía o encosto engastado com jóias e pedras preciosas.

Cinco pajens, dois irmãos do Rei e muitos nobres locais postavam-se ao pé dele ou se espalhavam pela sala, todos com sinais de riqueza semelhantes aos do soberano.

O jovem rei era sobrinho do Samorim que Vasco da Gama conhecera em sua viagem, o 85º da sua dinastia. Portanto, cheio de disposição e orgulho, e com sérias desavenças com os reinos vizinhos, como Cochim, por exemplo, que historicamente lhe deviam vassalagem, embora pretendendo mais autonomia. Isso o tornava mais desconfiado e exigente do que seu antecessor.

Fizeram sinal a Pedrálvares para que permanecesse a uma certa distância, porque o cerimonial não permitia que se aproximasse dele. Para demonstrar-lhe especial deferência, o Rei fez com que se sentasse, propiciando ao capitão-mor mandar ler a carta de Dom Manuel, escrita em árabe. E havia também os presentes que El-Rei enviara ao Samorim...

A entrega dos presentes representou um constrangimento doloroso para os portugueses. Até então, pensavam estar trazendo para o Samorim lindos tesouros. Entrementes, bastava olhar em volta para constatar o quanto pareciam diminuídos diante do fausto e da pompa que os cercava. Tocheiros acesos, serviçais de armas expostas, a corte local ocupando as posições de honra na sala, o Rei levemente recostado e com um sorriso benevolente nos lábios, e Pedrálvares, aflito, achando que os seus homens tardavam demais a entrar. Afinal, chegaram em procisão, com os presentes: uma bacia de prata para lavar as mãos, lavrada de bastiões dourados; uma taça grande de prata também lavrada com dourados; um gomil dourado, também, com tampa e com bastiões; duas maças de prata com as cadeias do mesmo metal para os maceiros; quatro almofadas grandes; um dossel de brocado com franjas de ouro e carmesim; dois panos de Arrás, muito ricos, um de figuras, outro de verduras; um tapete que poderia ser considerado grande.

Como presentes para um rico comerciante, poderiam servir bem, mas não para um potentado, para o soberano de uma vasta região, como ali se tratava. Em 1498, Vasco da Gama havia passado por vexame igual, e transmitira a El-Rei a necessidade de melhorar o nível dos presentes. Isso fora feito, de fato, e o que estava sendo apresentado não seria de fazer vergonha, se o esplendor ao redor não ofuscasse qualquer tentativa de comparação. Parecia que, na corte do Rei de Calicute, ouro, diamante e rubis brotavam de todos os lados.

Em Melinde, pelo menos, haviam feito boa figura. A rica sela que fora presenteada, contudo, tivera que ser assentada num cavalo pelos próprios portugueses, pois os naturais não sabiam como lidar com ela. No entanto, aparentaram ter apreciado a oferta. Ali, em Calicute, restava a Pedro tentar suprir, com a eloqüência da carta de Dom Manuel e sua prosápia, o indiscutível desnível.

Concluída a cerimônia, o Rei de Calicute mostrou-se muito contente e disse ao capitão-mor que podia retirar-se, se quisesse, para a casa que mandara preparar à beira da praia, fazendo retornar os reféns, pois, sendo pessoas idosas e de alto nível, não podiam comer, beber ou dormir no mar. E que poderiam assim manter o sistema: o capitão e os reféns se revezando, indo e voltando durante o dia, podendo tratar em terra de tudo o que lhes fosse necessário.

Ninguém contava com o ato seguinte. Enquanto Pedrálvares iniciava o retorno à nau capitânia, um indiano chegou a bordo, num pequeno barco, já anunciando aos reféns a volta do capitão. Assim que ouviram a notícia, tal era o grau de desconfiança que jogaram-se da amurada do navio e começaram a nadar para a praia.

Tentando consertar aquela loucura, Aires Correa recolheu num batel dois príncipes e seus familiares, antes que cometessem o mesmo desatino dos demais, que a esta altura já iam em largas braçadas rumo às areias. Pedrálvares indignou-se e mandou reter dois indianos como prisioneiros, enviando mensagem ao Rei dizendo que o fazia porque muitos portugueses haviam ficado em terra e também porque vários pertences da fazenda real já estavam sendo desembarcados.

Efetivamente, os contatos não corriam em clima de compreensão recíproca. Pequenos e grandes desentendimentos a todo o momento comprometiam a continuidade ou melhoria das relações na seqüência do que acontecera na visita de Vasco da Gama. Para reaproximar as partes, formou-se nova embaixada, e nela seguiram dois italianos do barco *Annunziata*, armado pelo florentino Bartolomeu Marchioni, de modo que o Rei de Calicute compreendesse que estava diante de uma missão de tal grandeza que tinha até cunho internacional. Esperou-se toda a noite por uma resposta, inutilmente. Ao amanhecer, o samorim surgiu na praia acompanhado por uma força de dez ou doze mil homens, avisando que os portugueses em terra só seriam liberados em troca dos dois reféns que o capitão havia retido a bordo.

O impasse agravava-se a cada momento. Os indianos aproximaram-se em suas almadias, e os portugueses em seus batéis, sem que ninguém tivesse a coragem de iniciar a troca. Durante o dia inteiro, ficaram a se encarar, e nem os indianos entregavam os portugueses com seus instrumentos e equipamentos, nem os que haviam ficado a bordo das naus portuguesas eram devolvidos.

Apenas no dia seguinte viria a solução: o Rei mandou dizer a Pedro Álvares que enviaria de volta os portugueses e seus trastes, embora totalmente desarmados, e que mandasse ele, em seus batéis, os indianos.

Novamente Sancho de Tovar, segundo capitão, foi encarregado de conduzir os locais que estavam detidos, enquanto os batéis traziam os portugueses. Quando, porém, quase todos os homens e equipamentos lusitanos já estavam a bordo outra vez, restando apenas dois homens e uma mala com roupa de cama, eis que um dos nobres indianos desvencilhou-se de Tovar, que o segurava pelo braço, e jogou-se ao mar. Como troco, os portugueses dominaram os mouros que estavam com eles nos botes, obrigando-os a saltar e tomando-lhes os barcos. Restavam dois portugueses em mãos dos indianos e um nobre indiano idoso com o capitão Tovar.

Pedrálvares, entretanto, não permitiu que o velho ficasse como refém. Havia três dias já que ele não falava e não comia. O capitão-mor determinou pois que fosse restituído ao seu povo, enviando com ele todas as armas dos que haviam fugido a nado, e pediu a restituição dos seus subordinados. O Samorim concordou, para alívio geral. Mas tal distúrbio, contudo, só piorara as relações, o que não era, nem de longe, o desejo dos visitantes.

Passaram-se outros três dias com indefinições de parte a parte. Pedro Álvares, como sempre em instantes de maior dificuldade, mandou reunir o Conselho da Armada, chamando os capitães dos seis navios para a nau capitânia, além do feitor-mor e alguns cavalheiros da Coroa. Já havia entre os presentes à reunião aqueles que, lamentando tanta desconfiança, questionavam se, tendo falhado a diplomacia, não seria o caso de usar a voz das bocas de fogo. No entanto, Aires Correa se propôs a continuar a negociação, já que, afinal de contas, teria de permanecer na Índia a administrar aquela sonhada feitoria. Afirmou, então, que se o samorim mandasse dois homens como segurança, voltaria a terra.

Todos os participantes consideraram boa a solução, havendo apenas uma dúvida: — "quem iria a terra apresentar a nova proposta?". Apresentou-se como voluntário o cavaleiro Francisco Cortes, que encarregou-se de ir ao Samorim. Diante do Rei de Calicute, apontou dois mercadores, presentes ao encontro, pedindo que fossem enviados à nau. Um desses mercadores era um guzerate muito rico, que indicou dois netos seus, para lhe tomarem o lugar. O Rei mostrou-se satisfeito com a solução proposta e de imediato o capitão autorizou Aires Correa a ir a terra com mais uma dezena de homens, entre os quais um piloto.

No primeiro dia extenuante de trabalho, o grupo deixou a frota e voltou apenas à noite, para dormir a bordo. Então, o Rei mandou que lhes dessem a melhor casa da cidade, para sua estadia, residência de um mouro guzerate que ficaria ainda encarregado de lhes ensinar os usos e costumes do país, podendo iniciar logo os negócios. A cada dia, mais e mais gente ia a terra. No entanto, nenhum dos tripulantes retornava às naus, nem eram enviadas notícias à armada sobre o avanço das negociações. Na verdade, durante todo o tempo, os portugueses que desembarcavam eram imediatamente postos sob severa vigilância, cercados de mouros por todos os lados.

Como mesmo os contatos só se faziam através de um intérprete, em árabe, e efetivamente nada era tratado sem a interferência dos muçulmanos, Aires Correa começou a acreditar que estavam sendo vítimas de embustes, e mais se assustou ainda quando viu o capitão-mor manobrar as naus como que iniciando uma retirada. Entendendo que as negociações ainda não se achavam maduras para a consolidação da feitoria que estavam a implantar, tratou de pronto de mandar um rapaz num pequeno barco para protestar e pedir a permanência da frota. De fato, cansado de aguardar, sem notícias, Pedrálvares mandara levantar âncoras, principiando a retirada, quando então chegou o enviado especial de Aires Correa.

O Rei encarregou outro grande mercador, desta vez um turco, de servir como intermediário nas negociações, e fez com que os portugueses se mudassem para outra residência, mais próxima da dele. Durante dois meses e meio, foi aquele ir e vir de conversações, mas aos poucos começou a chegar a mercadoria encomendada, parte do trato de compra dos portugueses.

A lentidão transformava o tempo em tédio, desconfiança e apreensão. O capitão-mor já não tinha mais paciência para enfrentar seus companheiros em jogos de xadrez e se irritava também com qualquer coisa, ansiando por alguma ação, ou pelo menos por poder escapar daquela imobilidade que o prendia há tanto tempo, inutilmente, diante daquela cidade indiana, que na certa, pelo que acreditava, não seria a única disposta a negociar. Também os netos do guzerate, embora tratados com régia cortesia, se mostravam impacientes.

Certo dia, Pedro Álvares viu, à distância, que as armas reais de Dom Manuel tremulavam no jardim de uma grande casa à beira-mar. Era a terceira mudança de Aires Correa, Pero Vaz de Caminha e os demais companheiros, que agora pareciam mais bem alojados. Algum progresso houvera. Era de crer que, afinal, tinham chegado a um acordo. De fato, fora firmado um contrato do qual se tiraram duas cópias. Uma delas em lâmina de cobre, com selo de latão, que deveria ficar na feitoria, e outra em prata, com selo de ouro, a ser levada para o Rei de Portugal.

Com as escrituras em mão, Aires Correa voltou para bordo da nau capitânia a fim de dar conta dos avanços conseguidos, depois de tão prolongadas negociações. O ambiente foi se distendendo aos poucos, a ponto de conduzirem para terra os dois jovens reféns. Todos começavam a fiar-se tanto naquela gente de Calicute que muitos chegavam a afirmar que parecia estarem em seu próprio país.[98]

Até mesmo Frei Henrique dispôs-se a ir a terra para dizer missa, na feitoria. Aproveitou para conhecer os templos de que haviam falado os homens de Vasco da Gama na viagem anterior, tirando a dúvida sobre a existência de cristãos de São Tomé, descendentes, é claro, daqueles que por ele foram evangelizados. Pretendia descobrir a quem eram dedicados os tais templos com tantas imagens, se era certo o que haviam contado os marinheiros lusitanos da viagem anterior.

A exemplo de São Tomé, o frade franciscano queria tudo ver para crer!

A NAU ÁRABE E SEUS ELEFANTES

Ocorreu então de Glafer — este era o nome do Samorim de Calicute — mandar pedir a Pedro Álvares Cabral que aprisionasse uma grande nau árabe que se aproximava da cidade com cerca de 300 homens de combate e cinco elefantes, sendo um deles um poderoso animal de guerra, forte e temido, que ele tentara comprar mas não lhe quiseram vender. Pediu ainda que tomasse os elefantes. Era ao mesmo tempo um desafio, um teste e uma demonstração de que tinha amigos poderosos, qualquer que fosse o resultado da ação.

Como um gesto de boa vontade, o capitão-mor enviou uma caravela pequena, com 70 homens, mas muito bem artilhada, com ordens de cercar a grande embarcação. Quando os mouros que tripulavam a tal nau perceberam a aproximação do barco português, riram muito diante da exigência de rendição, começando a atirar suas flechas. Seguindo as instruções que recebera, Pero de Ataíde, o capitão da caravela, ordenou que se abrisse fogo.

Em poucos segundos de canhonada, o estrago e o susto foram tão grandes que os mouros se renderam sem mais discussões. Era conhecida de todos a pontaria dos tiros rasantes disparados pelos canhões das caravelas, que, embora menores, possuíam eficácia em sua ação, além da extrema mobilidade que o tamanho e o feitio do casco lhe conferiam.

Assenhorado da situação, Pero de Ataíde comboiou o barco até Calicute, com seus tripulantes aprisionados. O Samorim ficou encantado com tanta eficiência e presteza no atendimento do seu pedido.

A esta altura, a troca de serviços e gentilezas parecia solidificar de tal maneira a relação dos portugueses com os naturais que, ao modo de ver do capitão, do feitor e dos demais cavalheiros, já se consolidara uma parte das determinações do Rei Dom Manuel — ao regressar a frota, deveria ficar uma feitoria portuguesa plenamente instalada naquelas paragens, para dar apoio às viagens futuras.

Mais descontraídos, os portugueses aproveitavam o tempo em terra para conhecer os nativos, tentar compreender como viviam, o que faziam, com quem comerciavam, como eram suas crenças, suas famílias e suas religiões.

Os guzerates, por exemplo, da região de Cambaia, do norte do grande golfão indiano, não comiam carne de vaca sob nenhuma hipótese. Tratava-se de animal sagrado, que não podia ser tocado. Músicos excelentes, eram muito capazes também na escrita, usando uma pena de ferro sem tinta para escrever sobre folhas de palmeira. Reverenciavam o sol e a lua, acreditavam em adivinhos e em encantamentos, tinham cabelos e barba muito longos, usavam roupas de algodão fino e calçavam sapatos. Só podiam ter uma mulher. As mulheres, aliás, eram belas e aparentemente muito castas. Comerciavam com panos, sedas e jóias.

Havia também os mercadores Zetires, que pareceram aos portugueses os maiores encantadores do mundo, pois diziam falar diariamente com o demônio, andavam nus e eram grandes compradores de jóias, pérolas, ouro e prata. Comerciavam com tudo o que aportava na região, como almíscar, âmbar, benjoim, incenso, ruibarbo, porcelana, cravo-da-índia, canela, pau-brasil, sândalo, laca, noz-moscada, além dos produtos locais como gengibre, pimenta, tamarindo, canafístula e canela.

E nas montanhas, dizia-se, viviam povos que tinham o direito de ter até 300 mulheres e eram muito hábeis na guerra, nela utilizando elefantes e cavalos muito bem treinados.

De tudo isso se levava informação ao capitão-mor, que continuava a bordo e dificilmente ia em terra, mas que já pensava em encerrar a estada ali a qualquer momento, pois chegava ao final aquele ano de 1500. A monção aproximava-se, ia chegando a hora de partir. Já fazia três meses que os portugueses estavam ali parados, negociando sem parar, e só duas naus estavam carregadas.

É que os mouros carregavam ocultamente as naus que iam para Meca, e até o porto de Zeide, para as transportarem por terra para o Cairo e Alexandria. O capitão-mor sabia que esse era o caminho que as especiarias seguiam normalmente, depois pelo Adriático, chegando a Veneza para a distribuição pelos demais vizinhos ao preço que os venezianos estabelecessem. E o fato é que havia prometido o Rei Glafer, no contrato já assinado, que nenhuma nau de mouros seria carregada, enquanto as portuguesas não o fossem. E se alguma fosse surpreendida com especiarias, ele mandaria que, pelo mesmo preço que os outros houvessem pago, fossem abastecidos os portugueses, e com os mesmos produtos.

Era um frágil equilíbrio, mas que parecia sustentado pela decisão do Rei e pelo poderio militar dos lusitanos. Entretanto, tanto tempo perdido entre indecisões, questões políticas e incidentes começavam a irritar Pedrálvares, e ele se preocupava pela demora na solução das propostas que haviam trazido. E aconteceu então, enquanto Aires Correa fazia com seus auxiliares um novo exame na carga das duas naus já carregadas, de passar acintosamente diante de seus olhos uma nau de mouros, cheia de especiarias, que, abrindo suas velas, procurava encaminhar-se para alto-mar...[99]

O BOMBARDEIO DE CALICUTE

Dia 17 de dezembro de 1500. Data para ninguém esquecer na Ásia e no mundo todo. O dia da vingança, a punição que Pedro Álvares Cabral determinou em nome do seu Rei, pela morte de 54 portugueses.

Vinte e quatro bocas de fogo vomitam ferro incandescente, a relampejar as labaredas a cada disparo, esparramando destruição, reduzindo a pedaços e cacos retorcidos pessoas, cavalos, edifícios, até elefantes, levando vingança e morte.

Alinhados, os seis barcos portugueses mostram a lateral de bombordo a Calicute, e, durante mais de quatro horas, só os canhões falam.

A cada disparo, o barco inteiro estremece com o coice, mas o movimento logo é compensado pelo estrondo do novo tiro, e assim sucessivamente, até que se acenda outra vez a mecha do primeiro canhão para que ele repita o esforço de enviar a bala de ferros e esferas a castigar sem tréguas o inimigo.

Aos poucos, a cidade é envolvida na tempestade de chamas, pedras e metais que fazem avançar como infernal maré o braço da revanche, espalhando centenas e centenas de mortos e moribundos pelas suas ruas, destruindo casas e palácios, templos e até estrebarias.

Assim se cobra a perda do fidalgo Aires Correa, que dedicara quase 90 dias à montagem e solidificação da feitoria para fazer comércio e amizade com a costa do Malabar, e o falecimento de Pero Vaz de Caminha, um homem que conquistara nobreza pela sua inteligência, cultura, dedicação à comunidade do Porto, representando-a junto às Cortes e enriquecendo aquela viagem com sua educação. E mais de cinco dezenas de portugueses que deixaram seu sangue nas areias de Calicute.

Assim cobram também os cristãos a preferência dada aos mouros pelos negociantes locais.

Tudo começara quando, diante do olhar atônito dos portugueses, desfila a nau de muçulmanos entupida com as especiarias que havia três meses tentavam inutilmente conseguir. Na opinião dos que se mantinham a bordo, ocupados na rotina da sua manutenção enquanto aguardavam notícias da feitoria que Aires Correa dirigia em terra, estava ferido o acordo. Nem sequer a argumentação do experiente Gaspar da Gama foi ouvida, ele que, nascido judeu no norte da Europa, vivera muitos anos em Alexandria e no Cairo e bem conhecia os mouros e indianos e com eles sabia lidar, conforme alegava. No Oriente é preciso conversar, aconselhava, propor, tornar a propor, retirar a proposta, pechinchar, abandonar a mesa das negociações, retomar os contatos, como se fosse um teatro. Fechar negócio pelo primeiro preço é até ofensivo, pois menospreza a capacidade do vendedor e o valor do produto. Diminuir alguns réis na oferta inicial, aceitar depois outro patamar, recuar, rediscutir. Até fechar o acordo, com alegria das duas partes.

Para um cristão e ocidental, isto era de difícil compreensão. Com o que concordava a maioria.

Havia semanas estavam lá, Aires Correa, Caminha e até Frei Henrique, e mais uns 70 portugueses, para conseguir a carga e chegar a um acordo que fosse bom para as duas partes. Já haviam mudado duas vezes de endereço, e a feitoria, agora instalada numa grande casa cercada por um muro da altura de um homem a cavalo, não içava a bandeira combinada, para marcar o sucesso dos negócios.

Coube a Sancho Tovar partir para apreender a nau moura. Pedro Álvares, que permanecia recolhido curando seus males, desponta à porta do castelo de popa para apoiar o aprisionamento da embarcação e a tomada das mercadorias. Escaparam apenas o capitão muçulmano e seus principais auxiliares.

Refugiando-se em Calicute, foram direto ao Samorim e a ele se queixaram enfaticamente. Alegavam que se os cristãos eram capazes de tal gesto de pirataria, apresando e roubando uma nau ali mesmo diante do porto, o que não fariam em outros mares?

— São ladrões e roubadores que andam pelo mundo! — acusam, clamando por uma ação imediata do soberano.

Ignorantes do que se passava ao largo, os portugueses continuavam tranqüilos em sua atividade na feitoria, na praia e nas imediações, como se estivessem em terra de amigos, "em casa". Só quando viram os locais investirem sobre eles inesperadamente, tratam de defender-se, e do primeiro choque resultaram dois portugueses mortos e sete ou oito entre os indianos e muçulmanos na beira da praia.

Para organizar rápida resistência, recolheram-se ao interior da feitoria, sendo logo cercados por verdadeira multidão, que, a brandir espadas e bestas, paus e pedras e toda a espécie de armas, os sitiou. A muito custo conseguiram fechar a porta, porém o muro de proteção acaba derrubado pelos atacantes. Com uma bandeira, sinalizaram pedindo socorro à frota, e logo os batéis deixavam os navios para fazer o resgate, enquanto Aires Correa comandava a retirada pela praia, única saída possível. Sancho de Tovar coordenava o socorro com os batéis, e tentou de todas as maneiras aproximar-se, no que foi impedido pela ação dos indianos e mouros.

Nem todos conseguiram escapar. Cinqüenta e quatro portugueses ficam nas areias e ruas de Calicute, entre eles o escrivão Vaz de Caminha e o próprio feitor, Aires Correa. Um filho seu, de 11 anos, safou-se a nado, junto com Frei Henrique de Coimbra, este com várias feridas nas costas.

Ao constatar a extensão das perdas, Pedro Álvares, mesmo adoentado, ordenou imediata revanche. Aprisionando 10 naus de mouros ancoradas no porto, mandou passar nas armas de 500 a 600 homens que nelas havia e, depois de descarregar as embarcações, tocar-lhes fogo.

Os marujos saquearam o que puderam, inclusive apresando três elefantes que estavam num barco.

— O que fizeram com os animais? — quer saber um oficial português.

— Nós os matamos e comemos! — é a resposta que recebe.

A noite foi de muita lamentação, em terra e a bordo, pelas perdas sofridas, enquanto a baía, iluminada pelo incêndio dos 10 barcos muçulmanos, permanecia vigiada de parte a parte para evitar novas surpresas.

— Eu não esqueci aquele dia — lembraria o capitão-mor, 18 anos mais tarde. — Eles não esqueceriam o dia seguinte.

Não contavam os indianos com a ira do capitão-mor. Ao amanhecer, ele faz com que os barcos portugueses se alinhem diante da cidade e ordena o maior bombardeio que a história de Calicute até então registrava. Ao retirar-se, a frota bombardeia também a cidade vizinha, Pantalayni.

O piloto encarregado por Cabral de fazer o relato para Sua Alteza, já que o escrivão Caminha havia perecido no incidente, anotou:

"Matamos infinita gente e fizemos muito dano!"[100]

Nisso, passam duas naus ao largo, logo perseguidas e bombardeadas, junto com outras sete que já estão praticamente em terra.

"Matamos grande parte da matalotagem que ainda tinham", anotou, sobre estas, o marinheiro.

Cabral considerou que agira sob a justificativa de haver negociado três longos meses, de ter tido a maior paciência e ter sido traído. Mas será que, em suas longas noites de insônia, em Santarém, tornaria a vislumbrar os indianos a lutar para sobreviver aos estilhaços das bombardas? Seria consolo dizer para si mesmo que a Índia vivera e voltaria a viver outros dias tão terríveis? Ou queixar-se consigo mesmo da omissão dos agentes venezianos, instalados em Calicute, que nenhum socorro prestaram aos portugueses na hora da tragédia? Ou não, ou apenas a dor das perdas lhe restaria, uma dor a mais a devorá-lo.

Por outros reinos da Índia

A véspera do Natal de 1500 encontrou Pedrálvares com sua frota chegando a Cochim, a conselho de Gaspar da Gama, que insistira muito ao explicar que conhecia bem a região e sobre ela estava informado. Distava trinta léguas ao sul de Calicute. Era outro reino, embora falassem a mesma língua e adorassem os mesmos deuses que os naturais de Calicute. O soberano local, Unni Goda Varna, entendeu que muitas seriam as vantagens se os recebesse bem, pois seriam fortes aliados e o ajudariam contra o Samorim Rajá, de quem queria desvencilhar-se.

E foi ali que os portugueses entraram o ano de 1501, festejando o dia do Ano-Bom.

Depois das trocas de informações e de reféns, convencido por um mercador guzerate que ia a bordo da nau capitânia da culpabilidade dos mouros pelos incidentes de Calicute, o soberano local, lamentando constantemente o que ocorrera por lá, e a atribuir a culpa de tudo às intrigas que fizeram, enviou mercadores, amostras das especiarias e seus preços, para com isso acertar negócios.

Durante uma dezena de dias, a frota portuguesa carregou suas naus com todas as especiarias que queria, e já preparava a volta para Portugal, o que era indispensável e urgente, principalmente devido ao comportamento dos ventos naquela época do ano. Assim como era sempre preciso iniciar a viagem no inverno lisboeta, o retorno tinha de se dar naquele momento, por causa das monções.

Foi a oportunidade também para refazer-se da dura batalha, na qual haviam deixado tantos companheiros mortos e uma crise difícil de resolver, uma chaga recém-aberta. Depois de Cochim, a armada ainda dirigiu-se a Carangolor, onde havia cristãos, judeus, mouros e cafres a viver em aparente harmonia. Cabral, no entanto, já aprendera que não era possível confiar muito, porque a casca poderia quebrar-se, e o que parecera antes sólida superfície afundar-se-ia como inconsistente camada de gelo sobre um lago.

Mas estava-lhe reservada uma jornada de muita alegria. Uma judia natural de Sevilha subiu a bordo e pediu para ser levada no retorno, depois de explicar que ali viera ter através do Cairo e Meca. E também se apresentaram dois outros cristãos que queriam chegar a Roma e de lá passar a Jerusalém. Um deles, José, um drávida, natural lá do sul da península índica.

Todos se encantaram com as suas histórias, com os perigos vencidos, com os pequenos triunfos, com os altos e baixos da vida. O capitão-mor recebeu-os com muito prazer e comentaria com os companheiros o quanto as pessoas se deslocavam pelo mundo afora, afrontando toda a espécie de perigos e no entanto sem deixar de navegar, chegando a lugares distantes e desconhecidos, fazendo contatos com pessoas de credos e pensamentos tão diversos. Resolveu com o isolamento a presença, difícil de lidar, daquela mulher a bordo.

As naus estavam quase que totalmente carregadas e sobrava pouco lugar para carga ou pessoas, quando o soberano local mandou informar a Pedrálvares que se aproximava uma armada de Calicute, de 85 barcos, sendo 25 muito grandes, significando muito perigo. Assim, mandava perguntar se os portugueses queriam naus e gente para combater a seu lado.

Se já havia pressa, esta aumentou. Pedrálvares tinha como concluído o carregamento e entendia que não era prudente tardar, pois isso traria sérios problemas aos barcos de sua frota, mesmo que não houvesse batalha. Como atravessar o Oceano Índico sem ventos favoráveis? Agradeceu o auxílio e tratou de movimentar-se. Já era noite diante de Carangolor quando surgiu a esquadra inimiga, percebida que foi a uma distância de apenas légua e meia.

Assim que escureceu de todo, o capitão-mor mandou içar as velas e partir. O vento, porém, serenou de uma hora para outra e, ao amanhecer do dia 10 de janeiro, as duas frotas ficaram, outra vez, frente a frente. O confronto parecia inevitável. Para os portugueses, era confiar na sorte, na perícia e no armamento contra a superioridade numérica do inimigo.

Decidido a combater, Pedro Álvares notou, entretanto, que dois barcos, inclusive o de Sancho de Tovar, haviam ficado para trás — haveriam de se reunir outra vez em outro ponto mais à frente da jornada. Convocou Pedro um rápido conselho, e todos entenderam que o mais adequado e o mais prudente seria começar a travessia do Índico, retornando para Portugal. A distância do inimigo naquele instante era de apenas um tiro de bombarda.

Desprezando a luta, a armada lusitana foi perseguida pelo inimigo durante um dia inteiro e um pedaço da noite, até que se perderam de vista. E, durante cinco dias, a frota portuguesa navegou no sentido norte outra vez, até Cananor, região habitada pelos cafres.

Era 15 de janeiro de 1501. Os portugueses foram convidados por Kolattiri Rajá, o Rei daquele território, a fundear para fazer negócios. O capitão alegou, não obstante, que os barcos já estavam mais do que carregados, fazendo-lhes falta apenas uma carga de canela, uns 400 quintais. O que logo lhes foi enviado, mandando dizer o Rei que, se não tivessem dinheiro, poderiam pagar na próxima viagem, porque estava bem informado do roubo que haviam sofrido em Calicute, e o "quão boa gente eram os portugueses".

A armada permaneceu apenas um dia naquele porto, tempo suficiente para ativar a correspondência, completar a carga e recolher um gentil-homem local que viajaria para Portugal, querendo conhecer as coisas do Reino Ibérico.

Pedro Álvares aproveitou para escrever ao feitor Gonçalo Gil Barbosa, que ficara em Cochim, explicando que a frota, sem condições de resgatá-lo, precisara retirar-se. Também enviaram cartas os dois servidores do rajá de Cochim, Idikkela Menon e Parangoda Menon,[101] reféns nobres, que puderam afinal esclarecer por que haviam ficado a bordo da nau lusitana e que, como conseqüência, teriam de seguir viagem, talvez até Lisboa ou Veneza.

O mais animado entre os novos embarcados era José de Cangranor, o pequeno monge tomista que sabia tudo sobre os costumes e os reinos da Índia. Parecia nada temer e levava muita disposição de servir aos lusos. Não era sua primeira viagem mais longa, uma vez que se reportava ao primaz da Mesopotâmia e estava habituado a percorrer as grandes distâncias asiáticas.

Dispostos a cumprir seu destino, completando o que se haviam proposto quase um ano antes, os portugueses iniciaram a travessia do grande golfo no rumo de Melinde, a prever que no retorno possivelmente estariam livres de surpresa.

No último dia de janeiro foi dado o alarme e eles se prepararam para um possível combate. Era, no entanto, uma nau isolada, logo aprisionada, julgando-se que provinha de Meca. Havia uns 200 homens a bordo e muitas riquezas, mas a nau era de Cambaia, e, portanto, do que os portugueses poderiam chamar, pelo menos por enquanto, de "um reino amigo". Trataram de liberá-la, mas tiraram-lhe um piloto, indispensável para quem não conhecia os segredos da navegação naquelas regiões. E cada um tratou de seguir o seu caminho. Porém, mesmo com o auxílio de um profissional conhecedor daqueles mares, tanto da Índia quanto da costa arábica, as surpresas não estavam descartadas. Tanto que, por problemas de vento e correntes, as naus portuguesas não conseguiram entrar em Melinde. Acabaram por passar ao largo, ao perderem a embocadura por força do regime dos ventos.

Quase ao cair da noite de 12 de fevereiro, de acordo com todos os pilotos e baseados nas cartas de navegar que possuíam, entenderam que estavam junto a terra. Sancho de Tovar, já reintegrado à frota, capitaneando uma nau grande, de 200 toneladas, propôs-se a seguir adiante de todos e mandou içar as velas. Não foi muito longe, e por volta da meia-noite as salvas de artilharia informavam ao restante da armada que o barco estava em apuros. Sancho de Tovar havia encalhado.

O capitão mandou socorrê-lo com os batéis. Contudo, um vento forte, que punha em perigo os demais navios, só deixou uma solução: incendiar a nau, com toda a sua carga de especiarias. Tudo se perdia, mas salvava-se a tripulação em mangas de camisa.

Restavam apenas cinco barcos, quando a frota deixou aquele ponto desastrado, rumando para Moçambique a fim de fazer aguada, tomar lenha e tratar as embarcações. Por ordem do capitão, Tovar partiu uma vez mais na frente, com um barco pequeno, para fazer o reconhecimento do caminho de Sofala, ficando as quatro naus para trás. Foi assim que aquele grupo remanescente foi dar numa belíssima angra, onde se dedicaram os marinheiros a uma pescaria de pargos que lhes parecera até milagrosa, tal a quantidade e beleza dos peixes.

Mas estava escrito que ainda não seria desta vez que todos navegariam em calma, voltando para o Reino de Portugal.

Como depois da bonança vem a tempestade e vice-versa, mal deixaram aquele paraíso naval, defrontaram-se com uma tormenta e, mesmo com as velas arriadas, mais um barco desgarrou-se da frota.

Agora, eram somente três, e depois de fazer aguada em São Brás, no Domingo de Ramos contornaram o Cabo da Boa Esperança. Então, sempre com tempo bom, subiram rumo norte até o arquipélago do Cabo Verde. Ali próximo, na Ilha de Bezeguiche, quase junto à costa, o capitão ordenou que a frota se refugiasse.[102] Nas instruções de Dom Manuel estava bem explicitado que, no retorno, só deveriam fazer *parada*, se necessária, em Cabo Verde, na Ilha de São Tomé ou nos Açores.

O calor era quase insuportável. Quem podia desfez-se das roupas; a marujada, logo se pôs de bragas, como sempre, com uma simples camisa para proteção contra o sol. Pedro, no entanto, que precisava manter a dignidade e a cerimônia do cargo, precisou ostentar suas vestes todas, tão incômodas para o clima. E várias surpresas estariam à sua espera naquele mesmo porto. É como que um encontro traçado pelo destino. "Se é que destino havia, se era certo o *maktub* dos árabes" —, sobre isso, teria Cabral todo o restante da vida para refletir.

Encontros em Bezeguiche

Em que pensava eu, então?... Pensava na foz do Tejo, em Restelo, em Lisboa, na chegada a casa. Pensava no que diria ao Rei Dom Manuel, junto com os relatórios que haveria de lhe entregar. Pensava, incessantemente, no que iam me relatando, naqueles dias em Bezeguiche, Gonçalo Coelho, o capitão da nova frota que refazia o caminho para a terra de Vera Cruz, que El-Rei batizara, soube-o lá, de Santa Cruz, e o italiano que tinha em sua frota, Americo Vespuccio, que de costume não guardava medida do quanto falava. Diziam-me ambos, então, que a "terra dos papagaios vermelhos", "do pau-brasil", não era apenas uma ilha, mas uma grande, imensa terra firme

Além das instruções de Dom Manuel, Gonçalo me trazia o resultado do que Gaspar de Lemos havia observado, que o mandara eu subir para o Norte, acompanhando o litoral daquela terra, até onde fosse prudente, em seu retorno a Portugal. E o que ele vira confirmava que se tratava de uma tão vasta região, que ele navegara até uma latitude próxima da linha equinocial sempre com vista da terra, e o litoral se estendia com o mesmo feitio e vegetação, pontilhado de muitos rios, o que facilitaria qualquer operação de aguada e lenha que se fizesse necessária em alguma viagem posterior. Depois, a terra fazia uma curva no sentido leste-oeste. Teria então a terra uma imensidão continental. Mas, ao que puderam perceber, como única riqueza à vista, havia a quantidade de pau-brasil, que na certa produziria a mesma rica essência tão cara e importada da Índia.

Passei grande parte da minha permanência na Ilha de Bezeguiche com Gonçalo Coelho, trocando informações. Irritou-me muito saber que Gaspar de Lemos, contrariando proibição expressa que recebera do conselho da frota, havia levado um nativo para Portugal, e desgostou-me saber que este, junto com os papagaios vermelhos, fizeram tanto sucesso na Corte. Pelo menos, Gaspar de Lemos fizera chegar ao palácio real a correspondência enviada da terra descoberta. Mas que teria dito a El-Rei, Gaspar de Lemos? Dom Manuel já teria se pronunciado publicamente ou estaria a aguardar meu retorno, eu que era o capitão-mor da Sua armada?

A Gonçalo, relatei toda a experiência vivida na longa travessia, primeiro até Vera Cruz, dali à costa da África e afinal à Índia. Contei-lhe das vicissitudes, os problemas do escorbuto e a sua cura através das laranjas, o perigo dos corsários, a confrontação com os mouros, o bombardeio de Calicute, o bom tratamento em outros portos indianos, a perda do barco de Sancho de Tovar no retorno e a surpresa do reencontro ali mesmo em Bezeguiche com a nau de Diogo Dias, que se havia desgarrado na viagem de ida. Nela, somente seis pessoas haviam sobrado, inclusive o capitão, pois lhes haviam arrebatado um batel carregado de homens na costa da Etiópia. Mas pelo menos estes estavam vivos, o barco navegava e as informações da região por onde andara todo aquele ano estavam preservadas. E isto era o mais importante, pois haviam chegado até a entrada do Mar Roxo, reconhecendo diretamente a rota das especiarias. Dispus-me ainda a transportar o que Gonçalo Coelho necessitasse, inclusive a levar uma carta de Americo Vespuccio para Lorenzo de Medici, o mandatário de Florença, a quem o italiano era muito ligado por laços de amizade e dedicação.

E justamente as conversas com Vespuccio é que me reservavam as maiores dúvidas, que carregaria cá comigo em todo o percurso até Lisboa. O italiano fora muito longe, de fato, no tanto que me disse lá em Bezeguiche, onde o calor era demasiado e as noites pareciam não ter fim. Para quem quisesse ouvi-lo, afirmava que teria ele navegado com os castelhanos, e tocara numa terra que possivelmente seria a mesma Vera Cruz. A lhe dar crédito, tínhamos eu e ele estado na mesma terra, sendo que ele o fizera poucos meses antes e mais a oeste. Talvez ao norte.

Para convencer-me disso, seria preciso mais do que a loquacidade daquele italiano. Era Gaspar da Gama quem o traduzia para mim e, talvez estimulado pela fala fácil de Vespuccio, também se estendera. Falara demais? Isso não o preocupava muito, a sisudez não era sua principal virtude. O que por certo não poderia suceder comigo. Esforcei-me por permanecer calado, sempre, e registrar mais do que externava. Porém creio que me transparecia no semblante a preocupação. Lá dizia o italiano...

“Que, tanto pela latitude quanto pela longitude, esta sempre tão difícil de medir, poderia dizer que haviam estado na mesma terra que havia descoberto para os reis de Castela, onde ele, Vespuccio, estivera em janeiro. Bem como, já andara pela mesma região em sua viagem anterior, quando acompanhara Colombo."[103]

Aliás, Vespuccio me confidenciara, e repetira, como sempre com muita gesticulação, que esta "tal de longitude lhe havia comido dez anos de vida" e era algo muito difícil de compreender.

Entrementes, convinha coar a realidade entre o que ele dizia e o que de fato ocorrera. Referíamo-nos de fato à mesma terra? Seria verdadeiro que a bandeira de Castela também estava lá fincada, naquele mesmo chão? Em poucos dias mais, saberia toda a verdade. Por enquanto, sentado diante de Gaspar da Gama, ouvindo pacientemente a repetição de tudo o que Americo Vespuccio dissera, procurei é interpretá-lo, para compreender melhor também o que ele insinuara. Muito busquei evitar o contato pessoal com o italiano. Mas me foi impossível furtar-me a uma ou duas conversas, sempre muito maliciosas e perigosas.

Americo Vespuccio estava a serviço dos reis portugueses, a bordo da frota de Gonçalo Coelho. Porém, nunca se deveria deixar de levar em conta que era de Florença, e na certa os interesses da sua pátria estariam acima da sua possível lealdade com Portugal. Seria bom lembrar ainda que até bem pouco tempo servira a Castela, fazendo a tal viagem rumo ao Ocidente. É claro que reconhecíamos-lhe a habilidade, o conhecimento, e sobretudo a capacidade de lidar com as pessoas e tornar-se agradável. Em suma, Vespuccio era procurado também pelo seu bom humor. O que lhe facilitava a vida e permitia tais mudanças de bandeira.

Bezeguiche traz-me ainda outras recordações. Foi Mestre João quem me comentara que Pero Vaz, o Bisagudo, possuía um mapa-múndi em que uma terra que estava assinalada seria a minha Vera Cruz. Em 1489, este Bisagudo comandara uma repressão a um soberano africano que havia traído Dom João. Era tudo o que se sabia de uma expedição que começara como *ajuda* e se transformara em punição, por coincidência ali mesmo na foz do Rio Senegal.[104]

E eram tantos sentimentos contraditórios se amontoando, em meio a dúvidas e indagações, que mentalmente refazia as contas, para saber o que tinha para apresentar em meu relato ao Rei Dom Manuel. Dentro de mais alguns dias, estariam entrando no Tejo seis naus, das treze que haviam partido do Restelo um ano e meio antes. Restavam, pois, a nau capitânia e as naus de Nicolau Coelho, Simão de Miranda, Diogo Dias, que fora ao Mar Roxo, a caravela *Annunziata*, armada pelos florentinos, sob o comando de Nuno da Cunha, e a caravelinha da qual Sancho de Tovar assumira o comando, e com que fora a Sofala, para conferir como era e como funcionava a grande mina de ouro. Ao retornar, contou que Sofala era uma pequena ilha na embocadura de um rio e que o ouro vinha de uma grande montanha onde ficava a mina, explorada por mouros e gentios que comerciavam o ouro com mercadorias de que necessitavam.

Sim, dentro de poucos dias estariam todos em Lisboa, de volta ao conforto, a terra firme, ao calor das suas casas, ao abraço dos familiares. E ao fausto e às festas da Corte, em alguns casos. E também eu, ainda intocado por esta nostalgia do mar, dos dias presentes, sonhava com aquele ar sempre tocado pelo vento que tirava o calor do verão, mesmo nos meses de julho ou agosto, fazendo a delícia dos passeios à beira do Tejo e das ruas da capital. E sonhava, mais do que tudo, em ver, ao menos uma vez, não em visões fantásticas, o rosto de minha Isabel, a ver se o véu que me impediu de conhecer suas feições me fizera imaginá-la muito diferente do que era na realidade

Mas, ah, o mar, este sim, que tanto me chamaria; que me chama ainda... Com este eu sonharia, e sonho, por toda a vida.

E o monarca, onde estaria, também eu pensava? No Paço de Sintra ou no castelo de Alcáçova? Em Évora ou Santarém? Na certa em Sintra, onde o clima era tão agradável. No palácio mergulhado em meio ao denso arvoredo, refrescado pelas correntes de água natural. Lá é que deveria dar-lhe conta da missão que me confiara, lá é que lhe diria o que havia descoberto de importante e valioso, passando às mãos de Dom Manuel o relato e os resultados

Já ouvira, então, de Gonçalo Coelho e de Americo Vespuccio o que se dizia e o que se sabia. o novo casamento do Rei, a continuidade dos projetos de união com Castela.. e de como seria necessário ter habilidade para lidar com os que haviam ficado em casa, invejando a glória das viagens e das descobertas. Talvez esses nem sequer suspeitassem de quão duras eram as experiências a que se submetiam capitães e marinheiros que se afundavam um ano e meio longe da pátria, dos filhos e pais, das esposas e noivas. Ou o perigo em si que representava uma viagem no Mar Oceano ou através dele, chegando ao Mar Arábico ou ao Índico, o risco de amanhecer em mãos de piratas ou ser morto por mouros traiçoeiros. Ou definhar depois que o escorbuto fizesse com que apodrecessem todos os dentes e não se conseguisse engolir mais nada, a não ser fétidos caldos ou a água que nos enfiassem boca adentro. Nestas horas, era sempre um consolo ter um padre por perto. Pelo menos, com a sua extrema-unção entrava-se no Paraíso com o perdão dos pecados. Sempre havia o sonho da visão de alcançar o Céu em solo terrestre, e as Ilhas Afortunadas constituíam a miragem nunca alcançada.

Não deixava eu nunca de recordar aquela semana na terra descoberta. Fora um momento que vivera de paz completa com o mundo, com as pessoas, com os bichos e com a Natureza. Lembro bem do que me custou arrancar dali a frota. Muitos não queriam seguir viagem, como os dois grumetes que fugiram, mesmo que o ouro e a prata não estivessem à vista, nem outras riquezas lhes parecessem acenar imediatamente. Só o pau-brasil ou o exotismo dos papagaios verdes, amarelos, vermelhos e os pequenos macacos. E as mulheres desnudas, simples e naturais.

Preocupava-me ainda se Sua Alteza contentar-se-ia só com os produtos da nova terra. Ou se seria necessário que um novo Caminha pintasse em cores ainda mais atraentes aquele lugar. E lembrava bem das palavras que o infeliz escrivão utilizara — "em tal maneira é graciosa que querendo a aproveitar, dar-se-á nela tudo por bem das águas que tem" —, ele que agora jazia morto e abandonado em Calicute, no profundo sul da Índia, de onde, pensava eu, talvez seus ossos pudessem ser resgatados por uma expedição punitiva futura, junto com os do feitor-mor e os demais companheiros.

Brutalidade, maldade, violência, inveja, competição, deslealdade era tudo o que conseguia, então, atribuir aos seguidores de Maomé, desviados do caminho da Cruz e odiando os cristãos, como era seu procedimento permanente. Só gente inspirada em tal oposição de fé poderia agir com a covardia e o atrevimento que os havia movido naquele triste amanhecer de 16 de dezembro.

Ali em Bezeguiche, com o mapa aberto à minha frente, com a contribuição de Mestre João e longe dos olhos daquele falastrão e impertinente Americo Vespuccio, que aliás comentara que Mestre João não era nenhum cosmógrafo, já enxergava eu com perfeição por que Dom Manuel tanto queria o domínio da entrada do Mar Vermelho, e o significado que o controle daquelas águas traria para quem o fizesse com eficiência e mão forte.

Assim, mesmo que Santa Cruz, a terra do pau-brasil, não fornecesse as riquezas de que o erário real necessitava para sustentar Portugal, e que para isso fosse indispensável encontrar minas iguais às da África, seria um ponto de apoio permanente e garantido para todas as armadas que se destinassem à Índia. E, para chegar aos portos indianos com segurança, o domínio de todos aqueles mares era indispensável. A grande volta do mar estava incluída dentro do Tratado de Tordesilhas, bastava a medição feita e confirmada por Mestre João.

Não havia dúvidas, e só outras frotas, como essa que para lá se dirigira naquele ano de 1501, iriam trazer mais e mais indicações do quanto poderia a nova terra vir a ser importante para o Reino e para a Coroa. Por enquanto, servir de aguada, fornecer lenha e víveres, ser ponto de referência na viagem para a Índia, e ainda contar com a riqueza do *brasil*, que poderia produzir o corante para os tecidos carmesins que já não eram exclusividade dos reis e nobres — tudo isso servia para justificar sua propriedade.

Quanto aos nativos, ah, os nativos... — e irritava-me sempre pensar na desobediência de Gaspar de Lemos — acreditava eu que podiam vir a ser evangelizados como imaginara Frei Henrique. A esta altura, o bom frei já se curara dos ferimentos recebidos na infeliz retirada de Calicute e se preparava para reassumir suas funções na Corte. Sobre a idéia de converter aqueles naturais que se haviam apresentado tão amistosos no ano anterior, disse-me ele:

— São como animaizinhos, não pensam mal, não cometem pecados, não se perturbam com pensamentos libidinosos; do contrário, não andariam com suas vergonhas à mostra sem constrangimentos. Poderão vir a ser resgatados para o rebanho de Deus, será preciso ensiná-los a falar uma língua que todos compreendam e na qual possam ser educados com os exemplos do Evangelho.

E isso bastou-me para fortificar-me o pensamento. Era o que colocaria no relatório ao Rei. Além disso, sabia de cor o que a Rainha-mãe Dona Leonor mandara inscrever como compromisso da Santa Casa de Misericórdia, que havia criado dois anos antes em Lisboa:

"Todos os homens são filhos do mesmo Criador, cabendo-lhes tratar dos enfermos, socorrer os pobres, amparar os órfãos, acompanhar os moribundos, dar assistência moral aos presos e garantir aos mortos um lugar de sepultura."

Mas será, pergunto-me, que a sepultura no fundo do mar é um lugar tão digno para fiéis quanto para infiéis? Em todo caso, a missão de pescar almas para Cristo parecia-me adequada e proveitosa. Embora trouxesse lá do sul da Índia apenas o padre José, o drávida que subira em Cangranor, e um seu companheiro, poucos haviam sido os contatos com os cristãos do Oriente, não obstante a confirmação da existência de tais comunidades. Padre José informara que os cristãos da região eram poucos, obedeciam ao Patriarca da Mesopotâmia e seguiam o rito nestoriano. Calculava eu que melhor ainda era saber que havia povos que poderiam ser convertidos, o que acrescentaria muitos pontos ao prestígio de Sua Alteza perante o Papa. Para tanto, o estoque era de milhares de mouros e indianos.

Afinal, sempre seria bom neutralizar a força dos reis de Castela e Aragão, que, embora duplamente aparentados com Dom Manuel, sem dúvida colocariam os próprios interesses em primeiro plano, e para tanto contavam com influência conhecida e importante em Roma, o próprio Papa. Portugal tinha então algumas dificuldades: o cardeal português a quem chamavam "o Alpedrinha" parecia muito mais fiel ao seu projeto pessoal do que ao país, embora Dom Manuel já o tivesse procurado para reconquistá-lo.

Sim, acreditava eu ter o bastante para apresentar a El-Rei. Cabia então preservar cuidadosamente em sigilo os mapas. Para tanto, as arcas haviam resistido bem a toda aquela longa viagem, e o material precioso continuava lá, devidamente protegido. Nisso, procurava eu seguir fielmente o que aprendera com Dom João II, anos antes, e que, sabia muito bem, custara a vida a tantos imprudentes: nunca permitir o acesso aos mapas e portulanos, e sempre que possível fornecer informações falseadas. Um grau aqui, uma légua ali, 10 léguas acolá, e estava desviada alguma esquadra estrangeira que pretendesse intrometer-se nos domínios portugueses, pesquisar alguma descoberta ou vagar pelos mares munida de algum perigoso excesso de curiosidade. Comentários sobre o assunto, só dentro das salas do castelo, com o Rei, com ninguém mais, dizia cá comigo, e por isso tomei o cuidado de muito mais ouvir a Vespuccio do que lhe transmitir qualquer nova.

Nem por isso aquele encontro deixou de ter o seu valor, pois que me fornecera novos ângulos para compreender o significado da missão que estava por concluir. Fora acaso puro. Por uma questão de dias, não nos teríamos cruzado. No entanto, ao entrar ali, naquele porto africano, depois de tão longos meses de navegação, nos deparamos com aquela segunda esquadra que Dom Manuel enviara a Santa Cruz. E assim ficara ciente de tudo o que se dizia e sabia em Lisboa. O ponto seguinte seria curar os barcos, reorganizar a frota e concluir a viagem.

Como se fora uma combinação, no mesmo dia as duas frotas portuguesas se afastaram do calor de Bezeguiche, uma delas rumo sudoeste, para Santa Cruz, e a minha, com os homens cansados e aturdidos de saudade e desejo de aliviar-se do pesado compromisso da viagem, no sentido norte. Com ainda um mês ou mais pela frente. Ansiando pelo bom tempo, e confiados nisso já que a época do ano parecia favorável, a esquadra deslocou-se, com a caravela *Annunziata*, muito mais veloz do que todas, na frente, para ser a primeira a chegar.

A chegada a Lisboa

Junto com o verão, o bulício da gente nas ruas. O sol abrasador, mas sempre aquela brisa agradável a soprar, que aliviava o peso do calor e a tensão. Toda Lisboa fremia de excitação: entrara no porto uma caravela vinda do Oriente. Havia como que uma nova luz na cidade, e se é verdade que o Rei fora para Sintra, não tão distante assim, muitos para lá se dirigiam em carruagens e cavalos, com as informações e o aviso de que outras novas ainda melhores estavam por vir. Lisboa vibrava. Durante todo aquele verão, vivia-se a sensação ampliada a cada dia com a expectativa da chegada de mais uma nau.

Os barcos que tinham partido 16 meses antes faziam o porto, um atrás do outro. Foi só em 21 de julho que o capitão-mor Pedro Álvares chegou com a nau capitânia, inteira e flamante, reparada que fora em Bezeguiche e curada de todos os males da longa viagem, carregada de especiarias como as demais, trazendo canela, pimenta, noz-moscada, açafrão. Com os porões cheios das preciosas especiarias que garantiriam o envio de outra e mais outra esquadra, seria suficiente fazer as contas para verificar que a expansão para o Oriente era mais do que adequada. O lucro seria o dobro do investimento.

E, assim, chegaram, com as boas e também com as más notícias, como a da confirmação da morte de Bartolomeu Dias, de Aires Correa, de Pero Vaz de Caminha e tantos outros companheiros, mas também, além dos detalhes sobre a descoberta das terras, do comércio estabelecido, dos contatos feitos na Índia, da batalha em Calicute.

Naquele dia, Pedro não fez mais do que coordenar a descarga da mercadoria, através do seu feitor, e entrar em contato com o palácio, enviando ao Rei um pedido de audiência. Mas o entardecer lhe proporcionaria contemplar aquele renovado espetáculo do sol a mergulhar nas águas do Tejo, de que estava saudoso e desacostumado, com as árvores que pareciam tangidas como harpas pelo vento, e os rouxinóis em bando fazendo círculos junto às copas.

Ir até Sintra seria uma satisfação ainda maior.

Os animais que puxavam a carruagem, trotando vagarosamente para aproveitar um declive para uma pequena corrida, respiravam o ar puro e, quando alcançavam os trechos planos, disparavam com as reservas de energia que ainda detinham. Cortinas abertas, era possível desfrutar também daquela paisagem, enquanto a poeira ia ficando para trás.

Pedro vestira-se com o maior apuro, em seu antigo quarto nas instalações junto ao Castelo São Jorge, com a alegria renovada que o retorno à capital lhe propiciava e na expectativa da visita ao Rei. Só depois consideraria a necessidade de dar rumo à sua vida. Já não seria fora de propósito pensar num casamento. Uma visita a Belmonte, outra a Santarém, contato com os irmãos, com os amigos, tudo isso deveria preencher os planos de Pedro Álvares para os meses seguintes. Mas antes de qualquer coisa a fundamental e decisiva visita ao Rei.

Dom Manuel recebeu-o com a alegria e a elegância de sempre. Mais do que isso, tinham em comum a lembrança de antigos folguedos, já que haviam sido contemporâneos, freqüentando a Corte, quando o monarca ainda era Dom João II, e Dom Manuel um sobrinho que nem sequer sonhava em vir a comandar a nação mais desenvolvida daquele recanto do mundo.

Era a ventura que lhe cabia agora como soberano. De todos os lugares chegavam embaixadas para conhecer a vida portuguesa, estudar a técnica da navegação, conviver com os grandes capitães que iam e voltavam das inúmeras viagens ao além-mar, que retornavam da Índia, como Pedrálvares, ou da Terra Verde, lá a 70 graus de latitude ao norte, como Corte Real, ou os que se preparavam para partir em novos empreendimentos, como diariamente sucedia em Lisboa. Havia também muitos jovens portugueses estudando em universidades importantes, como Salamanca, Florença, Bolonha, Toledo. Ou Paris, onde o próprio reitor da Sorbonne, naquele momento, era o português Gouveia. De tudo isso produzira-se a descoberta do caminho para as Índias, estabelecendo uma rota para as especiarias que chegariam às mãos de Portugal por preço muito inferior àquele que era praticado em Flandres, na França ou na Inglaterra, já que escapava ao controle de Veneza, que, por seu turno, tinha de pagar por todo o longo caminho das caravanas na Arábia.

O Rei mostrou-se satisfeito com o resultado da expedição, e no mesmo momento, à sua frente, começou a ditar os termos em que se faria o registro. Dali tiraria os dados com que informaria aos demais países, a começar, naturalmente, pela indispensável carta aos Reis Católicos, seus sogros. E em todos os documentos, afirmou El-Rei, poria sua assinatura, com os novos títulos que havia dois anos, desde 27 de agosto de 1499, com o êxito da viagem de Vasco da Gama às Índias e, agora, com a viagem de Cabral, passara a acrescentar ao seu nome: "Por Graça de Deus, Rei de Portugal e dos Algarves d'Aquém e d'Além mar em África, Senhor da Guiné, da Conquista, Navegação e Comércio da Etiópia, Arábia, Pérsia e Índia."

Encantado com tanto reconhecimento e tantas atenções do Rei, Pedrálvares deixou a audiência maravilhado. Embora talvez não deixasse de notar que, ao relatar mortes de notáveis como Bartolomeu Dias, Aires Correa, Pero Vaz de Caminha, a perda de seis barcos, quase 600 pessoas, tantas desgraças da viagem, ocorrera como que um ligeiro desvio da visão do soberano. Seria censura? Condenação pelo acontecido? Poderia ser considerado culpado pelas tragédias causadas pelo mar? Pela tempestade do Cabo? Haveria um leve descontentamento ou séria decepção do soberano?

Nada nas palavras de Sua Alteza traduziram este estado de espírito: tanto o que dissera como o que constava do relatório seriam objeto de análise, havia dito Dom Manuel com um certo ar de displicência real. Apenas, talvez, aquele breve lampejo e, para Pedro, tratando-se de um companheiro de juventude, algum desconforto que ficava no ar.

Meia hora depois de haver deixado o palácio, menos eufórico e tenso, Pedro perceberia que haveria conseqüências. No primeiro momento, a recepção não poderia ter sido mais gratificante, e as medidas, imediatas, generosas. Passaria a perceber uma tença[105] de 200.000 reais, segundo fora-lhe comunicado por intermédio do sempre fiel camareiro João Manuel, o que se somaria ao que já recebia como Cavaleiro da Ordem de Cristo, mais aquela tença que vinha de longa data, desde Dom João II, e que fora partilhada com o irmão. Iam longe os tempos em que ganhava moradia, meia dúzia de reais e um pouco de cevada.

Não houve desfile pelas ruas de Lisboa como um general romano triunfador, mas todo o Reino ficou sabendo do sucesso da jornada. E dos insucessos também. E logo viriam dizer-lhe que sussurravam na Corte sobre o que seria sua evidente falta de sorte, que arrastara para o fundo do mar homens que antes haviam honrado com tanto êxito o pavilhão de Portugal. E ilustrava-se o comentário com a desastrosa guerra na Índia, em que pereceram mais de cinqüenta portugueses, e com as quatro naus perdidas diante do Cabo da Boa Esperança, tornado outra vez, por força desse sinistro, Tormentoso, e onde o capitão Bartolomeu Dias, o primeiro a cumprir o seu contorno, jazia para todo o sempre.

Desgraças, infelicidades, acaso ou indecisões, mau comando, falta de sorte — estes eram os rumores.

Pedro subiu uma das ruelas da antiga Mouraria ao entardecer de uma sexta-feira, para conhecer o que as cartas apontavam para o seu futuro. Os presságios não eram bons — dissera-lhe a velha bruxa moura —, mas ele tinha como combater os inimigos que se somavam e se multiplicavam.

"Será preciso estabelecer alianças fortes!"

Optou, como sempre quando se achava em dificuldades, em se socorrer de uma visita à Serra da Estrela. Onde buscar melhores e mais fortes alianças e energia para reagir? Ao tomar todas as providências para se proteger na difícil vida da Corte, tratou de empreender sua retirada, enquanto consertava seus problemas pessoais e tentava estabelecer os contatos que o levariam a uma posição de mais potência e consideração.

Pensava também na conveniência do casamento. Parecia um oportuno momento de fortuna pública, o Rei a acenar-lhe com a possibilidade de voltar ao mar com a esquadra que partiria para a Índia nos próximos meses. Seria a quarta viagem, pois João da Nova já navegava no comando da terceira, e poderia iniciar os contatos com as famílias amigas mais poderosas. Além do apoio às suas atividades, poderia também ajustar um contrato de casamento útil, rendoso e promissor.

Era um assunto em que tropeçava nos sentimentos: havia Isabel de Castro, a dona dos inesquecíveis olhos que o haviam acompanhado durante a viagem inteira. Como procurá-la? E uma saída e um apoio possível: era ela sobrinha de Afonso de Albuquerque, seu velho conhecido da Corte.

Isso depois de Belmonte, onde pretendia renovar suas forças, pensou.

Belmonte revisitada

A longa cavalgada, as trocas de animais, o pernoite em conventos e estalagens, a visita a Tomar no caminho, a passagem por Castelo Branco, a chegada a Covilhã, onde poderia comprar um bom manto de lã para o frio que encontraria na estada em Belmonte no velho castelo, a convivência com os irmãos e irmãs, os amigos como Grão Vasco,[106] que encontrara em Viseu, as corridas pelas encostas na Guarda, e por fim o incipiente inverno na Serra da Estrela e a alegria em molhar as patas do cavalo nas águas do Zêzere, tudo se somava e o fortalecia para os embates.

Pedro representava todos os papéis com alegria e confiança no futuro. Era o irmão saudoso, o carinhoso amigo, o vitorioso conquistador que retornava esplendidamente à terra dos pais e avós, o navegador que levara a bandeira de Portugal a tantos e tão importantes lugares novos e velhos, o homem da confiança do Rei, um homem da família Cabral, tão leal servidor da Coroa quanto a velha prensa do escudo o recordava.

Tudo servia, pois, para confortar-lhe o espírito e alegrar-lhe o coração. Apenas o espinho da lembrança dos amigos perdidos em viagem lhe toldaria o olhar.

Uma vez mais visitou Centum Cellas, perguntando-se a si mesmo por que teriam erigido ali aquela torre os antigos romanos, pois parecera-lhe na infância sempre um mistério e uma força. Teve a resposta ao, enfim, galgar as ruínas e olhar ao derredor, percebendo o quanto se podia divisar de toda a região: ao longe, os montes mais altos da serra, e, mais próximos, os caminhos que conduziam à fronteira com a Espanha e à Guarda.

Aproveitou para ir à ermida de São Cornélio, pois era 16 de setembro, dia do santo, quando chegava gente de todas as partes, pedindo a sua intercessão para acabar com a maleita e outras doenças. Muitos dos que vinham à ermida solicitavam o mesmo que Pedro pensara em pedir, que as febres intermitentes o deixassem, que os surtos que tanto o perturbavam e enfraqueciam, envenenando o seu humor, tivessem fim. Desde menino, habituara-se às gentes que procuravam São

Cornélio para dirigir-lhe pleitos de saúde. Não era demais perder um pouco da soberba, prostrar-se diante da imagem do santo, acender uma vela e implorar pela cura. Afinal, ele bem sabia que, por ação das febres, houve vezes em que tomou decisões de que se arrependeria mais tarde. Em Calicute, cansado já de tanto esperar pela decisão do Samorim, resolvera agir, e apressara aquele barco mouro... e, na seqüência de acontecimentos conseqüentes, disparara seus canhões sobre o palácio, destruindo metade da cidade... Mas, não teria tido maior paciência se não estivesse acometido do horrível febrão? Não teria sido melhor contemporizar por mais alguns dias? Em todo caso, em sua própria defesa poderia lhe ocorrer que haviam aguardado lá por três meses...

Encontrou Saul, velho amigo de infância em Belmonte, que, respeitosamente e cheio de curiosidade, lhe perguntou sobre os caminhos de Jerusalém, já que tão perto andara da Cidade Santa. Com ele conversou metade de uma noite, no largo onde estava o Pelourinho, e que distava não mais do que uma rua da Judiaria, olhando as estrelas, lembrando a constelação identificada por Mestre João durante a viagem.

Depois de mais algumas conversas reconfortantes e de uma boa ceia de trutas na estalagem, achou que estava na hora de retomar o trabalho. Disposto a não aguardar a chegada do duro inverno que prometia aquele fim de 1501, iniciou o seu retorno para as comemorações do Natal em Santarém ou Lisboa. Deixara estabelecidas as suas intenções básicas em muitas conversações com os irmãos. Ficaria morando na capital, estaria disponível para outra viagem à escolha de El-Rei e pensava num casamento, entendendo que chegara a hora de constituir família, ter filhos.

Demorou-se mais do que pretendera junto à Serra da Estrela. Mas regressou com a alma lavada, convicto de que fizera tudo o que pretendia e necessitava. O caminho de volta trouxe-o ao convento de Tomar,[107] onde contemplou mais uma vez com admiração a velha roda romana que continuava a funcionar ininterruptamente, a água do Rio Nabão enchendo pacientemente os potes para movimentá-la. Ali estaria também uma boa oportunidade para de novo refletir sobre tudo o que lhe ocorrera, voltado para os seus mais profundos pensamentos pessoais.

Afinal, era um cavaleiro da Ordem de Cristo. Queria isto dizer que tinha compromissos que não estava a cumprir. Trouxera um bom padre da Índia, mas também canhoneara contra aqueles que poderia ter convertido. Talvez estivesse convicto de que usara a palavra dos canhões e não os canhões da palavra porque a isso se sentira obrigado, não porque fosse mais convincente lançar mão da força. Mas, quem sabe ali, naquele retorno se firmava a promessa íntima de, se a Índia retornasse, como lhe acenava El-Rei, procurar no mais profundo sítio os cristãos desgarrados que, embora conhecendo a palavra sagrada, conviviam com as heresias. De não buscar só a pimenta, mas os discípulos de São Tomé. De, na passagem pela África, atrás das grandes montanhas, procurar o reino do Preste João, pois lá também estariam os cristãos espalhados desde a diáspora causada pela destruição promovida pelos romanos, o que não teria impedido a sua multiplicação. Não acabaram eles mesmos convertidos? Que fosse lembrado Constantino. Que Pedro se consolasse com o compromisso de rezar em Jerusalém, como confirmação de sua fé na ressurreição! Se tais promessas e intenções o satisfizeram, impossível saber, mas o fato é que dali ergueu-se Pedro, consciente das dificuldades que o aguardavam, para prosseguir na viagem rumo à Lisboa.

Carta aos Reis Católicos

O Conselho Régio estava decidido a dar um basta ao projeto da Índia. Não eram poucas as vozes que entendiam que o valor das mercadorias trazidas por Pedro Álvares, embora houvesse compensado o empreendimento, "não cobria a perda em tantas vidas humanas". O país não tinha recursos e gente para continuar comprometendo em tal sonho de conquista.

Dom Manuel pensava diferente. A carga da última viagem valia duas vezes o custo da empreitada e o estabelecimento de uma rota permanente ao extremo oeste, algo próximo da linha do Tratado de Tordesilhas, o mais distante possível no rumo do sul, a contornar o Cabo da Boa Esperança, até a Índia, o Mar Arábico e o Índico, e policiando a entrada do Mar Vermelho, asseguraria o domínio de todo o comércio das especiarias e das rotas da navegação. Também ao sul da linha equinocial, no Mar Oceano, os portugueses estabeleceriam sua superioridade.

Com o conhecimento acumulado desde a tomada de Ceuta em 1415 até chegar ao sul da Índia, da Terra Verde a Santa Cruz, seria inconseqüência interromper o projeto henriquino, suspender o que já todos conheciam em todos os portos do mundo: a supremacia da bandeira portuguesa e a presença das velas com a Cruz de Cristo. O preço em vidas era o tributo que vinha sendo pago havia quase um século. Dom Manuel acolhera Pedro Álvares no retorno como se fora muito mais vitorioso do que os relatórios o demonstraram, porque assim o considerava conveniente, para manter a política para o Oriente. Era o que faria. As vozes discordantes no Conselho Régio seriam silenciadas, se fosse necessário, pelo prosseguimento da Carreira das Índias e pela nomeação de alguns novos integrantes. Lá mesmo em Santarém, onde reuniria o Conselho Real, no dia 29 de julho, redigiu a sua carta aos Reis Católicos.

Na carta, explicava que só agora escrevia sobre as descobertas e os acontecimentos que se produziram na viagem à Índia porque aguardara o retorno do capitão-mor Pedro Álvares Cabral, "que nos trouxe dois cristãos". E mesmo depois da chegada dele ainda esperavam duas naus, uma delas que estivera em Sofala, onde há uma "mina de ouro recentemente por nós encontrada". O monarca referia-se aos barcos que se haviam atrasado no retorno da frota de Pedrálvares, a quem o Rei, pela primeira vez, tratava publicamente como *Cabral*, embora continuasse sendo segundo filho da famosa família.

Escrever uma carta para Fernando e Isabel significava um exercício de estilo, política e soberania para Dom Manuel. Em primeiro lugar, porque era preciso estabelecer sempre com precisão os fatos a narrar, o que ele fazia respeitosamente, em nome da ligação familiar, pois deles era duas vezes genro. Haviam tido um neto em comum, que durante quase dois anos significara a união tão longamente sonhada das coroas da Península Ibérica. O grande país estava nascendo, Castela, Aragão, Córdoba, Portugal e Algarve, tudo teria ficado sob o mesmo trono, o mesmo cetro governaria a maior nação cristã do mundo. Mas Dom Miguel, com saúde precária desde o nascimento, morrera aos 22 meses, a 19 de julho de 1500. Sua mãe, a Princesa Isabel, falecera no parto.

Naquele mesmo ano de tantos acontecimentos, naquele 1500 de tantas questões fundamentais na vida do Rei e do Reino, Dom Manuel se casara outra vez, e com outra filha dos Reis Católicos. Desta vez com Dona Maria, em 24 de agosto, dois anos após a morte da primeira mulher.

Tantas coincidências e tantas decisões propositais permitiam sonhar com mais filhos, e, se não a herança da Coroa, pelo menos uma união de interesses políticos permanentes. Com isso, poderia também apagar ou amainar as rixas de fronteira.

Era por isso que o Rei de Portugal começava sua carta quase pedindo desculpas pelo atraso na comunicação:

"Mui altos e muito excelentes e muito poderosos Príncipes Senhores, Pai e Mãe: estes dias passados, depois que a primeira nova da Índia chegou, não escrevo logo a Vossas Senhorias das coisas de lá porque não havia ainda chegado Pedro Álvares Cabral, capitão-mor da frota que para lá tinha enviado."

E embora mandassse seu escrivão fazer uma cópia em português para o arquivo da Torre do Tombo, escrevia em castelhano, sabendo que as diferenças de entendimento entre a Rainha Isabel, de Castela, e o Rei Fernando, de Aragão, seriam mínimas. No máximo discutiriam questões de pronúncia regional, e ele não estaria ao lado deles para rir gostosamente das brincadeiras do casal real. Nem iriam, por certo, falar em funcho... para Isabel seria *ynojo* e para Fernando, *fenojo*, como se dizia no Aragão...

Imaginaria o Rei que, mesmo separados pelo funcho, se entenderiam perfeitamente... Algo assim como os vizinhos galegos com o português.

E narrou então todas as vicissitudes da viagem, desde a partida de Lisboa a 9 de março de 1500, passando pela descoberta de Santa Cruz, onde viviam, explicou, "gentes desnudas como na primeira inocência, mansas e pacíficas; a qual parece que milagrosamente quis Nosso Senhor que se encontrasse porque é muito conveniente e necessária para a navegação à Índia, porque ali Pedrálvares reparou seus navios e tomou água".

Para o final da carta, reservou o que considerava chocante, justamente a informação de que o seu capitão-mor encontrara em Sofala a mina de ouro, com grande quantidade do metal transportado "por homens que o trazem às costas, e vêm muitos que têm quatro olhos, dois adiante e dois atrás, e são muito pequenos de corpo e vermelhos, e as vacas do rei trazem grossos colares de ouro ao pescoço".[108]

Haveria caprichos, é claro, na narrativa, pois importava acima de tudo causar pasmo aos Reis Católicos.

Um comando dividido

Quando retornei então de Belmonte, eis que encontrei El-Rei bem-disposto e bem-humorado, com um convite a flor dos lábios:

— Uma nova viagem à Índia no próximo ano!

Então, durante aqueles últimos meses de 1501, preparei-me febrilmente para repetir o circuito que já fizera. E em tudo, guardando sempre a recomendável reserva. Tinha ainda bem nítida a lembrança do italiano falante, o Vespuccio, "glorioso de si mesmo", como se dizia em Lisboa. Curioso era que os professores, comerciantes, embaixadores e pintores italianos que conhecera, fossem de Florença ou de Veneza, de Gênova ou de Parma, eram todos muitos extrovertidos e em nada se pareciam com os negociantes de Flandres ou com os franceses e ingleses que conhecera ao longo de minhas andanças. Cada qual tinha lá suas características, mas os florentinos e genoveses eram muito mais expansivos e costumavam contar tudo a seu respeito e sobre suas repúblicas e até sobre suas atividades profissionais. Não cansavam de se glorificar e aparentemente não conheciam a palavra *sigilo*, sob a qual Portugal navegara meio mundo durante tantos anos...

Sorte minha, pensava, que Vespuccio, estando no mar, não partiria junto comigo, assim, pois, não precisaria eu resguardar-me tanto e nem trocar tanta aparente cordialidade com ele, principalmente em se tratando dos segredos de Estado ou com a liberação de informações sobre tudo o que vira e sentira em minhas viagens. Em Bezeguiche, fizera um belo esforço para manter-me calado, e o mesmo já em Lisboa, onde a todo momento era possível encontrar os Faitadi, Marchioni ou Pisoni, ou ainda meus ex-companheiros de viagem do barco *Annunziata*, e que, por isso, julgavam-se no direito de compartilhar os resultados e mais ainda.

Seria preciso também supervisionar a montagem da nova armada, visitar quase todos os dias a Ribeira das Naus, onde os petintais[109] e carpinteiros trabalhavam arduamente na preparação dos barcos, em meio à algaravia que se instalava sempre naquele porto internacional de Lisboa. Desentendimentos, intrigas, corriam e correm ainda, soltos pelas tabernas e hospedarias, e não raro tornava-se necessário chamar a soldadesca para intervir em alguma briga que poderia degenerar em incidente mais grave. Pois se já na minha viagem, entre os degredados que fui semeando ao longo da rota, havia dois que estavam sendo punidos por crimes cometidos no cais do porto.

Com o convite real, não me sobrava tempo para festas e divertimentos, embora tivesse feito muita questão de ir a Santarém, conhecer a família de Afonso de Albuquerque. Os insistentes convites que me faziam diziam, então, respeito a dois projetos em andamento. Afonso sonhava com a Índia, e eu com a sobrinha dele... Isabel de Castro, minha doce, uma das mais prendadas donzelas da Corte.[110] Soara para mim a hora de constituir família. E recordava-me dela perfeitamente, já que navegara, confesso-o sempre, com a lembrança dos seus belos olhos, mas dela não havia ainda se aproximado. Ainda não sabia ao certo como proceder. Quem sabe, dizia a mim mesmo, nas festas do Natal...?

Enquanto isso, dedicava meu tempo integralmente a supervisionar a revisão das anotações de cartografia e astronomia, ao estudo das rotas e às entrevistas com marinheiros e militares que serviriam no desdobramento do empreendimento e à seleção dos tripulantes.

Em águas distantes estava a frota comandada por Gaspar Coelho, e dela não se tinha ainda notícia. A esquadra de João da Nova, esta sim, estava de volta, e a carta que havia sido deixada na Aguada de São Brás,[111] dentro de uma bota como era tradicional, fora apanhada e lida, bem como a que fora deixada com notícias e instruções em mão do degredado Luís de Moura, em Melinde. Fora assim que o galego João da Nova soubera dos incidentes da Índia.

Sim, já o sentia outra vez. O mar...

Quando o cansaço já passara, evaporadas as lembranças do balancear que as ondas propiciavam, da falta de segurança ao caminhar no tombadilho, que por vezes se inclinava perigosamente, quanta delícia havia naquela simples promessa! Ou esquecendo-me já das dificuldades até para urinar, o problema dos vasos particulares que se quebravam e sujavam o tombadilho ou o uso da latrina junto à amurada com toda aquela gente, rompendo a intimidade, e, pior ainda, os riscos da sujeira causada pela agitação dos barcos.

Não importava. O mar, sim...

Porque retornavam-me também as doces recordações das noites de contemplação das estrelas, dos prolongados debates sobre a posição e o significado das constelações, quando Mestre João acorria com o seu saber, seus desenhos e os mapas antigos que possuía e sempre trazia consigo. E os jogos de gamão, xadrez, os dados e os baralhos.

Enquanto cuidadosamente examinava eu os nomes dos que iriam integrar a nova missão, antegozava os momentos de satisfação que me esperavam, tanto lá no distante Oceano Índico quanto nas aventuras da viagem, que passaria uma vez mais pela terra de Santa Cruz, e mesmo que fosse para uma simples escala, para tomar água e lenha e reparar os navios. Desta vez, pretendia percorrê-la um pouco mais, acrescendo mais território ao que conhecia.

A sonhada partida seria como da outra vez em março, e os meses seguintes, que trariam o inverno à Europa, teriam de ser dedicados ao duro trabalho da montagem da armada, desta vez com ainda maiores dimensões. Gostava de ficar ouvindo a cantilena na hora do "alardo", a tomada de nomes para a chamada das tripulações.

— Manoel Fernandes — ouço ainda chamar o escrivão, e era feita cuidadosamente a ficha com o local de nascimento, a moradia, a idade, o que levaria em armas e que família deixaria em Portugal. — Francisco Mendes! Duarte Lopes! Brás Monteiro! Jorge Fernandes Souto! Gaspar Afonso! Manuel Faia! Diogo Lopes Solís! Amador Colaço! Rodrigo de Pinhão! Mateus André! — e assim ia se compondo a esquadra.

Pedia a Deus que não surgissem marinheiros que desconhecessem a diferença entre bombordo e estibordo, com alguns capitães obrigados a sinalizar as diferenças com cebolas a bombordo e alhos a estibordo, para que as operações se produzissem corretamente. A marujada incompetente ia pelo cheiro... Já tivera exemplo disso em minha própria viagem.

Ocorria, entretanto, que cá me havia algo a incomodar o tempo todo — a consistência do meu comando. Não me agradava que houvesse uma divisão. Entendia a necessidade estratégica de ocupar a boca do Mar Vermelho para dominar de vez o caminho das especiarias em mãos dos mouros, mas discordava da independência da flotilha de Vicente Sodré, dentro do panorama geral da armada.

Não conseguia aceitar a idéia da falta de subordinação à minha chefia, a independência de que gozaria Vicente Sodré para navegar, ancorar, deslocar-se, prestar ajuda, combater ou até fugir a uma batalha, se julgasse adequado. Achava inconveniente tamanha autonomia. Pela minha experiência, sabia que era preciso que tudo dependesse de um só capitão-mor, para a unidade de ação, disciplina e organização. Sabia, além disso, que era desta ala, ligada por laços de parentesco a Vasco da Gama, que nasciam inverdades e comentários desairosos a meu respeito, e isso corria desagradavelmente por toda a Ribeira das Naus e pelo restante da cidade. Além de haver-se com os inimigos naturais no mar, piratas e muçulmanos, nativos rebeldes ou desejosos de vingança pelos feitos anteriores, ainda teria de cuidar-me, pois, de possíveis diferenças dentro do próprio grupo!

Estaria sendo muito exigente? Poderia parecer uma questão de pura vaidade para quem visse de fora. Sentia a necessidade de explicar-me melhor e ao mesmo tempo de contar com mais garantias. Eis por que, mais uma vez, dirigi-me à Corte, em busca de uma audiência com o Rei. Sabia do risco de me tornar importuno, mas era preciso definir muito bem as posições antes da partida, porque depois, em alto-mar, não haveria como solucioná-las e poderiam transformar-se em terríveis problemas, quando então estaria o Rei longe demais para arbitrar.

Eram muitos os boatos indicando Vasco da Gama para comandar a nova armada, tal como ocorrera na viagem de 1500. Mas, pois, se o próprio Rei confirmara a mim o convite. Não obstante, precisava assegurar-me de que seria de fato e plenamente o comandante da frota.

Encaminhei-me, pois, ao palácio, munido de toda coragem e inteireza. Não seria a primeira nem a última vez, pensava, e pelo menos, então, agia em meu próprio nome, apesar de todo o constrangimento. Não estava pedindo a ninguém que interferisse em meu favor. Mas, enquanto me aproximava dos portões, já cogitava no pior, que *El-Rei* me negasse o pedido e me retirasse o comando. Era preparar-me, então.

Uma vez mais, voltei-me para o que já possuía, para o que acertara com os irmãos e para o que o futuro poderia me proporcionar. E o que mais poderia ambicionar? O lote que me tocara na Beira era mais do que suficiente, e sempre haveria Santarém. As terras que o Bispo da Guarda, Dom Gil Cabral, doara à sua sobrinha Maria Gil Cabral, em 1362, haviam rendido bem e se ampliado o bastante naqueles 140 anos, servindo perfeitamente aos Cabrais todos, com as rendas do trabalho dos camponeses que viviam nos termos de Belmonte, Penamacor, Mangualde ou Azurara e tantos outros sítios espalhados pelo país. Mesmo com os anos de má colheita, a casa de Belmonte tinha até aqui as tulhas cheias.

Ambição ou sonho, meu retorno ao mar?, quase que isso me escapou em voz alta, ao tropeçar nas pedras que assinalavam a proximidade da entrada principal do Paço.

Entre o Rei e si mesmo

O Rei já o esperava, e, por muito ouvir falar no assunto, demonstrava alguma má vontade. Ou ansiedade em encerrar a questão. Algo como um certo enfado, qualquer coisa como *tenho assuntos mais importantes a me ocupar* ou ainda *como esses nobres me desgastam!*

Na verdade, mesmo antes que Pedro Álvares entrasse na sala e se assentasse bem na beirinha do sofá e que começasse a falar, expondo sua opinião, Dom Manuel já avaliava as incômodas versões dos fatos que lhe haviam chegado por intermédio de vários cortesãos. Eram muitos os rumores.[112] Só de deparar-se com o semblante de Sua Alteza, Pedro poderia descartar qualquer esperança de ter sua posição vitoriosa. Sua argumentação não apenas era mal recebida, como nitidamente o assunto desagradava a Dom Manuel. No entanto, gozavam ali de um momento de total intimidade. Não havia escrivães, não havia protocolo, Pedro não estava de joelhos. Eram como dois amigos apenas. Tanta comunhão havia entre os dois que caíram as naturais diferenças. Fora convidado a retirar-se da câmara o próprio secretário real, João Manuel, acompanhado de um pajem que conduzia os cães do Rei. Eram cães enormes, negros, peludos, e saltavam indóceis, presos às correntes. Tudo isso contava em favor de Pedro, que fiando-se no que fizera, os anos de dedicação à Coroa, todo o estoque de boa vontade acumulado pelos Cabrais em mais de 150 anos, os riscos que correra no Oriente, o bom resultado da ida a Santa Cruz, o saldo favorável nas cargas de especiarias que trouxera, seu desempenho na guerra, a poeira de Marrocos, o estrondo das bombardas, a Cruz de Cristo balançando ao vento do Mar Oceano pintada sobre as velas, enquanto as naus avançavam dia e noite, sob o sol crestante ou sob a luz das estrelas, e a sua convivência com aquele jovem, antes que ele se transformasse em Dom Manuel na distante noite de Alcácer do Sal, concluíra que o Rei o entenderia, não cabendo recordar tudo isso. O balanço lhe parecia altamente favorável.

Dom Manuel debruçou-se sobre a mesa, diante dele o mapa do mundo e o desenho de Portugal em seu cantinho, e começou a apontar os seus objetivos militares e políticos. Pedro ouvia-o falar com clareza sobre o sul do Mar Oceano, que não se podia mais chamar de Tenebroso, sobre o Mar da Etiópia, o Índico e o Mar Vermelho, a rota das caravanas ao longo da Arábia Felix, o caminho das especiarias, Cairo, Alexandria e Veneza, até alcançar os mercados de Flandres, Antuérpia, Paris, Londres.

Inteirou-se assim de todos os porquês, da boca do próprio Rei — uma vez mais, entre eles, instalava-se a antiga confiança. Dom Manuel insistiu na explicação das Esferas Armilares, pois entendia que ninguém poderia ter tal espécie de dúvida se ligado fosse à Casa Real. Seria preciso conhecer toda a sua simbologia, porque havia uma coincidência que Dom Manuel não se cansava de repetir.

Ainda reinava em Portugal Dom João II, quando ele, o jovem parente, fora enviado à Espanha para preparar o casamento do primo, o Príncipe Dom Afonso, com Isabel, a Princesa de Castela. Fora então que recebera como divisa uma esfera, "porque os matemáticos representam, com ela, a forma de toda a máquina do céu e a terra e todos os elementos".[113]

Apaixonara-se pelo símbolo que lhe deram, e agora, passado tanto tempo, e com Dom João morto, sepultado e trasladado para o Mosteiro de Batalha, como estabelecera em testamento, podia ele utilizar-se delas, as Esferas Armilares, como um sinal da continuidade e da herança, um sinal profético. No pensamento de Dom Manuel, estava ordenado por Deus que aquele menino que recebera a incumbência de organizar o casamento do primo levaria, como divisa, a Esfera que lhe fora dada pelo mesmo Rei a quem deveria suceder, e ninguém dizia então que seria ele o herdeiro. Era como se aquela doação e aquela coincidência possuíssem todo o significado da entrega e cessão do que fora conquistado e que precisava ser consolidado e de tudo o que tinha de ser continuado. Seria preciso, depois da morte de Dom João, prosseguir, portanto, como herdeiro na ação que tinha na conquista e domínio da África e da Ásia sua razão de ser. E fazê-lo também em seu louvor.

Talvez aí tenham as Esferas Armilares crescido diante dos olhos de Pedrálvares. Talvez, então, ele tenha compreendido o que intuía, o que já desconfiava. E percebido o alcance do que fizera e as conseqüências do que havia por fazer, o que os demais haviam realizado e o que significara a perda de Bartolomeu Dias, a viagem de Vasco da Gama em 97 e 98, o sermão de Dom Diogo Ortiz no dia da sua partida de Lisboa havia quase dois anos, o significado completo da "Carreira das Índias", por que tanto falavam nos portugueses como o "povo escolhido" e sobre a missão divina que tocava a Portugal.

Ali ficaram claros, se já não os estivessem, implicitamente, os propósitos do Rei. O dilema que se colocava era quanto a sua vida particular.

Contava de concreto, desde o retorno, com as tenças, que, somadas, lhe dariam 253.000 reais anuais e a promessa de uma esquadra de 20 velas sob o seu comando. Entre os seus sonhos imediatos, perfilava-se o casamento, e para tanto havia aquela donzela da Corte, trineta de reis, os mortos mas nunca esquecidos Henrique II de Castela e Fernando de Portugal. Mas era certo também que Isabel de Castro, mesmo que fosse prometida, não o esperaria indefinidamente.

Talvez aquele fosse o momento certo para uma escolha, uma definição. Pedro conversara muito com o tio de Isabel, seu amigo e agora respeitoso admirador, Afonso de Albuquerque. Era preciso somar, diminuir, projetar e avaliar. Embarcar para um sonho de glória, levando o contrapeso de um Vicente Sodré, insubordinado à sua autoridade por definição já tornada pública, ou sucumbir à pressão e permitir que lhe tomassem um comando que tinha assegurado?

Compreendera muito bem os projetos geopolíticos do Rei. Com os mapas à frente e o conhecimento da região que possuía, não teria como não entender o quanto eram objetivos e práticos. E adequados ao plano de expansão e controle mundial. Pedro, e ninguém antes dele, estivera em quatro continentes numa única viagem. Isto se sabia bem, então, Santa Cruz não era apenas uma ilhota. Tinha portanto a possibilidade de vislumbrar que, prosseguindo com o projeto de Dom Manuel, com a fixação do caminho para as Índias, e a descoberta das terras a ocidente, Portugal dominaria o comércio marítimo por toda a extensão do globo. E compreendeu melhor ainda o que significa a "Leitura Nova"[114] que estava sendo iniciada no palácio e que no início gerara incompreensões e algumas contrariedades ao Rei. Seria o primeiro a defendê-la. Lógico, era preciso fazer uma "leitura nova" de todos os fatos, passar a limpo, e em "letra redonda",[115] todos os documentos importantes, porque muitos deles estavam guardados em "letra tirada", e o papel em muitos casos se deteriorava, e isto seria perigoso para a compreensão tanto atual como futura. Guardados na Torre do Tombo, os mapas, os recibos, as ordenações, as cartas e os bilhetes abrigavam a própria história daquele reino que lhes competia expandir.

Dom Manuel fora claro: "é preciso colocar os documentos da Chancelaria Régia numa conservada memória", e julgou conveniente, muito além de orná-los com iluminuras, utilizar as armas de Portugal, acompanhadas das Esferas Armilares. Para tanto, a atuação de Ruy de Pina tornara-se fundamental, como guardião das riquezas históricas na Torre e também do pensamento real.

Tratava-se de uma iniciativa de reorganização arquivística da maior importância, e isso também reconhecia Pedrálvares. E sabia ele perfeitamente que, naquela renovação estética, havia também uma preocupação política e prática na cópia sistemática dos documentos antigos, reproduzidos para sua maior duração. O que de certa forma significava comemoração, e acima de tudo o registro das conquistas, descobertas e ocupações. Era fácil visualizar a propagação da glória e a garantia dos nomes honrados do presente e do passado e o seu significado histórico, assim como ver-se, a si, alçado à imortalidade em meio a tudo isso. E se a lembrança dos grandes feitos já realizados o atraía e emocionava, mais ainda a possibilidade de sua ampliação com novas conquistas.

Seria difícil dizer *não* ao Rei e *sim* ao coração, embora sua escolha estivesse solidamente sustentada também por considerações práticas. Isabel, a atraente donzela de seus sonhos, além de prendada dama da Corte, embora não tivesse lá um dote tão expressivo, traria o apoio da sua família, que já se unia para acrescentar algo ao dote "além das próprias posses", uma família importante, como filha de Fernando de Noronha e sobrinha dos Albuquerque, estes, cuja riqueza era conhecida e não pouco significativa.

O mar, o brilho da profissão de navegador em que se sentia realizado, com os artistas a trabalhar no seu retrato para o medalhão que ficaria no mosteiro de Belém e com o convite do pintor Grão Vasco para subir outra vez a Viseu e posar para a tela que iria para a Sé da cidade, eram fatores que se somavam e ajudavam a desestabilizá-lo.

Correr outra vez o risco ou apegar-se à segurança da terra firme?

Exibir coragem excessiva seria um pecado de soberba tão grande ou maior do que o crime da covardia? Ou o apego às coisas materiais e o temor muito humano aos perigos seriam uma atenuante à falta de coragem? Quaisquer que fossem as dúvidas ou as certezas, seria preciso decidir em breve e levar ao Rei sua posição. Os pleitos que fizera repetidamente não haviam sido atendidos. O mais forte, aquele que implicava a mudança do regime de Vicente Sodré dentro da esquadra, esbarrara no cenho franzido de Dom Manuel. Pedro considerava-se um "homem de muitos primores acerca de pontos de honra"[116] e, apesar de recompensado financeiramente e recebido como herói há tão pouco tempo, não conseguia entender como seus argumentos não triunfavam totalmente junto ao Rei.

De nada adiantaria apelar para Vasco da Gama, na condição de amigo até então não oficialmente desmentida, seu companheiro e antecessor na viagem à Índia, instrutor e autor das orientações que o haviam ajudado a alcançar Santa Cruz e em todo o trajeto até ao Extremo Oriente. Havia os laços de parentesco entre ele e Sodré, tio pelo lado materno, contra quem jamais tomaria uma posição pública.

Além disso, diziam-lhe, Vasco fizera comentários maldosos pelas perdas marítimas da sua viagem anterior: "homem que tem desastres no mar, tem que fugir dele"... E para disfarçar as críticas, magnanimamente se oferecia para zelar pelos interesses de Pedro Álvares nas Índias e até tirar desforra do Samorim de Calicute. É o que fazia correr na Corte.

Entrava o mês de dezembro de 1501, e as providências para a viagem precisavam ser aceleradas: completar a tripulação e preparar o embarque, torcer pelos ventos favoráveis e fazer-se ao mar. O inverno chegou com muito frio. Refugiar-se na Serra da Estrela não seria a melhor solução, mesmo porque a neve que encobria as encostas das montanhas tornava o deslocamento mais difícil. Não pareceu a Pedro também o momento indicado para ir a Viseu, pela mesma razão: os caminhos estariam obstruídos pelas nevascas. Em Lisboa, apesar das baixas temperaturas exigindo grossos abrigos e obrigando os mendigos a buscar refúgio no adro das igrejas e mosteiros, pelo menos era um pouco mais suave. Já o Rei estava em Évora, mais ao sul, com temperaturas mais suaves.

Em Pedro Álvares estaria nítida a lembrança do calor permanente que encontrara ao ultrapassar a linha equinocial, e que se mantivera até metade do trajeto entre Santa Cruz e a costa da África. Depois de haver contornado o Cabo da

Boa Esperança, onde encontrara muito gelo, alternavam-se inesperados invernos e inacreditáveis verões, à medida que avançava rumo norte. Naquele ano, vivera dois invernos e dois verões, portanto.

Chegou enfim o momento da decisão. Não era mais o caso de ficar a fazer cogitações sobre o clima. Não era mais possível adiar, até mesmo porque o Rei exigia uma definição.

A armada continuava sendo montada, com sete velas a mais do que aquela de 1500, a chamada dos tripulantes era completada diariamente com os feitores e escrivães trabalhando no terreno onde Dom Manuel mandara fazer medições para erguer o novo Paço e que, com as mesas armadas em plena rua, dividiam o espaço com os escritores de cartas que também montavam seus escritórios ao ar livre, relacionando os candidatos que provinham de todas as partes de Portugal, que desciam do Porto, de Aveiro, da Beira, e até de Guimarães, ou subiam do Algarve e do Alentejo.

Toda aquela azáfama entusiasmava Pedro, mas a lembrança de que não teria autoridade completa, comprometendo-lhe o comando, o corroía. Como o tempo passava e a todo o momento chegavam-lhe versões de que o Rei não aguardaria mais sua resposta e acabaria por confirmar Vasco da Gama em seu lugar, foi levado uma vez mais a buscar o caminho do palácio. No fundo do coração, já tinha a frase que o libertaria. Mas sempre uma preocupação:

"Como dizer *não* a um rei?"

SIC TRANSIT GLORIA MUNDI

Cabral tentou todos os meandros e circunlóquios, mas não foi feliz ao tentar expressar-se, até que o próprio Dom Manuel olhando-o bem nos olhos usou a fórmula mágica:

— Está bem. Aceito sua recusa.

A conversa não chegou a degenerar em banalidades, porque o soberano imediatamente passou a despachar outros assuntos com os escrivães e o seu secretário de mesa. Para Pedro Álvares havia soado a hora. Mortificado, ergueu-se, beijou a mão de Sua Alteza e, de costas, foi recuando até deixar a sala, onde, imaginou naquele momento, jamais voltaria a pôr os pés. Mal havia deixado o palácio, Dom Manuel mandava buscar, em Sines, o almirante Vasco da Gama. Com a recusa de Pedro, bastou ao Rei chamar o secretário de mesa, ordenar que lhe trouxessem a minuta da carta régia e fazer anotar as mudanças: em lugar de seu nome, Vasco da Gama.[117]

Não era a primeira vez que a hesitação, a proximidade e a semelhança entre os dois lhe geravam esse trabalho. Revertia-se o processo de 1500. Naquela oportunidade, Vasco não quisera sair de Portugal, e a nomeação de Pedro Álvares Gouveia se consolidou como uma espécie de consenso na Corte. Agora, dava-se o contrário.

Como, em termos gerais, uma carta pouco diferia da outra, era só registrar em caprichada caligrafia, de "letra redonda", a nova carta que determinava que em nome de "Dom Manuel, pela graça de Deus Rei de Portugal e dos Algarves d'aqui e d'além mar, em África, Senhor da Guiné, e da Conquista, Navegação e Comércio da Etiópia, Arábia, Pérsia e Índia, a todos os que esta nossa carta de Poder e Autoridade real virem, fazemos saber que Nós enviamos agora à Índia, como capitão-mor da frota e armada, a qual a ela enviamos, Dom Vasco da Gama, Nosso Almirante da Índia e do Nosso Conselho.

E porque com alguns Reis e Senhores de terras e outras pessoas (assim na dita Índia, como em algumas outras partes de fora dela) há-de tratar e assentar paz e amizade e também comércio entre Nós e eles, e os Nossos e seus, e Nossas naus, navios e gentes, que às ditas regiões enviarmos (e os deles) e convirá para isso Nosso Poder, Nós por esta presente Carta lhe damos todo o Nosso inteiro poder e Autoridade Real, para que por Nós e em Nosso nome com El Rei de Calecut e Calenur e todos os outros reis e senhores da Índia e também com El Rei de Quíloa e Senhor de Sofala e El Rei de Melinde e todos os outros Reis e Senhores desta banda, possa tratar, assentar e concordar entre Nós e cada um deles e todos juntamente, paz, amizade e segurança, temos, e assim o possam fazer e façam suas gentes, naus e navios, em Nossos Reinos e Senhorios, se a eles quiserem vir. E prometemos, e afiançamos por Nossa Fé Real, que tudo sobre estas coisas e cada uma delas pelo dito Almirante assim em Nosso nome com os ditos Reis e cada um deles, for assentado, concordado e confirmado, cumpriremos e manteremos em tudo e por tudo, com boa fé e sem mau engano, e não iremos, nem mandaremos ir em parte ou no todo, contra o que assim pelo dito Vasco da Gama com os sobreditos e cada um deles for confirmado, assentado e concordado.

E para testemunho disso, lhe mandamos dar esta Carta por Nós assinada e selada com Nosso selo".

Afinal, com esta carta régia, Dom Manuel apenas ratificava o que deixara explícito quando emitira, a 2 de outubro de 1501, autorização para que Vasco comandasse qualquer expedição à Índia, se assim o entendesse como adequado ou seu desejo. Tal carta estabelecia que, para fazer comércio ou guerra, lhe era permitido tomar "a capitania-mor delas e para nas tais armadas em pessoa haver de ir e nelas nos servir e quando ele assim na dita capitania quiser tomar nau não poremos nós nem faremos outro capitão-mor senão ele". E o Rei já ouvira diversas vezes que o capitão da viagem de abertura do caminho, valendo-se do documento, pretendia ocupar o posto, seu de direito. Chegara a ocasião, tornara-se oportuno, não quebrava a autoridade real e resolvia o problema pendente. Além do mais, o tempo corria, e o novo comandante da armada tinha de assumir imediatamente.

A terceira viagem à Índia fora capitaneada por João da Nova, e, como saíra antes do retorno da segunda, Dom Manuel lhe havia determinado que se submetesse ao comando de Pedro Álvares, se ainda o encontrasse no Oriente, na Ásia ou na África. Com a nova situação, voltava a vez de Vasco. Como dissera ao embaixador de Veneza, Dom Manuel encarava esta viagem como a "expedição da última oportunidade" e "não voltaria a desafiar o Destino se viesse a ser um malogro".[118] Tomando isso, era fácil concluir, como o diplomata o fizera, que não havia uma total satisfação com as viagens anteriores e que os custos superavam os benefícios. Haviam se produzido muitas perdas, e muitas feridas ficaram abertas, frentes de guerra que precisavam ser fechadas ou prejuízos morais e materiais que teriam de ser ressarcidos.

Transformava-se a nova esquadra quase que numa questão de família. Com o tio Vicente Sodré num dos comandos, o sobrinho Estêvão da Gama noutro e até o cunhado Álvaro de Ataíde noutro, Vasco da Gama seguia com plenos poderes e como Almirante das Índias, investido em toda a sua glória e grandeza, quase um vice-rei. Para isso, faltaria apenas a nomeação ao posto que Dom Manuel não quis fazer. A partida seria imediata, não adiante de fevereiro, para aproveitar os ventos favoráveis, as monções, que levariam a frota da costa do Moçambique para o outro lado do mar, para a costa das montanhas da Índia, o Malabar. Vasco da Gama levaria consigo os embaixadores indianos que haviam viajado com Pedro Álvares, envenenados pelo que os representantes de Veneza lhes haviam instilado, solicitados que foram a dizer a seu povo e soberanos que Portugal seria uma nação sem importância, e que a condição de verdadeira potência e metrópole cabia à república dos doges.

Mesmo afastado do comando, Pedro Álvares não conseguiria distanciar-se do assunto. Todos os dias havia alguém que se encarregava de levar-lhe um comentário ou uma frase recorrente na Corte. Mantinha-se calado. Mas até seu silêncio era interpretado, podendo significar um perigo para a segurança de suas posições. Foi mortificante para Pedro Álvares a consagração do amigo-inimigo, pouco tempo depois, em 30 de janeiro de 1502, quando a Catedral da Sé de Lisboa lotou com as maiores personalidades do Reino, desde o Rei até os dignitários estrangeiros, os fidalgos da Corte, os Cavaleiros da Ordem de Cristo e de São Tiago, os comerciantes estrangeiros, os grandes navegadores.[119]

Esconder-se ao fundo da igreja não era uma atitude recomendável, e ocupar uma posição nas primeiras filas também não seria boa estratégia. O Rei, com seus olhos pequenos e espertos, enxergava tudo e a todos, e quem ele não visse, outros por ele veriam ou fingiriam não ver...

Fazia muito frio, e desde cedo as carruagens começavam a chegar ao centro de Lisboa, vencendo a íngreme ladeira até a catedral, trazendo os nobres que acorriam para o ato que consagraria o Almirante e serviria como despedida para sua segunda viagem à Índia, a quarta que realizava Portugal, inserida no que se estabelecia desde então como "Carreira das Índias".

O fausto da solenidade era inigualável, e Pedro podia recordar que em tudo superava a missa de despedida que tivera em 8 de março de 1500 na pequena ermida do Restelo. Mas, pequena ou grande a inveja, isso de nada lhe adiantaria. Estava diante, isto sim, da confirmação de que na corrida pelo favor real fora uma vez mais ultrapassado pelo seu dileto amigo.

Amigo? Teria sido Vasco seu amigo, quando lhe ditara instruções e lhe passara o comando da frota que não quisera comandar? Teria sido Vasco seu amigo quando no retorno se mostrara solícito e curioso? Ou o Vasco seu amigo não existia mais ou nunca existira?

No entanto, era preciso estar ali, entre os grandes de Portugal, misturado aos embaixadores, embora no fundo da igreja, e assistir ao imponente cortejo que precedia o Rei de Portugal, recebido com um murmúrio de admiração enquanto atravessava a nave central. Viu quando o Rei avançou pelo meio da igreja, enquanto os nobres se inclinavam e somente os italianos mantinham seus rostos levemente erguidos, como a demonstrar que não lhe prestavam vassalagem. Consideravam-se associados. Indiferente e imperturbável, Dom Manuel caminhou até o centro da capela-mor, onde os bispos e padres que o aguardavam prostaram-se de joelhos, curvando-se.

Do seu posto de observação, Pedro poderia avistar Vasco da Gama a ostentar uma capa de cetim escarlate, como se fora um membro da corte francesa, e viu quando El-Rei lhe entregou a espada e a bandeira. Não deixaria de recordar que o mesmo lhe sucedera, em Belém, dois anos antes. Então, havia também dignitários estrangeiros presentes, e, claro, os comerciantes de Florença que haviam armado a nau *Annunziata*.

Nunca a partida de uma frota portuguesa se revestira de tamanha pompa. Já

Pedro, em sua reserva, de tudo isso, e em alguns olhares, leria censura e restrições, que o condenavam por haver perdido metade da frota e da tripulação e trazido um resultado comercial medíocre. Quem tem azar no mar a ele não deve voltar... E então? Deveria abandonar para sempre a idéia de prestar serviços à Coroa, na ocupação mais digna e atraente que havia? Deixaria a navegação?

Enquanto isso, seu *amigo* lá estava, de joelhos diante do Rei, com a sua longa capa escarlate ornada de arminho, uma corrente de ouro a pender do pescoço e um chapéu altaneiro a completar-lhe a figura de fidalgo, empunhando a espada que o Rei lhe entregara. Verdade que Vasco, que já usava nos seus círculos o título de Dom antes do nome, só agora o recebia oficialmente, ungido por Dom Manuel, naquele momento, como o "Almirante das Índias".

Terminada a cerimônia, o longo e solene cortejo ocupou as ruas de Lisboa, e Pedro Álvares teve bastante tempo para refletir sobre o provérbio latino *sic transit gloria mundi*, que tantas vezes escutara, dissera e repetira para si mesmo. Ou talvez lhe servisse de consolo o diálogo que teve com Dom Francisco de Portugal, o Primeiro Conde de Vimioso, que lhe recontou a história da primeira viagem de Vasco da Gama:

— Perguntei que mercadorias havia lá e que mercadorias queriam eles em troca? Vasco da Gama respondeu-me que trazia de lá pimenta, canela, gengibre, âmbar e almíscar. E eu: "E eles, o que queriam de nós?" E ele: "Ouro, prata, veludo e tecidos escarlates". Sabe, Cabral, o que lhe respondi eu? "Então eles é que nos descobriram a nós?..."[120]

Na ocasião, Dom Francisco, entre grandes risadas, comentou que Vasco da Gama apenas exigira o cumprimento da carta que o Rei lhe dera com antecedência. Pedro, como muitos, sabia dessa carta. Só que não julgara que Vasco, *o amigo Vasco*, viesse a cobrar do soberano sua efetividade, quando o seu próprio comando estava em jogo. Agora parecia-lhe tudo esclarecido. Cedera, mas forçado pelas circunstâncias. Esta havia sido a verdadeira razão de toda a pressão que sofrera e a insistência de Vicente Sodré em permanecer autônomo. Só que não havia mais o que falar e comentar.

A ele cabia afastar-se, e o havia feito com dignidade. Que preço teria seu gesto? Aceitando a versão que o Conde de Vimioso acabara de lhe narrar, poderia até considerar que não lhe sairia tão caro assim. Não precisava torturar-se a imaginar que o Rei jamais o tornaria a chamar, que não privaria mais da Corte. Nada disso. Apenas cumprira o Rei Dom Manuel, pressionado por Vasco da Gama, um compromisso que tomara, talvez precipitadamente. E mesmo que se dissesse que "palavra de Rei não volta atrás", é óbvio que podem acontecer recuos se estes interessarem, de fato, ao trono, à própria coroa.

Já não era pois caso de tanta amargura. Haveria novas oportunidades, seria uma questão de paciência. De assistir, à distância, a nova viagem para a Índia e verificar os resultados que se produziriam. Era também tudo o que lhe restava.

Autos vicentinos

Na Ribeira das Naus, já estava bem visível o estaqueamento para o palácio que Dom Manuel construía. E, ali, mais adiante, o Tejo, onde tantas vezes Pedro se detivera, como tantas outras vezes ainda faria em sua vida, admirando-o... "quão formoso rio", que ornava a cidade, companheiro tão fiel, de tantas reflexões!

Lá tivera a primeira visão de uma caravela, quando o barco encantado, com suas velas brancas, vencera a curva, nestas mesmas águas, e ali, diante dela, um menino de cinco anos, tenso, assustado, emocionado, soltando-se da mão do pai, gritava como podia e agitava os braços, sobressaltado. Nunca mais esqueceria aquele instante. Era então sua primeira visita a Lisboa, e desde daí fascinara-se com a beleza do barco, com o impacto das suas velas arredondadas pelo vento, a carregar a história e os sonhos daqueles bravos marinheiros que se dependuravam pelas vergas e — surpresa que lhe oprimira o coração — para ele acenavam como se o conhecessem.

Não, não fora nem o Rei nem as ruas cheias de gente que o atordoaram, nem o casario o que mais o impressionara na Corte. Ele nem se importava com aquilo, na época. O que o fizera mesmo vibrar fora a ida à beira do rio, aquele rio imenso, com o pai e o irmão, e acompanhar a chegada da caravela. Era tanta a emoção, que não se conteve e subiu a uma elevação da margem para tentar enxergar melhor.

E quando seus olhos fixaram aquele imenso barco invadindo as águas, despontando da curva do rio, em meio à vegetação, o coração lhe explodiu no peito. E quem sabe, entre os embarcadiços, teria avistado um personagem sinistro de sua infância, talvez a sua lembrança mais remota, aquele homem de chapéu e barbas pretas que numa noite de muito frio estivera ao pé do fogo, com seu pai, lá no castelo em Belmonte, e que ele apenas vislumbrara pelos vãos de uma porta. Aquele homem que significava com suas aventuras de coragem e intrepidez toda uma história de ousadia. Talvez, no momento de abandono em que se encontrava, lhe viesse a certeza de que fora ali, naquele preciso instante, que começara toda a sua glória e toda a sua maldição.

Por este mesmo rio, *subiria* algumas semanas mais tarde, disposto a destravar sua vida. Havia ancorado de volta e na certa, com a sua recusa em comandar a frota que partira para a Índia no dia 10 de fevereiro,[121] teria de encontrar, pelo menos temporariamente, algo mais sólido com que se ocupar. O projeto de um casamento ganhava contornos em sua cabeça. Tinha passado dos 32 anos e estava com *a idade de Cristo;* cumpria fazer mais alguma coisa de útil para si e para o Reino.

A sugestão de Afonso de Albuquerque agora teria um acolhimento bem mais caloroso. Pedro desembarcou em Santarém querendo ficar por lá alguns dias. Para isso tinha suas terras e suas casas, mas não era só em que pensava. Era lá a morada permanente de Isabel de Castro, a donzela da Rainha, cujo rosto jamais saíra do seu pensamento. Ele a vira numa cerimônia religiosa. Seu olhar firme e claro, ao mesmo tempo doce e triste, ficara-lhe como lembrança. Não pudera ver-lhe os cabelos envoltos num véu protetor. Como seriam? Longos, anelados, dourados, escuros? Como seriam...?

Durante todo aquele tempo de perigos e navegação, a recordação dela o acompanhara, e agora tudo se organizava para promover uma aproximação maior. Considerado agora um navegador importante, tinha um nome grande em Portugal, mas ela o envolvera com sua ternura quando ele não era mais do que um jovem que partia para uma missão da qual nem se sabia se haveria retorno. Recordava bem daquele momento inesquecível em que a vira junto à ermida do Restelo.

Quanto aos demais assuntos, seria só uma questão de tempo, e logo surgiriam novas oportunidades. Afinal de contas, anualmente seguiria uma frota para a Índia, só que nos barcos com partida já definida não seria possível, pois estariam sob o comando de Estêvão da Gama, sobrinho de Vasco, indo incorporar-se aos que haviam seguido em fevereiro sob as ordens do almirante.

Caminhar na ribeira de Santarém ou por ali passear a cavalo, ir à missa na igreja da Graça ou conversar com os aldeões, dedicar-se ao cultivo e à criação de animais não eram propriamente tarefas que pudessem empolgar quem vinha de uma vida tão agitada quanto Pedro, mas era o que lhe tocava fazer naquele fim de inverno. A chegada da primavera certamente traria pensamentos mais positivos, e ele começaria a interessar-se bem mais concretamente pelo casamento. Gostaria de, como seu pai Fernão, ter muitos filhos. De um dia poder brincar com as crianças. De para os descendentes deixar o nome honrado que consolidara.

Numa coisa diferia do seu velho pai: não era homem de "meter alvoroço entre as moças".

A Páscoa transcorreu tranqüila em Santarém. Lá, fazia suas caminhadas habituais, descia até o Chafariz do Rei, passeava pela velha rua das muralhas, andava pelas cercanias da igreja da Graça e, do convento de São Francisco, ia até a Ribeira. Visitou também seu irmão na Rua do Arco de Luís Álvares Cabral, os conhecidos, os amigos, e começou a preparar o seu espírito para uma permanência maior naquela terra encantada.

Aos poucos deixava de ser um visitante. Era a segunda cidade do Reino, já a conhecia bem e ia ficando, entrando e saindo pela Porta dos Becos, Porta de Santiago, ou caminhando diante do convento de Santa Clara, indo a Marvila ou até ao Jardim de Cima. Ele se encanta com a cidade que possuía tanta tradição, embora para muita gente ainda estivesse marcada com o luto real pelo episódio da perda do jovem príncipe Afonso. Pedro fez questão de ir até Almeirim e sentar-se nas velhas pedras, com os olhos postos no ponto onde os cascos do cavalo resvalaram, matando os sonhos do Rei e, com a perda do filho, em sua queda, todo o ideal de uma Península Ibérica unida sob a Coroa de Portugal.

A decisão de ali ficar, à espera de um chamado de Lisboa, ao mesmo tempo em que procurava construir outra parcela importante de sua vida, atendendo a um chamado do sangue — aquela era a terra dos seus avós maternos —, encontrou um Pedro Álvares sensível e maduro para qualquer mudança. Por todas essas razões, um casamento deveria fluir como um bálsamo, ainda mais para quem se sentia ferido e fragilizado.

Por fim, achou por bem interromper seu idílio com a terra adotada e mais uma vez reverenciar o Rei. Precisava ir a Lisboa levar seus cumprimentos pelo nascimento do novo príncipe — no dia 5 de junho de 1502 —, e foi com o coração gratificado que ouviu do próprio Dom Manuel o convite para assistir na antecâmara da jovem Rainha a uma representação teatral do divertido Gil Vicente,[122] que começava a desfrutar de invejável prestígio.

Dom Manuel estava excepcionalmente feliz. Nascera-lhe o novo herdeiro, seria chamado João e, para comemorar, o teatreiro e ourives mostraria o *Auto da visitação*. Para dar mais graça, apresentava-se vestido de vaqueiro... Em dialeto e com danças, alguns cantos em castelhano, como se usava na representação dos "momos" e nos autos, no teatro de um modo geral.

Gil confidenciou aos amigos que fazia estudos e que pretendia, em breve, utilizar a língua nacional, pois achava que o português muito bem se adaptaria à poesia e ao teatro, ao contrário do que afirmavam certas personalidades da Corte, que mais pareciam súditos de Isabel do que de Manuel, tanto insistiam em que tinha "mais graça o castelhano na hora de um canto de amor ou drama".

Por enquanto, aquele seu *Monólogo de um vaqueiro*, representado diante da Rainha para distraí-la das dores remanescentes do parto, mantinha uma estrutura fiel às lições de Juan del Encina, o mestre de Salamanca. Mas já havia cortesãos a se perguntar quando aquela corte começaria a aceitar como mais legítimas as canções em sua língua, quando deixaria de ser imitadora e seguidora dos Reis Católicos.

Protegido da Rainha-mãe, Dona Leonor, e aproveitando-se do grande prestígio junto a Dom Manuel, tratava Gil Vicente de compor sua atividade teatral, ora ajeitando aqui, ora concedendo ali, mas tramava usar o português no momento oportuno. Para tanto, começara a redigir o seu próprio *Elucidário*.

No momento, ainda não se sentia capaz de uma ruptura. Ainda mais que a Rainha era de Castela... Tanto que, ao retornar à Corte, nas festas de Natal, Gil Vicente trouxe escrito em castelhano esse seu *Auto da visitação*. Mesmo assim, costumava dizer, repetindo o povo simples, que "Castelhanos, Deus nos livre, melhor gente é da Guiné, 700 vezes mais". Para Gil Vicente, o fidalgo castelhano era "cruel, zeloso, duro". E o teatrólogo ainda prometia colocar em dúvida se o castelhano era "fanfarrão, valentão ou rufião" numa de suas próximas peças. Enquanto isso, ia agradando à Rainha...

Para Pedrálvares, o interlúdio teatral foi um belo divertimento. Veio a calhar. Depois de tantos meses conturbados, esvaziava, enfim, suas tensões. E agora, na volta a Santarém, passaria a cavalo diante da casa de Isabel, que era o que mais o preocupava.

E como se dirigiria a ela? Chamando-a de *Minha Senhora* ou *Mi amor*, ou caminhando desenvolto como um ator galante, como vira Gil Vicente fazer, exclamando frases inteiras em castelhano?

Mas não era isso teatro? E teatro não era com os atores?

Isabel de Castro

Na Corte, Isabel de Noronha e Castro não estava. Pedro tinha certeza, entretanto, de que ela estaria em Santarém, e provavelmente sonhava rever a donzela cujo olhar iluminara suas noites na viagem à Santa Cruz e à Índia. Não pudera, então, como outros a bordo, mais felizes, por conta de um compromisso acertado com suas amadas, levar um lenço bordado com suas iniciais, como era de costume na época, o que lhe daria a certeza do reencontro. Ou pelo menos imaginar que aquele pequeno pedaço de tecido um dia houvesse secado alguma lágrima perdida ou simplesmente tocado o seu rosto. Também não estivera próximo dela, de fato; não mais do que cavalgar duas ou três vezes diante do balcão de sua casa, conseguindo, numa dessas oportunidades, perceber através da janela que ela o avistara, ou, pela silhueta, acreditar que era ela a observá-lo.

Mas como poderia introduzir-se naquela casa senão por meio de uma visita formal em que permaneceriam bem afastados, como mandava a etiqueta aos jovens, a não ser que já tivessem dado as famílias os passos fundamentais para o casamento ser aprazado? E isso quando seu compreensível desejo deveria ser tomar-lhe as mãos, dizer o quanto ansiava por conhecer a cor de seus cabelos, apalpá-los. E, afinal, como seriam? Pedro sequer o sabia. Nas duas vezes em que a vira, em cerimônias religiosas, estavam sempre cobertos. Tanto no dia do seu embarque no Restelo, havia dois anos, quanto na última missa em Santarém. Um véu espesso os envolvia, descendo até a metade das suas costas. Será que numa visita teria a sorte de vê-lo soltos, descaídos sobre os ombros?

Ah, as costas! Que doçura, poderia imaginar, aquela leve curva que se fazia sob o espartilho, de onde renasceria o seu corpo numa explosão. E as espáduas? Bem, as espáduas, quando as poderia ver e sentir?

Mas, restava-lhe sempre sonhar, e passar a cavalo à frente da casa dela, na esperança de que, distraída, a donzela se mostrasse ao balcão. Ou um bilhete! Quem sabe o risco de enviar um bilhete pudesse compensá-lo daquela espera? Entretanto, como cavaleiro, e conhecedor das tratativas que o futuro tio, Afonso de

Albuquerque, conduzia, visando unir a família para engrossar o dote, cabia-lhe munir-se de certa paciência e esperar. Foi o que fez.

Finalmente, concretizaram-se os acertos e o Natal foi ajustado como o momento adequado para a celebração do contrato de casamento. Todo o tempo foi então dedicado ao preparo das festas e da cerimônia. E à confecção das roupas com que Isabel iria se apresentar, pois não poderia, como *donzela da Rainha*, envergonhar-se da maneira como se apresentaria em público, perante Santarém e diante do seu escolhido e sua família, os irmãos, cunhados e sobrinhos de Pedro.

As festas de Natal e Reis foram consumidas naquele intenso trabalho de preparação, enquanto Pedro e Isabel viam-se apenas uma vez por semana, em visitas formais que bem gostariam de estender, servindo para inúmeras combinações a respeito do futuro.

A família de Isabel alcançara de fato um dote superior às suas forças; nisso trabalhara bem Afonso de Albuquerque. Um nutrido patrimônio respaldava portanto o casamento, que somaria os bens de Isabel ao que Pedro possuía pelo país afora, na região de Belmonte, Viseu e Covilhã, e em Santarém, onde algo lhe vinha dos avós maternos. Quando o bispo proferiu o "Eu vos uno", sacramentando os compromissos e os anéis que haviam trocado no Natal, apenas começava o ano de 1503, para ambos tão promissor. Os dois jovens, Pedro Álvares, que era da família Gouveia e da família Cabral, e Isabel, que era Noronha e Castro, foram sagrados marido e mulher, em nome "de Deus, do Rei e da Igreja".

Antes mesmo de findar aquele ano, a primeira filha chegava ao novo lar. E logo o casal tentava também um filho, varão, para dar continuidade ao nome da família. Quando ele chegou, Pedro Álvares deu-lhe o nome de Fernando, homenageando o avô ilustre que morrera em Tânger, em 1437, ao defender o Infante Dom Henrique com o próprio corpo, recebendo o golpe que teria mudado o destino do país.[123]

Um filho homem representaria para um casal fidalgo, sempre, uma ponte para o futuro e um elo com o passado de que tanto se orgulhavam. Quando chegasse à idade de compreender, visitariam Belmonte e lhe mostrariam a escultura na pequena capela de São Tiago, sustentando um dos arcos, descrevendo aquele momento histórico que bem demonstrava o sacrifício dos Cabrais. Fernando traria em seu próprio nome o reconhecimento dessa história, que sempre significou um ponto de honra para os Cabrais, uma demonstração do extremo a que seriam capazes de chegar em sua lealdade. E não se tratava de nenhuma lenda. O agradecimento do Infante se materializara em muitos bens, tenças e benesses, além do reconhecimento puro e simples, e isso bem o sabiam os que também desfrutaram dos benefícios. Pedro Álvares de Gouveia e Isabel de Castro pensavam numa grande prole e começaram a realizar seu ideal, à medida que se instalavam de forma definitiva na cidade escalabitana, deixando Lisboa após o nascimento do primogênito. E poderiam também estar cogitando algumas trocas de terras para melhorar o patrimônio e consolidar a situação econômica do núcleo que estavam fundando e das famílias a que tinham de dar continuidade. Pedro, efetivamente, se preocupava em conferir solidez ao que construíra, pois bem sabia dos perigos, dos percalços, dos imprevistos que poderiam vir pela frente. Mas um sonho, também, não o abandonaria, por toda a vida ainda à frente — a possibilidade de uma nova viagem.

A Ordem de Cristo

Havia um subterrâneo ligando a igreja de Santa Maria do Olival ao mosteiro, e por ali passara Pedro naquele dia 7 de dezembro de 1503, ao chegar a Tomar para a assembléia da Ordem de Cristo, sob a presidência do Rei Dom Manuel I. Todos vinham confirmar sua crença e sua disposição, de corpo e espírito, de honrar e defender os ideais que os reuniam, chegando de todos os recantos de Portugal e dos Algarves, d'aquém e d'além-mar.

Na Charola, a ampla capela octogonal, havia a enigmática imagem de São Cristóvão com cabeça de chacal, conforme rezava a tradição. Um chacal? Um cão? Poderia parecer mais um cão. Na verdade, dependia um pouco do ângulo de visão e até do que pensava cada um. Em que quisesse acreditar. Cão ou chacal, o São Cristóvão pintado nos vitrais tinha a missão especial de acompanhar as almas que iriam fazer a travessia para o Além, voltando a Cristo... Como o egípcio Anúbis, o santo podia ver nas trevas.

Primeiro, todos visitaram o convento, como se não o conhecessem, o que fazia parte da tradição e integrava o ritual. Depois, lentamente, encaminharam-se para a arcada frontal do templo, e lá estava, no pórtico da igreja, a estrela de cinco pontas surgindo de uma rosa com as pétalas abertas. Para compreendê-la não precisaria ninguém explicar nada nem fazer qualquer pregação. Cabia apenas prostrar-se diante dela como fez Dom Manuel, imitado pelos cavaleiros, para depois entrarem no castelo em cortejo, seguindo durante largo tempo as complicadas liturgias que se estendiam de uma capela à outra.

Era a hora de recordar Frei Gil Martins, o dia 15 de março de 1319 e o Papa João XXII. A sagrada bula *Desiderantes ab Intimis* seria lida diante de todos, para lembrar a nomeação do Mestre de Avis como Mestre da Ordem da Cavalaria de Jesus Cristo, cadeira onde se assentava agora Dom Manuel I, o cheio de venturas, Rei de Portugal.

Não estava em mãos o pergaminho com selo de chumbo pendente de fios vermelhos e amarelos, porque este ficava resguardado de olhares e mãos na

Torre do Tombo. Mas em boa letra redonda estava a cópia de "Leitura Nova", mandada fazer por El-Rei, e que permitia a sua lembrança, sem erros e... perigos de perda.

"João Vinte e Dois, bispo servo dos servos de Deus, no dia 15 de março de 1319.

"Desejando-nos de vontade que a força e a glória da cristandade haja vantagem, em cada lugar por ajuda de Deus, contra os inimigos da fé, pelo poder que havemos e pelo conselho dos nossos irmãos, ordenamos a nova Cavalaria de Cristo em lugar de Castromarim, do bispado de Silves, a qual quisemos e queremos que seja chamada para sempre Ordem da Cavalaria de Jesus Cristo, do qual lugar de Castromarim, que é na fronteira dos ditos inimigos, fez doação de sua grandeza real, o muito amado, em Cristo, nosso filho Dom Dinis, nobre rei de Portugal e de Algarve para fundar e estabelecer aí a dita ordem, em louvor do nome de Deus, assim como mais compridamente é contido em nossas outras cartas. O qual lugar queremos que seja cabeça e principal casa da dita ordem em que se devam juntar os novos cavaleiros de Cristo para espargir o seu sangue pelo nome de Deus na destruição dos inimigos, os quais devem fazer profissão, na dita ordem, pelos ordenamentos e regras da ordem de Calatrava."[124]

Novamente escutavam a transcrição da ata em que se estabelecia que os frutos e rendas de todos os bens da Ordem de Avis, "de todos os castelos, vilas, aldeias, lugares, herdades, casais e possessões e de todas as outras coisas que a dita ordem que foi do Templo havia e trazia à sua mão e à sua posse", haviam passado para a Ordem de Cristo, conforme foi traduzido para o português e assinado no dia 20 de novembro de 1357, no cartório de Santarém.[125]

E agora estavam eles ali, Dom Manuel sucedia Gil Martins, Tomar representava o centro de toda aquela herança, e eles, os cavaleiros, juravam uma vez mais a defesa, consolidação e ampliação das terras sob o símbolo da Cruz. De joelhos, como ordenava a tradição, os cavaleiros ouviam a nomeação que estabelecia em Gil Martins o comando da Ordem e estipulava que a cada três anos deveria ele ir a Roma, prestar sua vassalagem à Igreja e ao seu Pontífice Máximo.

Pedro Álvares entre eles, concentrado e contrito, também ajoelhado perante o soberano, talvez com toda a sua história particular a atravessar-lhe o espírito, enquanto o corpo se enrijeceria por inteiro ao leve toque da espada sobre os seus ombros. A confirmação, então, lhe devolveria o ímpeto esmorecido ao longo daqueles meses de angústia, de desgastes e adiamentos, de duvidosos perdões e esquecimentos, permitindo que se sentisse, na dimensão completa do seu significado, outra vez um Cabral, que perante o seu Rei se ajoelhava, com o pensamento cravado na grande rosácea colorida pelos vitrais que coavam a luz externa no alto do templo e que bem poderiam desenhar em sua mente a figura da cruz.

Por um instante, deixar-se-ia, então, voar para Sagres, "o sagrado promontório", com as ondas esbatendo os rochedos, levantando a magnífica coroa de sua espuma e fazendo soar na solidão o seu longo bramido. O sol mergulha no poente, dourando com os últimos raios aquela cena gigantesca onde o esporão das pedras penetrava fundamente no oceano. É o Sacra Saturni, quase que transmitindo a vibração das águas aos pés de quem o contempla, enquanto o olhar envolvia toda aquela imensidão invadida pelo último contraforte português.

A seguir, um pensamento viria-lhe como uma flecha incendiada passando diante de seus olhos:

"Uma vez mais, servir!"

Teria essa oportunidade?

O instante seguinte o trouxe de volta para o silêncio de Tomar, onde podia-se ler, nos vitrais, o que a divisa estabelece: *Ora et labora!* Ao erguer-se para caminhar com o grupo de cavaleiros da Ordem de Cristo, o coro dos monges já tomava conta da capela, elevando em vôo as almas, junto com o incenso, para emaranhar-se nas altas ogivas. Ali estava, diante do Rei, a centímetros dele, Sua mão o abençoara e o que fora desfeito poderia reconstruir-se.

Lentamente, proferindo as palavras rituais, Dom Manuel dirigiu-se à assembléia daqueles senhores poderosos, transmitindo-lhes o que se pretendia e o que seria necessário fazer para prosseguir nos objetivos que vinham de tão longe. Falou sobre a nova igreja que mandara construir ali em Tomar e que então se começava. O projeto fora entregue a Diogo de Arruda, por delegação de Boitaca, porque este, arquiteto-mor do Reino, estava muito ocupado com o Mosteiro de Belém.[126]

O Rei mostrou a sua face de felicidade, com a sua Casa enriquecida desde junho pelo nascimento do herdeiro, João. Entusiasmado, relatou a peregrinação que fizera, a pé, cercado só por seus mais diretos servidores, até Santiago de Compostela, claro que avisados os Reis Católicos para que não permitissem que fosse hostilizado ou incomodado durante a viagem. As noites passadas em mosteiros, a satisfação e a alegria da convivência com a franqueza e sem as restrições das regras da Corte, a intimidade com os velhos servidores, como o "teimoso João Manuel", cuja idade e tempo de serviço lhe conferiam uma espécie de imunidade até para dizer *verdades*, tudo aquilo distraíra e alegrara o Rei.

Depois recordou os feitos gloriosos, a presença do estandarte de Cristo ondeando sobre as cabeças vitoriosas, as conquistas mais recentes, Santa Cruz, Índia e Terra Verde, no prosseguimento do que havia tanto tempo planejado. Relembrou então a certeza de que se tratava de um povo escolhido, sanção que viria desde os lusitanos de Viriato até os portugueses de então, com ele, Dom Manuel, passando por Afonso Henriques, Dom Fernando e o Infante Dom Henrique, Dom João II e tantos outros. A seguir, erguendo-se do trono colocado no centro da capela-mor, leu para todos aquilo que a tradição dizia que ouvira dos céus Afonso Henriques:

— Eu sou o fundador e destruidor de reinos e impérios, e quero em ti e teus descendentes fundar, para mim, um império para cujo meio seja meu nome publicado entre as nações mais estranhas! — E acrescenta: — Confia, Afonso, porque não só vencerás esta batalha, mas também todas as outras em que pelejares contra os inimigos da minha cruz... — E encerrou: — Palavra de Cristo![127]

Depois, era chegada a hora de encaminharem-se os cavaleiros para firmar a ata de presença naquele ato que os distinguia.

Reencarnação, a palavra proibida que os unia mas que somente soava dentro das paredes sagradas do Castelo, vez por outra era pronunciada. Com o cuidado de fazê-lo longe dos ouvidos dos monges. Assim o era havia séculos já, pois a Igreja de Roma proibira em Concílio que se tratasse do assunto. Mas como poderiam os herdeiros dos Templários esquecê-la?

Com a conclusão do ato e assinatura da ata, encerra-se a cerimônia, fecham-se as portas do convento de Tomar e espalham-se os cavaleiros, cada um seguindo o seu caminho, inclusive Cabral, quem sabe, revigorado ao cavalgar para casa. Atrás dele, as sombras da noite aos poucos iam engolfando o castelo com a cruz de ferro plantada no topo da Charola, a grande capela que chamavam de Rotunda.

Histórias de navegantes

O passo lento do cavalo, cansado pela longa trajetória, seria em tudo propício para Pedro Álvares refletir sobre sua vida. Haviam se passado dois anos e tal do retorno de sua viagem a quatro pontos do mundo conhecido. Já se tinham muito mais informações: Santa Cruz não era apenas uma ilha, mas uma imensa terra que se estendia por enorme latitude. Lá na sua parte norte, poderiam mesmo ter estado os castelhanos, como não se cansavam de afirmá-lo. Mas poderia ser considerada "a mesma terra" ou seria outra parte deste continente então encontrado?

Era uma dúvida, mas, para deixar isso mais evidenciado, ele pretendia escrever ao Rei. E mais: tinha idéia de publicar suas observações; para tanto, já existiam imprensas em Lisboa, em Leiria, em Coimbra, em todo o país. Em Tomar, vários cavaleiros haviam comentado sobre a importância daquele feito e o seu significado para o país, não pela descoberta em si, mas pela situação da nova terra, dentro ou fora da linha divisória que ambos os reinos haviam acordado. Se os castelhanos a haviam descoberto antes, comentou-se em Tomar, então seria o mesmo que dizer que Barcelona e Lisboa estavam no mesmo país. Ora, se acima da linha equinocial havia terras, havia-as também mais abaixo. Poderiam estar no mesmo continente. Mas, para separá-las bem, a linha do Tratado de Tordesilhas era um achado.

— Não apenas um achado — comentava o Rei Dom Manuel —, mas uma genial medida de Dom João II. Imaginem se houvesse vingado o acordo por uma linha paralela à equinocial. Metade norte, metade sul. El-Rei teve ousadia, e isso trouxe o resultado, o acerto! E há mais, há muito mais, só quem vai à Ásia sabe o que quero significar![128]

Para esclarecer bem as dúvidas dos companheiros, Pedro Álvares se dera ao trabalho de riscar, na areia do jardim da entrada do castelo, a posição em que ficavam Santa Cruz, a costa ocidental da África, e a Ásia, Goa, Calicute, Cochim e Cananor, na Índia, a entrada do Mar Vermelho, que alguns chamavam de Roxo ou Ruivo, e aqueles países do norte, a Península Ibérica com o pequeno retângulo português em sua extremidade oeste.

Assim puderam aqueles homens ter uma idéia de todo o caminho percorrido em nome da Ordem de Cristo pelas velas sob seu patrocínio. E do significado daquela missão que vinha desde os tempos antigos da formação da pátria e passava por toda a sonhada e realizada aventura de Dom Henrique. Influentes, poderosos, na certa fariam pressão sobre o Conselho Régio, que insistia em interferir nos planos de Dom Manuel para o Oriente. Pelo menos, faziam circular pelo país inteiro suas divergências.

O Rei representava a unidade do país. Não podia arriscar-se a acumular fracassos, o que tornaria muito difícil a tarefa de garantir os recursos necessários para a continuidade do plano. Se conseguir os homens para tripular as novas missões era relativamente fácil, pois uma aventura é uma aventura, sedução sempre suficiente, o que queriam os investidores era o lucro sobre a quantia aplicada. Esse resultado contudo ficava condicionado a todos os fatores que Pedro muito bem conhecia: desde o mar revolto até o caso de tripulantes insubordinados ou nativos que não quisessem aceitar nenhum tipo de dominação.

Na contabilidade do que Cabral trouxera do Oriente, somavam-se 3.000 quintais de mercadorias. Pessoalmente, Pedro ganhara 10.000 ducados, mais as 10 caixas forras a que tinha direito e 50 quintais de pimenta, tendo de pagar apenas os dízimos para o Mosteiro de Belém. Representava isso tudo uma boa quantia, algo como 70 quilos de ouro. E apesar de a canela carregada em Cochim não ter sido da melhor qualidade, o restante havia correspondido. Com todos os desastres, o saldo fora favorável. Se o preço baixara em Veneza, não era isso mesmo o que se pretendia? Com a tomada do controle da navegação no Índico e no Mar da Etiópia, não se restringia a passagem dos barcos árabes com suas cargas de especiarias? Não ficara a navegação sob o controle de Portugal, tanto que já se exigia dos árabes a exibição do *cartaz* com o nome da nave, a carga e o destino?

O fato, entretanto, é que nunca, nem o Rei nem ninguém, lhe haviam cobrado tal demonstrativo, até porque, logo à chegada, fora esta a primeira medida que tinha tomado. E todos haviam afirmado, naquele primeiro momento, que o resultado era satisfatório. Claro que se produziram rumores. Mas aí era o caso de acreditar na sua versão. Ou não. Mais tarde, quando as Cortes de 1502 não quiseram autorizar a liberação de mais 50.000 ducados para as guerras, com as dúvidas sobre o plano de Portugal no Oriente, é que a apreciação de sua carga passara a ter um peso maior.

Quanto às mentiras de navegadores... histórias que os homens contam, como peixes milagrosos com o tamanho de homens que voavam como pássaros e a descoberta de terras novas, ilhas misteriosas, mágicas, milagrosas, que só eles viram, de tudo isso Pedro estava bem cheio desde que fizera sua primeira viagem até o dia em que botou os pés em Portugal, no último retorno. Já em menino, escutava ao pé do fogo, no castelo de Belmonte, contos de pescadores e caçadores, preenchendo as noites de frio. Aquilo que lhe haviam contado na África, de pigmeus com quatro olhos, se lhe parecia pura mentira, era pouco diante do que se ouvia nas longas vigílias da Beira. Certa vez, seu pai ainda era vivo e Pedro, um menino, andara por lá um misterioso personagem de barbas pretas, que descrevia, ao longo de toda uma madrugada, grandes viagens e terríveis mistérios. Não conseguiram dormir as crianças por várias noites e jamais esqueceriam aquele personagem.

No entanto, sempre se aprendia alguma coisa — recordaria —, como o dito que todos sabiam de cor: "Não se apanham trutas com as bragas enxutas!". E quem não sabe que para se conseguir alguma coisa valiosa é preciso esforçar-se e pagar o preço por isso, enfiar-se rio adentro, molhar a roupa, correr os riscos? Não fora o que ele fizera, deixando para trás bens, família, amigos, e tudo o que mais estimava em Portugal, até o doce olhar de sua gentil donzela? Não abandonara tudo isso em troca de meter-se num navio, de largar-se mar adentro, de molhar suas próprias bragas e salgar as ceroulas? E a esse propósito, outro dito ainda era de se lembrar: "Fidalguia sem comedoria é gaita que não assovia..."[129]

E de tudo, afinal, o que Cabral jamais esqueceria, como se fosse uma visão que repetidamente o assombrasse, porque com ela tantas vezes adormecera a bordo da nau capitânia, era a imagem das grandes velas trepidando ao vento, atravessando o mar, levando a mensagem da Ordem de Cristo.

A herança templária

Se a viagem de regresso a Belmonte lhe agradara, conforto maior, e ansiosamente aguardado, seria chegar em casa saltar do cavalo, entregá-lo ao palafreneiro e subir os degraus, sabendo que logo teria nos braços a amada e os filhos, que todos os amigos e empregados viriam dali a pouco cercá-lo e que a seguir poderia refrescar-se, desfazer-se daquelas pesadas roupas, tirar a espada, despir o gibão, arrancar as botas. E que então poderia dizer "Meu fogo e meu lar, cem soldos val". Em pouco, portanto, já seria Pedro outra vez, amável como sempre, capaz de esquecer as ofensas; bastava-lhe lembrar que até o desfavor real fora amenizado pela maneira doce e amiga que com ele falara, Dom Manuel, no encontro de Tomar.

Aliás, o Rei em tudo lhe recordara o adolescente com quem convivera nas ruas agitadas de Lisboa, nas festas onde tantas alegrias repartiam, bem como a música, a dança, as correrias pelos becos estreitos da cidade antiga. Ele era um jovem pálido, com a testa enorme, abaulada, os olhos esverdeados, quase brancos, os braços compridos, caídos ao longo do corpo, as pernas longas, joelhos ossudos. Dele diziam, agora, ser covarde e ingrato. Mas teria sido sempre assim? Ao tornar-se Rei, o herdeiro do trono de Dom João II fora obrigado a colocar as questões de Estado à frente dos seus sonhos, desejos e direitos individuais, ou sempre fora mesmo um poltrão, acomodado e convicto, incapaz de honrar os compromissos de amizade?

No recolhimento de Tomar, o Rei fora outro, bem outro. Diverso daquele que há tempos não lhe dirigia um chamado e que havia um ano, desde a recusa, esquecera seu nome e a localização da sua morada. Mesmo nas questões delicadas, no segredo das relações da Ordem de Cristo, naqueles momentos em que se reencontravam os cavaleiros como legítimos herdeiros dos Templários, sabendo que a sua segurança, garantida nos últimos séculos pelo segredo e pela união, estava na discrição de todos, ninguém levara a mão à boca para exigir de Pedro que guardasse o silêncio quando brotara alguma palavra reveladora, nem mesmo quando referira-se ao que sabia sobre os nestorianos, os cristãos da Ásia, com os quais tantos pontos de semelhança havia. E ao lembrar propositadamente os seguidores de São Tomé, não para dizer da sua convicção de crer apenas no que via e a experiência lhe ensinava, mas para acentuar que estavam na Índia e na Etiópia, talvez em algum recanto perdido da Arábia Felix, junto ao Preste João, de quem permanentemente se queriam notícias em Portugal, mais ainda lhe pareceu afável o soberano. Por isso, deixar o Castelo de Tomar pode ter sido um enorme sacrifício, e só a certeza de voltar para uma casa acolhedora o animaria.

Começava a pensar efetivamente em fixar-se naquela Santarém que cultuava seu significado histórico e onde se sentia tão bem enraizado. E tão solidamente, que por vezes chegava a acreditar se não seria seu destino terrestre, ou pelo menos nesta passagem pela Terra, deixar a sua carcaça inútil sepultada entre as suas pedras. Tanto refletiu sobre este encontro entre o céu e a terra, durante o caminho de volta, que chegou a pedir a Isabel que lhe prometesse dar esse destino aos seus ossos cansados, toldando com este pedido inesperado o momento de brilho e alegria do reencontro. Pacientemente, explicou o sentido de felicidade que, contrariamente ao comum dos mortais, aquela certeza, aquela segurança lhe traria. E pode-se imaginar Isabel, sem conseguir levar a conversa inteiramente a sério, enquanto prometia que cumpriria o desejo do esposo.

Estava Pedro num instante de suprema satisfação pessoal. Sentira-se *procurado*, reabilitado perante o Rei. O encontro em Tomar fora também extremamente gratificante pela cordialidade de todos. Estivera entre os *grandes* de Portugal, no seio da congregação que mais poder dispunha na Península Ibérica. Desde que o Rei Afonso Henriques, nos primórdios do reino, manobrara para salvar os Templários, não só os protegendo fisicamente como garantindo-lhes o patrimônio e com isso o poderio econômico, fazer parte daquele grupo escolhido tinha enorme significado. Naqueles dias em Tomar, vira ressurgir a esperança em seu horizonte como uma estrela nova, como uma constelação, como aquela que Mestre João Faras percebera nos céus de 1500, a cruz que apontava o Sul, que tanto os orientara e que agora já tinha um regimento.

Reintegrado, recuperado, bastava, em sua opinião, dar tempo ao tempo, que em breve seria outra vez requisitado. O menino Fernando poderia orgulhar-se, e muito, do pai, que ainda tinha bastante força e vontade para demonstrar a sua capacidade e sua dedicação ao país. Este era o estoque de nobreza e caráter que Pedro Álvares renovara no recinto sagrado e poderoso de Tomar. Em sua opinião, por muitos partilhada, naquelas pedras residia tal força, nas paredes da sua capela octogonal se abrigava tal energia, que aquele que não se sentisse tocado poderia desistir de qualquer tarefa.

Com o capuz e a capa, com a cruz vermelha que traçava toda a herança templária e a unia pela aparência com aquela dos coptas cheios de fé, como os primitivos cristãos, com Cristo no pensamento, Pedro Álvares Cabral sentia-se, naquele momento da sua história, um iluminado e um escolhido. Ardia em desejos de voltar a contribuir, de repassar ao seu povo, concentrado naquele pedaço de terra encravado na parte mais ocidental do continente, a sua obstinação céltica, a sua crença e a sua bravura. Não era esta a herança histórica lusa dos distantes e inesquecíveis celtas?[130]

Cabral arrependia-se sinceramente de alguns ardores de juventude, últimos fogos de uma rebeldia que ficara no passado, que o tornavam excessivamente rigoroso em *pontos de honra*. Aprendera com o ostracismo, e esse aprendizado o capacitaria agora a descartar exageros. Estava pronto para voltar à luta, enfrentar as mesquinhas competições da Corte, conviver com a inveja, a cobiça, a mentira, e até com a preguiça e com a exploração das vantagens, com a ambição e com a soberba. Se lhe dessem a oportunidade, tinha tudo para saber como decompor bons e maus sentimentos, transformar-se num cavaleiro armado e encouraçado, para sair a combater não apenas com a viseira erguida, mas com a fria determinação que traçava a rota dos eleitos.

Para isso fora a Tomar, e também para corresponder às discretas aspirações que poder-se-iam perceber dançando no amadurecido olhar de ternura da sua doce Isabel. Não de avidez ou pretensão. Mas como um caminho traçado, por onde ele, ela e os filhos deveriam construir a passagem para um mundo mais sólido.

E talvez mais simples. Como o cheiro que já o aguardaria, vindo da cozinha, quem sabe uma *galinha à mourisca*, acompanhada por certo de brócolis, cenouras, aspargos, coentro, salsa, hortelã e sumo de limão. E um bom e insubstituível vinho.

Ah, o vinho... Quantas vezes não se lembraria ainda Cabral dos tempos de seu comando, quando tivera de racionar a ração de vinho da tripulação — não mais do que um litro e meio diário para cada um. E o preço que chegavam a pagar, comprando vinho de algum companheiro? Bebida nobre, saudável. Gratificante.

E foi daí que Cabral começou a esperar o chamado real.

O MASSACRE DO *MIRI*

Quando Vasco da Gama trouxe ao rei a notícia de todo o problema relativo ao barco *Miri*,[131] ocorrido na sua viagem de ida, um ano antes, pode-se imaginar a preocupação de Dom Manuel. Bastaria para deixá-lo possesso apenas pensar qual seria a reação do Papa, uma das conseqüências daquela incomodação que lhe enviavam os céus. Correra muito na frente do mais veloz dos barcos que voltavam da nova viagem ao Oriente a notícia das atrocidades cometidas sobre o navio mercante, praticamente indefeso, que transportava peregrinos regressando de Meca. Agora, segundo notícia de Gama, o Soldão, o soberano do Egito, ameaçava converter à força ao islamismo todos os cristãos que fossem encontrados no Oriente e destruir o Santo Sepulcro. Tratava-se de assunto sério por demais, mexia com todos os países cristãos da bacia do Mediterrâneo e dos mares do Norte, tocava num delicado equilíbrio político e condenava os povos da África e da Ásia ao rompimento com o cristianismo.

O *Miri* era um grande barco que tivera a infelicidade de se encontrar na rota dos portugueses, voltando de Meca, para onde levara muçulmanos ricos com suas famílias para a tradicional peregrinação religiosa. Uma nau imensa, poderosa, que resistira ao ataque dos *rumi*, como chamavam os cristãos, mas afinal tivera de render-se.

Vasco da Gama comandara o assalto final, pessoalmente: o bombardeamento, o incêndio e o afundamento. O sangue dos peregrinos, as suas jóias e o seu ouro, tudo havia sumido nas águas do mar. O dia 3 de outubro de 1502 marcara a viagem de ida do almirante como uma impiedosa e sangrenta jornada, jamais esquecida. Tomé Lopes, o escrivão que ia a bordo da nau de Estêvão da Gama, adiantou em Lisboa o relato do episódio, sobre o qual escreveria mais tarde:

"As mulheres tentavam desesperadamente demover os portugueses. Colocavam-se na amurada da embarcação, exibindo grandes ornamentos em ouro, prata e pedras preciosas. Gritavam em alta voz e chamavam o almirante, agitando a cabeça e mostrando que lhe entregariam tudo, se ele quisesse salvarlhes a vida. Algumas pegavam seus filhos de pouca idade e erguiam-nos nos braços, e todos nós compreendíamos que elas nos pediam para termos piedade daqueles inocentes."[132]

Os que morreram poderiam agradecer por isso, porque assim escaparam à tortura de terem arrancados seus narizes e orelhas e se transformarem em destroços humanos, a maioria deles comida pelos peixes, pois ao mar eram atirados como carga inútil. Os poucos que foram poupados logo foram batizados como cristãos. Garantia-se que não eram mais do que 16 crianças.

A opinião geral estava dividida, era como se fossem dois partidos, nem o tempo que levara o almirante em sua longa viagem atenuara as divergências. E, agora, a alegria da chegada se quebrava com a confirmação dos crimes cometidos no Índico, o que estarrecia a todos. Claro que muitos eram os que entendiam que Vasco agira certo, matando, queimando e afundando navios, batizando os sobreviventes. Fizera justiça!, dizia-se. A destruição da feitoria de Calicute, a morte de Aires Correa, Caminha e os outros haviam sido vingadas.

Cabral mantinha-se mudo, para evitar um comprometimento. Durante todo aquele inverno, aguardara um chamado, um bilhete do Rei, e , porém, com aquela chuva, nenhum mensageiro se atreveria a atravessar as ruas e estradas. Parecia que o mundo seria envolvido de vez por um novo dilúvio.

O inverno que se desenhava no final de 1503 seria um dos mais rigorosos de que se tinha notícia, e em boa hora Vasco da Gama havia regressado da viagem; fora a 10 de outubro que sua nau fundeara em Belém. Cabral não o procurara e nem por ele fora procurado. Pedro Álvares, agora usando o Cabral, o sobrenome paterno de sua família, desde que Dom Manuel o legalizara na carta aos Reis Católicos, seus sogros, ao ver-se assim envolvido pela opinião corrente na Corte, quis saber diretamente o que ocorrera, pois não lhe bastavam os relatos que chegavam por intermediários. Além do massacre dos passageiros e tripulantes do *Miri*, episódio que tantas queixas gerou dos árabes assim como outras tantas ameaças, Vasco havia canhoneado outra vez Calicute e estabelecera uma feitoria em Cochim. Era o que se sabia.

Em contrapartida, a euforia da grande carga de especiarias que Vasco trouxera fortalecera o projeto de expansão para as Índias, garantindo o envio de três novas esquadras naquele mesmo ano, ajudando a aliviar as tensões. Afonso de Albuquerque, Francisco de Albuquerque e António de Saldanha capitaneariam as novas armadas que se dirigiriam para o Oceano Índico. E Pedro começava a acariciar o projeto de incorporar-se numa próxima incursão, com o primo Lopo Soares de Albergaria. Seria a chance de voltar ao teatro de operações, à luta, onde aconteciam os fatos realmente importantes.

Mas havia o *Miri*.

Na guerra pelo poder sobre o Mar da Etiópia, Mar Vermelho, Golfo de Aden, Oceano Índico, sobre a navegação e o comércio das especiarias, sobre todas as rotas antes dominadas pelos árabes, mais e mais violência se instalava sob o signo da Cruz. Como ocorrera com Pedro Álvares Cabral, como se dera com Vasco na primeira viagem e se repetia agora ou como seria com Albuquerque ou qualquer outro. Portugal enviava seus melhores homens para o Oriente. Afonso de Albuquerque era um exemplo disso, e com sua intensa atividade guerreira, seu projeto de construção de fortalezas e tomada de pontos estratégicos, como Ormuz, Goa e Aden, seduzia a Corte.

Aliás, Dom Manuel tinha outros motivos para preocupações diretas. Havia o mapa que surgira na Itália, em 1502, assinalando as mais recentes conquistas portuguesas, as descobertas de Santa Cruz e da Terra Verde. Obra do italiano Alberto Cantino, que se apresentara no Reino como comprador de cavalhadas e de mulas, sendo que o próprio Rei o recebera em seu palácio de Sintra. O perigo era agora se espalhar pela Europa aquele mapa tão completo dos domínios e das viagens portuguesas. A *Terra Brasilis* lá estava com muita precisão, e também o caminho das Índias, o contorno do Cabo da Boa Esperança, a Arábia, e toda a costa do Malabar. Dom Manuel culpava os judeus de haverem contribuído para a entrega de informações, que foram parar na corte do Ducado de Este.

Desde 1496, Dom Manuel implementava medidas para dificultar a permanência dos judeus no Reino; a primeira delas, assinada em Muge, no dia 5 de dezembro. Em nome da Fazenda Real, porém, ele os poupava, em especial quando a relação dos bens era significativa e eles aceitavam converter-se para a religião cristã. Conversão, na verdade, compulsória e apenas aparente, já que toleravam o batismo e a sua transformação em *cristãos-novos*, embora mantendo muitos deles a prática de seus cultos no interior de suas casas. Se abjuravam publicamente sua fé, a Igreja estava atendida, e a Corte da Espanha, gratificada.

Entretanto, a jovem Princesa Isabel, que na viagem para a Índia tanto tomara o partido de Vasco da Gama, talvez mais duro com os infiéis do que Cabral, honrava bem as exigências que havia feito para o seu casamento com Dom Manuel, e que constavam, explicitamente, do contrato de casamento firmado entre a Princesa de Espanha e Rei de Portugal, este por intermédio de seu procurador, João Manuel, em Medina del Campo, em 11 de agosto de 1497:

"Primeiramente, é concertado e assentado que o dito sereníssimo Rei de Portugal lançará fora de todos os seus reinos e senhorios a todos os que forem condenados por hereges", e para tanto estabelecia-se o prazo de um mês: "Pondo assim em obra por todo o mês de setembro deste presente ano de 1497, de maneira que nenhum dos ditos hereges fique em nenhuma parte dos seus reinos ou senhorios."

"E eu", subscrevera o procurador, "o supradito João Manoel, em nome do mui alto e mui excelente Rei de Portugal, meu senhor, prometo e juro pela alma de Sua Alteza, a Nosso Senhor Jesus Cristo e ao sinal da cruz e aos Santos Quatro Evangelhos, com minhas mãos corporalmente tocados, que o dito Rei de Portugal, meu senhor, cumprirá, manterá e guardará a presente escritura e todas coisas nela contidas."[133]

No início, o Rei conseguira contemporizar, estabelecendo condições que facilitavam a integração dos judeus à sociedade e estabelecendo 20 anos de prazo para que se adaptassem completamente à nova condição de cristãos. Batizavam-se, mudavam de nome e pronto. No entanto, à medida que os anos passavam, a inexperiente mulher do Rei tornava-se uma esperta rainha e procurava ampliar sua influência. E suas exigências: "*echar fuera los herejes!*". Em março de 1497, muitas famílias de judeus haviam sido concentradas no Rossio e batizadas à força. Os esbirros do Rei puxavam as pessoas pelos cabelos e arrastavam-nas até as proximidades de uma pia batismal improvisada. O número crescente de *batismos* levou a mudanças do ritual, que logo se limitaria a enérgicos borrifos de água benta que os padres atiravam ao seu redor. As pessoas atingidas estariam *convertidas*...

Dom Manuel acreditava que seria possível unir a Península Ibérica sob uma única coroa. Não era seu sonho exclusivo, nem nascera com ele. Dos dois lados, nutria-se tal ilusão e desejo. Mas ele entendia que seria preciso aproximarem-se os reinos por meio da religião. Convertidos, judeus e mouros poderiam permanecer no país, e com eles seus bens, seu dinheiro e conhecimento das ciências e das artes. O que para muitos era um perigo, pela concorrência pessoal, principalmente por causa dos *físicos*, astrônomos e professores, que exerciam influência direta mesmo na Corte, junto ao Rei. De fato, havia um judeu estabelecido até mesmo com uma imprensa em Coimbra.

Impunha-se, entretanto, fazer cumprir o contrato matrimonial. Mesmo como rei de Portugal, e apesar da dívida moral e intelectual da coroa para com os judeus, Dom Manuel não poderia arriscar-se a feri-lo, o que provocaria uma questão política. Portanto, a solução dos batismos em pé parecia-lhe muito bem aplicada.

Pedro, por seu lado, tinha muitos amigos entre os marranos. Lembrava com simpatia dos meninos com quem repartira a infância em Belmonte. E da Judiaria de Santarém, onde também cultivara seus afetos. E quantas aulas tivera com Abraão Zacuto! Sorte do mestre ter deixado o país em 1496, assim que as ameaças começaram a se desenhar no horizonte; não ficara esperando por mais ingratidões e perseguições. Em Santarem, vez por outra, chegava-lhe a notícia de que haviam prendido ou expulsado judeus, principalmente na capital. Eram momentos em que o medo prejudicava as relações.

Depois das grandes chuvas e do frio do Natal de 1503, o ano novo se abriu com nevascas que destruíram as lavouras e mataram as ovelhas no Alentejo e na Beira. Era previsível que também em Belmonte as tulhas ficariam vazias. Para Dom Manuel, portanto, imerso em tal crise econômica, seria de todo conveniente atribuir aos judeus o roubo das informações que permitiram a confecção do mapa de Cantino. Até porque sabido era que fora Sua Alteza quem permitira ao italiano assistir a uma audiência, em outubro de 1501, sobre o retorno da expedição capitaneada por Corte Real, que andara muitos graus ao norte, em regiões de intenso gelo em que puseram o nome de Terra Verde.

Com este apoio, Cantino se movimentara livremente por todo Portugal e muito provavelmente tivera acesso, em alguma repartição, aos dados preciosos com que fora confeccionado aquele planisfério, que poderia correr mundo e pelo menos em Ferrara se tornar foco de atração. Justamente em Ferrara, onde, aliás, viviam muitos judeus portugueses, o que fortalecia a tese do Rei.

Já fora estabelecida a pena de morte para quem mandasse *para fora* mapas e informações valiosas, e não repercutia bem, para ninguém, muito menos para o Rei, a liberdade de que desfrutara o tal Cantino. O italiano declarara ao Duque Hércules, da Casa del Este, que lhe haviam cobrado 12 ducados de ouro pelo mapa, preço alto mas considerado razoável, pelos riscos da traição e importância dos dados que continha. Fazia um ano que deixara Portugal, e não agira muito diferentemente dos demais italianos, fossem de Florença, Gênova ou Veneza, a viver em Lisboa. Ao exercerem suas atividades como diplomatas ou comerciantes, freqüentemente iam muito além de suas tarefas de comerciar ou representar oficialmente seus governos, envolvendo-se em discussões políticas domésticas ou mesmo arriscando a pele em duvidosos contatos nas ruelas mais perdidas da capital. Além disso, metiam-se com naturalidade entre a multidão que habitualmente enxameava as proximidades do porto de Lisboa. Pasqualigo, por exemplo, escreveu à Senhoria de Veneza, no dia 18 de outubro de 1501, para contar da convicção dos portugueses de que haviam descoberto um continente, e não apenas uma ilha:

"Acreditam, estes da caravela, em que a terra descrita é terra firme e está ligada a outra terra que debaixo da tramontana foi descoberta o ano passado por outras caravelas desta Alteza... Também crêem estar ligadas com as Antilhas que foram descobertas pelos reis de Espanha e com a Terra dos Papagaios, há pouco achada pelas naus deste Rei quando iam para Calicute."

Portanto, e apesar de tantas penalidades, não era muito difícil colher informações, juntá-las e enviá-las *para fora.*

Portugal entregue à fome

O pior que se poderia prever se cumpriu. O duro inverno de 1503 provocou uma fome devastadora naquele ano e no seguinte. O fracasso das colheitas foi total, e os nobres tiveram de se contentar com magras receitas, pois as tulhas ficaram vazias. Para completar, até o comércio da pimenta trazida da Índia passava por dificuldades.

Os carregamentos nas viagens de João da Nova e Vasco da Gama haviam inundado a bolsa de mercadorias, e em toda parte baixava o preço por efeito da especiaria colocada pelos portugueses. Tanto que Dom Manuel teve de intervir diretamente no mercado, estabelecendo a proibição de venda abaixo dos 20 cruzados. Era a única forma de manter o preço e impedir a baixa, que quebraria a empresa das Índias.

Se os ricos e poderosos passavam dificuldades, maiores eram as do povo, que precisava contentar-se em comer o que havia à mesa, transformando jardins em hortas e fazendo da subsistência a lei número um. A miséria e a doença alastravam-se pelo país, e nem as incorporações de grandes contingentes para as guerras da Índia aliviavam a pressão.

Afonso de Albuquerque transformara a feitoria de Cochim em fortaleza. E recebia apoios, que julgavam necessário mudar a política do Oriente, pois simples e ingenuamente instalar feitorias para comerciar não a sustentava. Reivindicava-se o assentamento de praças de guerra. Apesar de toda a crise, Lopo Soares de Albergaria partira naquele ano, como previsto.

De Castela chegava a notícia do falecimento da Rainha Isabel, a Católica, sogra de Dom Manuel, cuja amizade e laços de parentesco ajudaram a manter o equilíbrio político da Península Ibérica.[134]

Dentro do minúsculo país não haveria mais saída fácil para a solução das questões econômicas. Com a sombra da fome, o Oriente, com todas as suas riquezas, continuava a ser visto como a salvação do Reino.

Já se preparava outra grande armada.

O soberano queria dar maior grandeza ainda ao projeto. As razões estavam mais fora do Reino do que nas dificuldades internas. Veneza enviara agentes ao Cairo, para convencer os negociantes de especiarias de que a permanência de Portugal no mercado, com seu esquema próprio de transporte, contornando o sul da África, seria comercialmente muito ruim para todos. Para Veneza, para o sultanato do Egito, para o xeque de Aden, para o samorim de Calicute.

Kansouh el Ghouri, sultão da dinastia mameluca, cujo trono se assentava no Cairo, capital do Egito, achou que a guerra não seria o adequado, pois conhecia e temia o poderio bélico e a experiência marítima dos portugueses. Preferiu o caminho diplomático, e para fazer pressão enviou ao Papa o Abade Mauro, do mosteiro do Santo Sepulcro, com a notícia de que os cristãos do Oriente seriam perseguidos e os muçulmanos destruiriam o Santo Sepulcro, por conta da intromissão portuguesa no mercado que sustentava a economia de todos aqueles países.

Em outubro de 1504, já se tinha conhecimento em Lisboa da chegada do Abade Mauro a Roma e do significado de sua visita. Dom Manuel preferiu outro tipo de resposta, fortalecendo as posições no Oriente. Pela primeira vez, pensou em criar o vice-reinado da Índia, mais forte, mais potente, mais bem equipado e com poder de decisão imediata, para fazer a guerra, se fosse o caso.

Com o inédito posto de vice-rei, partia Dom Francisco de Almeida. O ano era excepcionalmente difícil. Duarte Pacheco Pereira estivera cercado em Cochim, resistindo com três navios, 160 portugueses e o apoio de 20.000 malabares, que aliás desertaram em sua maioria, logo que começaram as operações. Aproximadamente 100.000 naires sitiavam a cidade. As perdas de Duarte foram muito grandes.

Corria então intensamente na boca do povo o provérbio: "Dos que vão à Índia, de cento não vem um!" Entretanto, a opinião pública começou a mudar, e a empresa da Índia voltou a ganhar o apoio popular, justamente no dia 22 de julho de 1505, quando retornava à capital do Reino Duarte Pacheco Pereira, considerado vitorioso, tendo se safado do largo cerco a que fora submetido. O navegador foi recebido por Dom Manuel na Sé de Lisboa, e o próprio Rei fez questão de acompanhá-lo num cortejo triunfal, a pé, pelas ruas da capital, até o convento de São Domingos, depois de um sermão incendiado de fervor patriótico de Dom Diogo

Ortiz, então Bispo de Viseu, que não se cansou de descrever e louvar os feitos bélicos contra os muçulmanos.

Nas principais cidades e vilas do interior do país, comemorou-se também a volta do guerreiro, e Dom Manuel encarregou-se de escrever aos principais reis da cristandade, dando conta do ocorrido, da vitória portuguesa e do retorno de Duarte Pacheco Pereira.[135]

Pedro, no entanto, continuava disponível, e as notícias que chegavam da Índia e de Santa Cruz amarguravam-no sem consolo no seu exílio. Não lhe agradara ouvir que a destruição prosseguia no caminho das Índias, apesar de o vitorioso ser seu amigo e ex-companheiro de viagem, assim como o desgostava que a "Terra dos Papagaios" continuasse sendo pouco mais do que um posto de aguada. Ocorria que agora tudo poderia mudar, com a concessão da terra a Fernando de Noronha,[136] um cristão-novo, que estava obrigado a enviar anualmente uma expedição para a exploração do litoral, desde 10 de janeiro de 1504, e implantar o comércio do pau-brasil. Noronha, ou Loronha, como o chamavam, recebera a missão de ampliar o território explorado, para garantir a renovação do contrato ao cabo do terceiro ano. Era sempre um perigo deixar todo aquele vasto território com tão pouca ocupação, principalmente depois da divulgação do mapa de Cantino. Corsários sob bandeira francesa já a rondavam, e eram muitos os que se dedicavam ao trabalho de *brasileiros*: arrancar das matas da costa as árvores de pau-brasil, para utilizar a sua preciosa resina como corante. Ou, buscando livrar-se do trabalho pesado, os que davam bugigangas aos nativos em troca dos troncos já desbastados e empilhados no litoral. Não era por nada que o carmesim imperava em todas as cortes, maiores ou menores. Era a cor com que se vestiam os nobres abastados e os que queriam parecê-lo, mesmo que fossem apenas burgueses enriquecidos.

Afonso de Albuquerque, de volta a Lisboa, fez a Cabral uma visita que o deixou ainda mais preocupado. Para manter a Carreira das Índias, parecia cada vez mais indispensável lançar mão da violência, e a política do Oriente era um caminho sem volta. Ou guerrear para manter as posições, ou abrir mão, recuar e entregar tudo, desperdiçando os anos, as vidas e os recursos lá investidos.

Não muitos no entanto procuravam convencer os nobres hesitantes. Os grandes do Reino não queriam apoiar a intensificação da atividade guerreira, pelo custo em dinheiro e em soldados. No Conselho Régio, Dom Manuel ficava cada vez mais isolado, embora os êxitos de Duarte Pacheco Pereira tenham ajudado a melhorar a sua posição perante a opinião popular.

Acrescentando-se a isso, o ano de 1505 parecia longo e difícil, ainda mais com a epidemia de febre tifóide a matar milhares de habitantes nas principais cidades. Dom Manuel refugiou-se em Setúbal, deslocando-se para Santarém, e a seguir até outros pontos do território, enquanto lhe chegam narrativas do terror que se instaurara na capital. Em Lisboa, todos os dias era preciso remover os cadáveres e sepultá-los num valo comum e profundo. As sepulturas cristãs não mais davam vazão. Erguia-se apenas uma cruz para assinalar a todos aqueles mortos, e seus parentes ali ficavam a chorar e a lamentar-se, temerosos, por seu turno, de que dali a pouco eles é que estivessem sob a terra.

Instalaram-se canos para carregar o esgoto, removiam-se as fezes e o lixo comum para a beira das praias, para que o Tejo lavasse e levasse adiante o que fosse possível — encarregava-se o grande rio de limpar a alma e o corpo da cidade. Faziam-se ainda procissões lamurientas e queimava-se alecrim para tirar a peste e acabar com os restos dela por toda parte. O perfume do alecrim, ao mesmo tempo que animava as pessoas, lembrava-lhes a extensão do drama que se vivia. Seria preciso decidir entre submeter-se à tragédia interna ou tentar alargar as possibilidades do país com a conquista da Índia.

— Continuaremos! — decide o Rei.

Era preciso receber o gengibre e a pimenta, que vinham do Malabar, a canela e o cravo de Cananor, buscados mais para o profundo do continente ou nas ilhas do sul, a noz-moscada, e também as sedas e porcelanas obtidas na China, o âmbar, o almíscar, as pérolas, rubis e diamantes. O cravo, negociado a 20 reais no reino, saía da Índia a não mais do que dois. Da *Terra dos Papagaios*, chegava o *pau-brasil*, com preço melhor, pela viagem mais curta, mas não ainda na quantidade necessária, pelas dificuldades de uma indústria incipiente, feita apenas de coleta e transporte.

Dom Francisco de Almeida, reforçado pela poderosa carta de nomeação que lhe ia no bolso, se fez ao mar rumo à Índia e de passagem destruiu Quíloa e Mombaça. Quando as notícias chegaram, soube-se que seria preciso enviar outra armada, e ainda mais outra, novas guarnições, e assim se procuraria também desinchar Lisboa, que fervilhava de gente de todos os feitios desejando apenas embarcar, partir, fugir. Ou combater. Fazer a guerra. E, ao fazer a guerra, fazer a vida.

Ninguém queria mais ficar no campo, a produção agrícola estava em níveis muito baixos, faltava o trigo e o arroz. O mar fornecia o peixe, mas que salvava apenas a quem se agrupava junto ao litoral. O sonho de todos continuava sendo meter-se numa caravela e fazer a vida na África, Ásia ou qualquer outro ponto.

E as esperanças renasceram, como sempre, obedecendo à mística da virada do calendário: 1506.

Somente quem estava ligado aos empreendimentos ultramarinos é que ainda prosperava. As especiarias, embora com redução de preço, continuavam a produzir bons rendimentos. Os funcionários da Casa da Índia engordavam os bolsos com suas tenças, e os que conseguiam embarcar e não morriam pelo caminho retornavam com as arcas cheias. Por isso, eram invejados, e o povo miúdo não sabia como sair da crise. Nas ruas de Lisboa começavam a se produzir motins de esfomeados e desocupados. Todos os dias, apenas o sol se levantava, já uma multidão estava junto ao porto, aguardando a chegada de algum barco com uma boa notícia, um parente enriquecido ou mesmo algum resto de comida que a marinheirada deitaria fora.

Sobrava sempre algum peixe.

O Rei mandara distribuir pão, e o resultado fora o pior possível, com seus funcionários quase massacrados pelo povo que não se continha na espera, avançando sobre eles, em desespero. Era de ver-se como aquela gente toda se jogava para arrancar o que podia das mãos dos representantes da Coroa, e como se empurravam e se tratavam como feras. Os conhecidos se desconheciam, os amigos tornavam-se inimigos, os casais lutavam separadamente para garantir duas rações para a casa. E até as crianças combatiam como se fossem lutadores, arranhando, ferindo, atingindo-se umas às outras, determinadas a conseguir um pouco mais de comida.

Além dos que atuavam com negócios ultramarinos, só os mercadores ou os que possuíam alguma profissão, os mestres de alguma atividade, é que conseguiam viver com certa dignidade, conservando-se alheio ao caos.

E os nobres, naturalmente. Resguardados no interior dos seus castelos, ou em suas herdades, o mais distante possível da capital, ouvindo dizer que a situação se agravava a cada dia e nada fazendo; por não possuírem poder suficiente ou por julgarem imprudente qualquer ação. Olhando, à distância, comentavam com seus pares que havia em Lisboa uma corja de ex-escravos, cristãos-novos, deserdados da sorte de um modo geral, que de tudo seriam capazes e que se constituíam num perigo. E que seria preciso meter-lhes ordem.

Os judeus, detentores em geral de alguma profissão e que se ajudavam mutuamente como sempre o fizeram, estes também desfrutavam de um relativo conforto. No seio da sua comunidade, era sempre feita uma coleta, principalmente nos ofícios religiosos das sinagogas, para atender aos necessitados, mas só aos de sua religião. Alguns deles se dedicavam à usura, pois não eram poucos os habitantes que precisavam empenhar o que ainda possuíam para transformar em compra de alimentos. A população miserável invejava suas casas, suas roupas e até sua aparência. A Rua Nova era o alvo principal deste imenso sentimento de inferioridade: as casas ricas, as lojas atraentes, os escritórios bem organizados e distintos.

O Rei, em Évora, escapava da pobreza e dos odores fétidos, da peste e da indigência das ruas da capital. A situação se descontrolaria a tal ponto que, no seu auge, iniciou-se a perseguição aos que não sabiam dizer de cor o padre-nosso, o creio-em-deus-padre e a ave-maria. Em pouco tempo, além de persegui-los e jogá-los às prisões, começava o povo a surrá-los nas ruas mais escuras, depois de exigir que declamassem as orações cristãs. E foi logo depois da Páscoa, na Pascoela, quando alguém se lembrou de dizer que, assim como eram culpados pela morte de Cristo, só poderiam ser os judeus os culpados também pela penúria geral, que eles começaram a ser executados.

Morte aos judeus!

Dia 15 de abril de 1506. Uma longa procissão se formara nas ruas de Lisboa naquela quarta-feira, com os cristãos chorando em voz alta, clamando pela misericórdia divina e arrastando-se no chão como penitentes. Atribuíam em altos brados a responsabilidade de todas as desgraças ao enriquecimento cada vez maior dos judeus. Era culpa deles, diziam, a fome, a pobreza, a miséria.

Pediam a cessação do "flagelo de Deus" que se abatera sobre Portugal, e todas as noites, junto ao convento de São Domingos, se faziam preces públicas, chegando até o ponto, no dia 19, domingo de Pascoela, de alguns jogarem-se ao solo, a berrar trechos de orações e, como que tomados por um espírito, bradando que a custódia ao lado do Senhor Crucificado aparecera subitamente iluminada. Registra-se que alguém, por descrença ou ironia, ousara rir, dizendo que "um pedaço de pau seco não podia fazer milagres". E então num instante o tumulto explodiu. Primeiro, tentaram deitar a mão em quem proferira a *heresia*, depois sobre quem se antepusesse ou ousasse pedir calma.

O autor da frase foi agarrado, arrastado pelos cabelos, e logo morto e lançado a uma fogueira que começou a crepitar ali mesmo, diante da igreja. Informados do que ocorria, os mercadores dos arcos do Rossio, desde a Betesga até a subida de São Domingos, fecharam suas portas e se jogaram às ruas, seguidos por seus familiares, com seus escravos pretos e mouros convertidos. Todos corriam incitando-se uns aos outros e berrando palavras de ordem.

Um frade dominicano, de crucifixo alçado, pregava, excitando a turba cada vez mais, clamando por justiça e punição aos infiéis. As mulheres surpreendiam a quem se punha a ouvi-las, pois misturavam palavras de devoção aos santos com as mais obscenas expressões. Por vezes, riam-se, descompostas, para noutros momentos revolverem-se no chão a lamentar a própria sorte e a dos filhos e maridos.

Os judeus, fossem pobres, remediados ou ricos, tentaram a fuga, mas muitos foram alcançados, descobertos às vezes escondidos sob a cama ou no fundo de arcas e armários. Puxados para as ruas, eram ofendidos e brutalmente agredidos com paus e pedras. Os que conservavam a vida depois dos primeiros maus-tratos eram carregados para um dos locais mais centrais da cidade, o largo do Rossio, e lá executados. Não havia julgamentos, não havia polícia, simplesmente eram queimados, justamente onde muitos deles haviam sido *batizados em pé* em 1497. Outros, que queriam garantir a vida dizendo-se *cristãos-velhos*, despiam-se, mostrando o sexo para provar que não eram circuncidados.

Quando caiu a noite, já eram centenas os sacrificados, e, à medida que morriam, suas casas eram invadidas e seus bens roubados. A maioria deles morava nas freguesias de Madalena, São Julião e São Nicolau, em alguns casos até em Santa Justa, onde havia o cemitério judaico.

As relações pessoais deterioraram-se. Quem conhecia um cristão-novo, um daqueles *batizados em pé*, fingia não saber de quem se tratava, e ao saber que lhe haviam levado o vizinho, fechava os olhos e nada comentava.

Por uma noite inteira e mais um dia e tanto, Lisboa foi envolvida pelo cheiro terrível da carne humana assada naquelas fogueiras com que se pretendia resolver os problemas do país. Os distúrbios ampliaram-se de tal forma que, já chegando ao terceiro dia, os soldados do Rei tiveram de sair às ruas da capital para conter a ira dos amotinados, pois já quebravam as lojas e oficinas, destruindo o que lhes parecia pertencer a algum dos odiados inimigos de hoje, até ontem amigos e, em alguns casos, parentes. Quando a calma voltou, os que sobreviveram à matança procuravam inocentar-se, provando que tinham tal e tal proporção de sangue de cristão-velho e que não praticavam nenhuma fé mosaica, sendo capazes inclusive de proferir de cor o padre-nosso, a ave-maria e o creio-em-deus-padre.

Dom Manuel, retirado em Setúbal, resolveu então usar de todo o seu poder real para pôr fim aos distúrbios, acabando com as execuções sumárias, inclusive para restabelecer alguma prevalência da Justiça. Chegou a mandar executar os dois frades dominicanos que haviam atiçado o povo e alguns dos amotinados. A punição foi mais longe. Ao tomar conhecimento de toda a extensão dos fatos, o rei expede uma sentença, em 27 de maio de 1506, determinando que não houvesse mais, na cidade de Lisboa, como castigo, Casa dos 24, Corporações de Mestres nem Juízos dos Hospitais. A cidade perdia sua representatividade.[137]

Cabral, refugiado em Santarém, só recebia más notícias: além das que vinham de Lisboa, chegava da Espanha a informação de que Cristóvão Colombo morrera em Valladolid, um navegador como ele, um esquecido como ele e que quase poderia considerar como seu parente. Havia laços de família: Isabel Perestrelo, mãe de Isabel, sua mulher, era prima-irmã de Felipa, primeira mulher de Colombo, filha do navegador Bartolomeu Perestrelo, que vivera na Ilha da Madeira.[138] Agora, ambos estavam mortos, mas não parecia a Cabral que a fatalidade desfizesse a ligação. Aquilo lhe doía, e ele temia pelas notícias de Lisboa, pois na certa teria perdido algum amigo entre os cristãos-novos ou velhos judeus.

Afonso de Albuquerque partira outra vez e não o levara. Viajara para ser o capitão-mor da costa da Arábia, navegando com Tristão da Cunha, levando a missão secreta que o havia de transformar em Governador da Índia, na sucessão de Francisco de Almeida. Na prática, Pedro encontrava-se cada vez mais isolado e distante. Era apenas um espectador, embora bem-informado. Não mais um protagonista. Imerso na grande crise do país, não podia fazer muito mais do que irritar-se com a própria impotência. E com a impossibilidade de mudar o destino, nem de agarrá-lo, ou de fazer a roda da fortuna girar para trás.

No ano do tostão

Há momentos em que a resistência cede como a corda de um arco que se rompe. Como uma vergastada. O torturado se entrega. Para o próprio indivíduo, pode até soar como uma tomada de posição, repentina e inesperada. Na verdade, é o fruto maduro ou podre da longa resistência. Ele se torna então capaz de confessar os mais medonhos crimes, aceitar as piores condenações. Contanto que seja deixado em paz. E, como numa partida de xadrez, fica estabelecido quem faz o lance seguinte.

O jogo me era bem conhecido, e, pois, foi com tal estado de espírito que me sentei à escrivaninha ao final de 1508 para apresentar minha jogada. Escreveria a El-Rei. Temendo que Sua Alteza houvesse mesmo esquecido o seu antigo capitão-mor, mas assumindo que a culpa deste feito era minha, manifestei crença de que o passar de tão longo tempo tivesse carregado para longe os arrufos e também riscado todos os maus conselhos, pedindo, humilde, para ser novamente levado em consideração.[139]

Escrevi-lhe de uma só vez, impulsivamente. E apenas concluído o texto, levantei-me e tornei-me cá a sentar muitas vezes, lendo e relendo o que havia posto no papel. Conseguira dizer o que pretendia? Havia realmente feito todo o exercício de arrependimento? Teria completado o ciclo do meu pecado? Teria sido mesmo um pecado, e era de fato meu? Como receberia o Rei, antigo companheiro, soberano de Portugal, o meu pedido de perdão?

Julgava eu que o sofrimento havia cumprido bem além do que o necessário o seu profundo percurso. Sofrera, não por limitações econômicas, que não as tivera, mas pela dor de ver-me afastado, de ver a incompreensão triunfar, de sentir-me alijado dos lugares e momentos certos, das pessoas e do convívio delas, enfim, de tudo aquilo que poderia significar para mim felicidade. Era um excluído. Cansado desta morte moral, havia resolvido pedir reconsideração e perdão. Não pretendia uma revisão, não havia mais interesse. O tempo passara, e nem o Rei teria paciência para ouvir minhas razões. Além do mais, razões? Sim, razões as teria sempre e somente o Rei. Isso, cá eu aprendera muito bem.

Mas, humilhar-me até que ponto? Renunciar a tudo o que pensara e atentamente estabelecera como certo para beijar os pés do Rei e render-me? Assim era preciso, ou não dormiria mais. Ou melhor, dormiria para sempre.

O suave relvado que via estender-se aos meus pés, o verde da encosta a debruçar-se sobre o Tejo, traz-me à lembrança os maravilhosos tempos em que cavalgava ao lado do Rei ou caminhava a seu lado no pátio ensolarado do palácio. Queria é sentir de volta o doce balanço do mar, o ir e vir das vagas, enquanto o estômago vencia os primeiros desafios depois de todos aqueles anos em terra firme.

Ah, o mar...

A carta, então, depois de lida uma vez mais, foi encerrada e assinada. Achei-a curta em sua argumentação, mas longa em sua sinceridade.

O tempo ajuda a apagar as mágoas. Era o que afirmavam os antigos, o que estava nos provérbios e o que dizia-me a mim mesmo, como a derrubar os próprios argumentos de defesa.

Até quando teria vida para desfrutar de uma reconciliação?

Chamei o meu mais fiel servidor, que vinha de antiga família de Belmonte e que se habituara a trabalhar para os Cabrais, e dei-lhe a mais importante de todas as incumbências de sua vida: levar a carta em mãos ao Palácio Real.

O Rei estava em Lisboa, onde o inverno se prenunciava um pouco mais ameno. Livre da peste, que fizera tantas vítimas. Em dois ou três dias, o enviado especial colocaria nas mãos do moço de escrivaninha do palácio o pedido de paz.

A carta seguiu, pois, numa cópia nova, corrigidos os erros de caligrafia e com a supressão de duas palavras e uma frase que julgara dispensáveis. Resumira-se ao essencial.

O Natal e a Festa dos Reis soaram para mim como possíveis pretextos para a demora da resposta. Porém, passaram as festas, e nenhum sinal de Dom Manuel.

Imaginei cá comigo então que a minha carta houvera se perdido. Certa noite de insônia, fiquei a achar que o Rei talvez preferisse um encontro ocasional para colocar-me a mão sobre o ombro, como o fizera em Tomar, alguns anos antes, já havia, diante dos Cavaleiros da Ordem de Cristo, e perdoar-me com este simples gesto. Não deixaria de ter uma certa solenidade.

Foi no final de fevereiro, quase ao terminar o inverno, que percebi pelo ruído fora de casa que algo de diferente acontecia. De fato, em minutos apresentava-se no vestíbulo um funcionário da Casa Real e, com uma leve inclinação, colocava em minhas mãos o grande envelope com as armas reais. Continha uma transcrição do meu pedido, com o despacho favorável de Dom Manuel: "Praz-me." Era a resposta, datada de 18 de fevereiro de 1509, em que El-Rei afirmava:

"Querendo fazer graça e mercê a Pedro Álvares Cabral, morador em a vila de Santarém, fidalgo da nossa casa" — ... lá eu começava a ler e neste ponto segurei a respiração, já que o tratamento e o "praz-me" me sinalizavam uma aprovação. Era a resposta que almejava, o fim dos tormentos, o último ato de minha penitência. Prossegui, pois:

"Por quanto está prestes a tornar a servir com seus cavalos e armas e homens nas guerras quando lhe por nosso serviço o mandarmos."[140]

Era tudo o que desejava ler.

Agradeci ao mensageiro e acompanhei-o até a porta. De volta à minha mesa, sentei-me para saborear melhor as doces, embora lacônicas, linhas que o escrivão real anotara da boca do próprio soberano e, sobretudo, contemplar a assinatura que tão bem conhecia. Então era isso? Sim, estava realmente disposto a abandonar todo o conforto do lar que construíra, os filhos que se alinhavam ao lado de Isabel, e partir quando o chamado real se concretizasse. Para tanto, havia lutado todo este tempo, primeiro em silêncio, depois compartilhando os anseios com a mulher e até com o *Tio* Afonso, naquele momento na distante Índia.

Iria com meus "cavalos, armas e homens" como estabelecia a praxe. E estava isso "prestes" a acontecer, era o que lá se dizia. Sabia muito bem que se tratava de uma linguagem oficial, uma espécie de rotina burocrática que tinha sentido apenas no seu significado histórico, mas que podia muito bem ser substituída por uma frase mais direta, simples e gratificante:

"Assuma como capitão-mor da frota que partirá para a Índia!"

Deveria eu ter sido menos orgulhoso, mais solícito e mais prontamente arrependido, como tantos outros? Não teria se poupado tão prolongado sofrimento? Mas o que estava feito, feito estava. A partir de agora, começaria a contar o tempo avidamente para a concretização do que a carta prometia. A reabilitação estava decretada, faltando apenas o prêmio máximo: o chamamento direto para a ação.

Li e reli a carta, muitas vezes, tantas quantas sempre sonhara recebê-la. E chamei Isabel, para dividir com ela minha alegria. Depois, até peguei das novas moedas, e mandei distribuí-las entre os pobres da redondeza e aqueles que batiam freqüentemente cá à porta, em busca de um pedaço de pão. Era a moedinha de prata que Dom Manuel pusera a circular, naquele ano de 1509, e que além da Cruz de Cristo contornada por estrelas trazia o velho lema: *In hoc signo vinces*. A moedinha que logo fora batizada pelo povo de *tostão*.

Obras e idéias da Renascença

Ir à Itália seria um sonho que só o amigo Vasco Fernandes poderia incutir-lhe, até por motivos profissionais. Pintores, escultores e arquitetos das cidades italianas de Florença, Veneza, Milão e Roma percorriam Portugal, participando diretamente na construção e decoração de edifícios, principalmente igrejas e mosteiros. Ora, qual o pintor que não gostaria de ir à terra de todos aqueles grandes artistas, cujo renome voava de cidade em cidade na Europa, seguindo a rota do comércio e da navegação, na boca dos navegadores, comerciantes, padres e trovadores? Ainda mais agora que se construía, em Roma, a nova catedral de São Pedro, no lugar da basílica de Constantino.

Tratava-se portanto de um convite sedutor.

Depois de tantos anos confinado aos limites territoriais do país, subindo, próximo à fronteira com a Espanha, a Viseu, Guarda e Belmonte, a viver apenas entre Santarém, Lisboa, Setúbal e Évora, e disso não se afastando, mesmo depois de haver experimentado botar o pé em terras tão distantes que, agora se sabia, significavam quatro continentes diferentes, era um belo desafio. Pedro Álvares Cabral já quase perdera o jeito de viajar e navegar, embora havia muito quisesse reconquistar este direito e, de certa forma, esta habilidade. Nem sempre lhe era fácil desligar-se de tudo, das coisas da família, e organizar a vida para permitir um longo afastamento.

Primeiro, era preciso solidificar a morada em Santarém. A troca de propriedades para o emparcelamento da Quinta do Rossio já obtivera aprovação real, faltava o "nada a obstar" da Igreja. Autorizado pelo Papa, o Rei confirmou o escambo em 17 de dezembro de 1509.[141] Teria de deixar um procurador em condições de levar adiante esta e outras questões. Quanto ao recebimento de tenças, Isabel teria de se encarregar disso, já que o dinheiro para a manutenção da casa e o seu sustento e dos filhos daí advinha.

Entusiasmado com a resposta real ao seu pedido de reaproveitamento e a autorização para a solidificação de patrimônio, Pedro Álvares Cabral já pensava no futuro dos filhos. Fernando, Antônio, Constança. Seria preciso, como dizia seu pai, "arrumá-los". E, para tanto, nada melhor do que aperfeiçoar aquilo a que teriam direito, já que muitos eram os bens de que dispunha por herança direta ou de sua mulher, Isabel de Castro.

Aquele ano de 1509 prometia bastante. O "Praz-me" real até o estimulava a visitar Lisboa, a encontrar velhos amigos e conversar com os companheiros e conhecidos com que havia privado durante tão longos anos. Pedro reapareceria remoçado, disposto a retomar em toda a plenitude sua vida de tão boas lembranças, como cidadão da Corte, como Cavaleiro da Casa Real. Aproveitaria a estada em Lisboa, iria mais uma vez ao Restelo, lá onde agora se erguia, com as obras bem adiantadas, o mosteiro, a assinalar, como quisera Dom Manuel, a descoberta do caminho para as Índias, a conquista e a consolidação do império português sobre todos os mares navegáveis.

Trataria de encontrar o velho companheiro de aventuras marítimas, Duarte Pacheco Pereira, que acabara de afundar, a mando de Dom Manuel, uma das quatro naus do corsário francês Mondragon, e apresara as três restantes, trazendo-as para Lisboa. Junto ao Cabo de Finisterra, no dia 18 de janeiro de 1509, o velho capitão abordara os franceses que infernizavam o comércio de ouro da Mina e de madeira do pau-brasil que vinha de Santa Cruz. Este mesmo pirata roubara, no ano anterior, a nau de Job Queimado, perto dos Açores, quando regressava das Índias. O soberano só concedeu liberdade ao corsário francês depois que este lhe prometeu "que dali por diante seria seu leal e bom servidor e trataria bem seus vassalos onde quer que os achasse".

Mas sua atenção, normalmente voltada para a *Terra Brasilis* ou para o Oriente, para onde viajavam e onde permaneciam seus parentes, com freqüência cada vez maior, também se deliciava com as histórias sobre as viagens às cidades italianas.

O artista *Grão Vasco* fora a Milão conhecer a igreja de Santa Maria Delle Grazzie, onde o pintor Leonardo usara uma parede inteira para fazer um mural com a *Santa Ceia*.[142] Da Vinci terminara o retrato da mulher de um banqueiro e encontrara tempo para desenhar alguns inventos, inclusive uma idéia extravagante que andava a defender entre os conhecidos, um mecanismo para o homem voar.

Eram assuntos de todo dia nas cidades italianas por onde passara. Na volta, impacientara-se para comentar com os amigos coisas tão fascinantes e sobretudo as teorias de um polonês de Thorn — Nicolau Copérnico, que se formara em Medicina em Pádua, e em Direito Canônico em Ferrara —, que circulavam com cada vez mais adeptos na Itália, segundo as quais, em verdade, era a Terra que girava em redor do Sol.[143]

A teoria do heliocentrismo tornara-se o fulcro da moda intelectual nas comunas italianas, e agora as teses se espraiavam para as outras grandes cidades européias. Estavam todos impregnados daqueles modernismos, e o tal polonês Copérnico, que, levando vida de monge, pesquisava profundamente o assunto, já falava em publicar alguma coisa no futuro, quando tivesse toda a certeza. Porém, pequenos modelos do que chamava de "sistema solar" eram montados para discussão prática nas universidades.[144]

Vasco Fernandes queria falar sobre tudo isso. No decorrer das sessões de pintura para o quadro de Viseu, anos antes, Pedro Álvares Cabral lhe parecera um interlocutor atento e inteligente. Tiveram por isso um encontro muito gratificante. Falaram sobre tudo, sobre a tela em que Cabral estava retratado e as maravilhas que Vasco havia conhecido na Itália. Passara também pelo Vaticano, conhecendo as obras em que Rafael e Michelangelo trabalhavam. A grande catedral de São Pedro, por exemplo, era um imenso canteiro de obras, com centenas e centenas de operários ocupados.

Mas a tela da *Adoração dos Reis Magos* era sempre recordada pela viagem à *Terra Brasilis*. Espantava aos que a viam a presença de Cabral como Rei Mago e, principalmente, o nativo estilizado. Tantas vezes haviam ceado juntos naqueles quatro anos entre 1501 e 1505, depois das sessões de pintura, e tanto se haviam divertido com a idéia de que Cabral, retratado assim entre os Reis Magos, incomodaria amigos fiéis e inimigos, sempre tão fiéis também... desde a hora em que a tela ficasse pronta até séculos adiante, enquanto durasse.

E aquele selvagem? De penas verdes e amarelas na cabeça, mas com aquela vestimenta pudica a encobrir-lhe o corpo? Tantas vezes dissera ao amigo que sua sorte era o Caminha não ter voltado da viagem, pois o escrivão bem vira, como ele próprio, que os nativos de lá andavam desnudos como animais silvestres, puros em sua inocência.

— Vesti-lhe a roupinha para não me incomodarem os bispos — retrucara-lhe Vasco Fernandes, ao lembrar o que acontecia na Itália com o grande Michelangelo, sofrendo censura sobre suas figuras nuas. Voltava sempre à Itália, resplandecente na conversa daqueles homens que acreditavam ser possível viver entre luzes e cores. E não na sombria perspectiva do medo e da intriga.

Seria uma aventura esplêndida. Conhecer também Veneza, poder contra o qual lutara, pois o projeto vitorioso da navegação para as Índias pelo Cabo da Boa Esperança e a derrocada do comércio de especiarias com os mouros afetaram o controle veneziano. O que não esvaziava o fascínio que a cidade construída sobre a laguna exercia sobre o seu espírito.

Era um doce projeto, uma grande atração. Mas, seria exeqüível? Vasco Fernandes, que uma vez o convencera a posar de joelhos diante de uma imagem do Menino Jesus, também poderia seduzi-lo de outra forma. Dinheiro, cavalos, carta de crédito para as casas bancárias dos italianos, nada disso faltaria. E mesmo que houvesse necessidade de espichar a viagem até Flandres, pois o amigo Grão Vasco não tirava da cabeça a idéia de conhecer de perto também os pintores flamengos.

— Perspectiva se aprende com Leonardo. Nosso bom Dom João II sabia muito bem da sua capacidade, tanto que lhe encomendou um desenho para um reposteiro tecido em seda e ouro em Flandres, sobre as pradarias do Paraíso.[145] Impressionou-me a maneira como se vê a Jesus e aos apóstolos na *Última Ceia*. Mas o uso da luz é com os flamengos!

A construção do grande mosteiro em Belém ia bem adiantada, e Cabral foi uma vez mais visitar a obra, agora em companhia do entusiasmado amigo, que não se cansava de elogiar o trabalho e mostrar-lhe os detalhes. O medalhão onde Pedro estava retratado já ficara pronto. Vasco achou a barba muito pontuda, mas afirmou que o olhar estava perfeito. Mestre Grão Vasco, da visita, queria retirar força para que juntos fizessem a grande viagem à Itália, a Flandres e "por que não Paris?"

Mas não seria só de felicidade aquele 1509. Seu sogro, o nobre Fernando de Noronha,[146] neto de reis que até acedera em batizar cristãos-novos com o seu nome, faleceria. Foi um momento de muita pena e luto em Santarém e em todo Portugal, onde o fidalgo era conhecido e respeitado. No cortejo fúnebre, Pedro esteve todo o tempo entre os primeiros lugares, ao lado de Isabel, tomando-a pela mão e consolando-a com a experiência de quem por aquilo já passara. Mas, depois de perda tão grave, que projetos de viagens ainda restariam de pé, se não que se impunha retornar ao lar e lá abrigar-se e à tristeza que se carregava.

À ESPERA DO CHAMADO

"Prezado João Manuel, meu querido companheiro e servidor dessa casa, desde o mesmo tempo que tenho eu de vida, ou quase isto. O que significa, em nossa língua portuguesa, *prestes* ou *presto*? Quer mesmo dizer *rápido*, aquilo que está quase a ponto de acontecer?" Assim escreveu Cabral, a propósito da carta de sua Alteza, que já havia tempos recebera, sem que nenhum desdobramento dela se efetivasse. E talvez o velho secretário, ao receber a mensagem, fosse na hora limpando a garganta, como se, em vez de responder por escrito, tivesse de pronunciar sua definição dizendo para si mesmo, em voz alta:

— Como em latim, *praesto*, disposto, pronto. Como uma trovoada quase a rebentar!

E então, lá de dentro, a boa Aldonça, que o acompanhava, solícita e dedicada, desde os tempos do pai de Dom João II, Afonso V, diria ao escutá-lo:

— Mas que foi, homem?

— Não falei nada — responderia o secretário, e ambos saberiam que João Manuel havia falado, sim, mas ficava melhor para o relacionamento entre eles que o assunto não tivesse mais comentários. Com a costumeira disciplina que o transformara, durante 40 anos, no senhor absoluto de todo o funcionamento administrativo da prestigiosa Casa Real, João Manuel prepararia então os papéis, a pena, o tinteiro, o borrador e assentar-se-ia à mesa para desincumbir-se da tarefa que lhe solicitara Pedro Álvares Cabral, filho do estimado Fernão Cabral, irmão do generoso João Fernandes Cabral, membros da nobre família que o encantava.

"*Prestes*", escreveu, "em bom português, como se fala em nossa Corte e em nosso país, quer dizer o que é disposto, o pronto, aquilo que está quase a ponto de se produzir. Aquilo que vai suceder rápido". E exemplificou: "Prestes a rebentar como uma trovoada!"

Assim escreveu, selou e assinou. E preparou o envelope para enviar a resposta a Pedro Álvares, rejubilando-se por ser ainda solicitado, mesmo na idade em que estava. Mandou logo o mensageiro dirigir-se ao capitão-mor que fora à

Índia e primeiro havia estado em Santa Cruz, a terra do pau-brasil, ou *Terra Brasilis*, como andavam a chamar, ou, melhor ainda, Brasil. Fernando de Noronha já lá estava, renovando duas vezes sua concessão para a exploração de um bom pedaço dela.

A seguir, rindo da própria precisão, uma vez mais escutaria alguma observação de Aldonça, que agora, quem sabe, quereria saber o que dissera ela de engraçado para que ele mostrasse os dentes, e ficaria a imaginar o que pretendia o "moço Cabral" com esta interpretação de palavra.

"Ora, prestes... Afinal se usa todo o dia, não é nenhum destes estrangeirismos artísticos que toda hora chegam da Itália ou da França. Por que teria tido esta dúvida? Em 1510, prestes tem o mesmo sentido que possuía no século XIII, e provavelmente daqui a cinco séculos continuará igual. Se não for substituído por um destes horríveis vocábulos que entram pelos portos, sem que se possa aplicar-lhes uma boa quarentena de cem anos..."

Pedro recebeu com ânsia a resposta, imediata como pedira ao velho João Manuel, figura estimada aquela, tantos anos servindo com devoção aos mesmos patrões e conhecendo os meandros da administração pública e privada, sabendo como proceder para apressar o recebimento de uma tença ou a emissão de uma certidão de cartório. Sempre dizia que suas mãos estavam mais gastas de manusear moedas do que de alisar papéis ou molhar a pena de ganso no tinteiro, porque se escrever lhe agradava, era também um notório sovina.

Mas, lá viera-lhe a resposta e é lógico que Pedro tinha certeza de que ela só podia corroborar o que pensava: "*Prestes* se usa para indicar que alguma coisa vai acontecer de imediato!" Relanceando a vista sobre as colinas distantes, indagaria de si, então, Cabral, como explicar que uma decisão de 1509 ainda não houvesse produzido efeito um ano depois? Teria o Rei voltado atrás? Teria recebido conselhos para desatender o que prometera? Ou esquecido, outra vez? O ano chegava ao fim e a sua "chamada com homens e cavalos para retomar o serviço do Rei", como oferecera e fora acolhido, não se dera, apesar de a expressão *prestes* haver sido usada, no despacho do próprio soberano.

Dessa vez não iria debater o assunto com Isabel. Ela era sua companheira de fato, e, como participante de todos os acontecimentos significativos de sua vida, tinha o direito de saber o que lhe ia pela cabeça. Mas, mesmo que sentisse estar a traí-la, faltava-lhe a coragem prática para dizer algo como... *Pois então, Isabel, acho cá que El Rei está a esquivar-se de mim, e se não me chama é porque a mágoa continua...*

Estaria a frase armada em seu cérebro, pronta para ser colocada diante da mulher, quando se assentassem para cear ou quando simplesmente iniciassem um passeio a cavalo depois do jantar, quando estivessem a comentar, no recolhimento do quarto, os assuntos do dia que havia transcorrido, como de hábito ou, melhor dito, desde sempre em Santarém. E Isabel, buscando aliviar a tensão visível, como lhe era peculiar resolveria enfrentar a situação pelo estômago, pegando *Livro de cozinha* e chamando as duas cozinheiras para ordenar-lhes:

— Façam a galinha mourisca, que todos cá a apreciamos. Ponham a frigir um arrátel de toucinho, cortado do tamanho de dados, e deite-se o pingo limpo dos torresmos em uma tigela com o pingo de uma galinha, que há-de estar meio assada, lancem um golpe de vinho branco, pouco vinagre, água a que baste, e ponha-se a afogar, tempere-se com todos os adubos, com duas folhas de louro, e coalhe-se com duas gemas de ovos; ponham fatias de pão por baixo e limão por cima.[147]

Era a doce vida doméstica seguindo seu caminho, com a sensibilidade e a administração tranqüila de Isabel. E assim, à espera do chamado real, Pedro Álvares viu seus filhos continuarem a nascer e crescer. Fernando, António, Constança, que levou o nome da avó materna, Guiomar, Leonor e Isabel, que tinha o mesmo nome da mãe e da avó paterna, ajudavam a preencher as horas de expectativa e de acomodação forçada ao lar.

INFERNO HÁ AÍ PARA MIM?

Afonso de Albuquerque, envolvido nos anos mais duros da guerra na Índia, não disporia de muito tempo para ficar a lembrar-se de Lisboa. Além disso, estava muito ocupado na política de boas relações com os nativos, através da fusão de raças. Promovia o casamento de militares e profissionais portugueses com mulheres da terra e estimulava estas uniões com dotes animadores. Já que se tornavam parentes, acabariam aliados.

O Governador-geral das Índias encontraria oposições na Corte e dúvidas sobre a sua decisão, mas, entre uma batalha e outra, as cartas chegavam com os problemas da família. Se ele esquecesse a sobrinha amada e portanto o sobrinho olvidado pela monarquia, havia quem logo tratasse de lembrar-lhe. Mesmo para quem passava os dias envolvido em guerras permanentes, os perigos de uma vida na Corte não podiam ser menosprezados. Estavam sempre presentes.

Por enquanto, sabia que seguramente haviam escapado das agruras da peste que em 1511 dizimara a população das grandes cidades e martirizara especialmente Lisboa — nem mesmo Santarém havia saído incólume. E no ano seguinte, o terremoto. O ano de 1512 ficaria especialmente marcado. Foi um tremor rápido, repentino, tão intenso e destruidor que vários edifícios desabaram, e por longo tempo foi preciso se porem a reparar outros tantos que restaram de pé, porém abalados. E ninguém poderia esquecer que o Tejo, transtornado, cobrara a urbanização que se fizera na Ribeira, fruto da indústria da navegação. O rio, que "por dá lá aquela palha" ocupava o Terreiro do Paço, fora muito mais longe, deixando no ar o perigo de uma nova investida.

O terremoto parecia um castigo divino. E para quem estava no exterior, empenhado numa guerra em nome da Coroa, soava como uma advertência pelo ócio e pela dissolução dos costumes que reinava no país, enquanto soldados e diplomatas, comerciantes e marinheiros se desgastavam em tão onerosas missões. Quem ficava no Reino, porém, queixava-se e apelava para os parentes poderosos, de onde poderia vir alguma proteção.

Foi o que fez sua irmã, Dona Constança, na qualidade de sogra e mãe, a pedir a intervenção do grande capitão-mor da Índia, o "Terrível", então no auge do seu poder e força, e a quem, dizia-se, o Rei muito respeitava pela sua constante ação no distante Oriente. Goa e Ormuz eram praças portuguesas, Calicute fora afinal subjugada. Cananor era um porto amigo, e as especiarias fluíam para ajudar a movimentar os 200 milhões de cruzados anuais da receita da Coroa. Afinal de contas, eram 5.000 os nobres e protegidos para sustentar.

Escapando a todos os males e maus eflúvios, o Rei tinha o que comemorar. Em 1512, chegara mais um filho, Henrique, homenageando o grande infante navegador. Era o sexto da prole real, dando seqüência a João, "seu herdeiro mais legítimo", Isabel, Luís, Fernando e Afonso.

Havia muito com o que se preocupar no Reino e fora dele. Mas, assim mesmo, era natural que Pedro Álvares Cabral entendesse que seria mais do que hora de ser outra vez chamado, tal como ocorria com seus parentes, primos e amigos. Mais dois anos — passara-se quase tempo demais. Todos os recursos haviam sido tentados junto ao soberano, e a resposta até agora tinha sido apenas contemporização e alguns amuos, compreensíveis em quem não aceitaria nunca ser pressionado.

O próprio Pedro Álvares fora devidamente aconselhado a pedir perdão e o imediato reaproveitamento. Já o fizera havia seis anos. Não o faria outra vez. Afinal, tinha o seu orgulho pessoal e não queria mais perder tempo. Fatos próximos também mexiam com sua honra: seu primo irmão, Lopo Soares de Albergaria, voltara a ser cotado para uma grande missão na Índia, já lá estava chegando. Gostaria de ter sido convidado para a missão diplomática de Tristão da Cunha, que se formara em 1513 e chegara a Roma no dia 12 de março de 1514. Para uso na Itália, providenciaram-se as mais luxuosas carruagens, recobertas de ouro, tais como jamais se construíram no reino, e uma multidão de animais exóticos. O elefante na certa assombraria Roma, mostrando todo o poder de Dom Manuel, pois desde Aníbal que não se viam tais animais trotando na Itália.

O Papa Leão X ficaria encantado com tantos presentes e principalmente com o lindo cavalo persa e pela onça que viajava confinada numa jaula. Ele, como um bom Giovanni de Medici, amava as artes, a política e o poder; assim imaginava o soberano português. Pena que o rinoceronte só fora visto por quem estava à sua chegada da Índia no ano anterior, ou no período em que fora preparado para viajar. Acabou perecendo num naufrágio, ao ser transportado. Quem o vira dizia que era medonho, mas lindo no seu exotismo. O pintor alemão Albert Dürer dele teve notícias em sua viagem a Veneza e conseguiu desenhá-lo a partir dos testemunhos que recolhera. E escreveu nota junto ao seu trabalho para que melhor entendessem:

"Ano de 1513 depois de Cristo. Trouxe-se ao muito poderoso rei de Portugal, Manuel, vindo da Índia, um animal inteiramente vivo. E a ele chamam rinoceronte. Ele está aqui em toda a sua forma verdadeira. A sua cor é a de uma tartaruga salpicada. E é quase todo coberto de placas rijas. E no tamanho é como o elefante, mas mais curto de pernas e quase violento. Tem um chifre possante que sai do nariz. A finalidade é atirar contra o que é pedra. O impetuoso animal é inimigo mortal do elefante. O elefante receia-o por ser mau. Porque onde ele aparece logo o animal corre para ele com a cabeça no meio das avançadas pernas e fere o elefante embaixo na barriga e estrangula-o e ele não pode nunca responder. Porque o animal está vestido de tal modo que o elefante não lhe pode fazer nada. Eles dizem também que o rinoceronte é rápido, alegre e astuto."[148]

Pedro vira tantas vezes o animal que até já se habituara com a sua feiúra. Quanto à sonhada embaixada, esta partiu para levar a Roma a mensagem da grandeza e do poder português, e ele não fora chamado.

"Seis trombetas e seis charamelas abriram o desfile, e depois um indiano sobre um formoso cavalo, ornado com uma sela da Índia, o qual trazia sob as ancas uma besta semelhante ao leopardo, mas de menor corpo e mais delicada, de muitas e desvairadas cores" — escreveu um dos embaixadores presentes nas proximidades do Vaticano —, "a este seguia um elefante indiano, que trazia em cima de si um cofre com um rico presente. O cofre era coberto com um pano tecido de ouro com as armas reais de Dom Manuel, que não cobria somente o cofre mas todo o elefante, em cima do qual ia outro indiano vestido de uma roupa de seda e ouro. E logo após seguiam azêmolas mui formosas cobertas com reposteiros de rás e seda, de diversas cores e insígnias".[149]

Era assim que o rei de Portugal procurava impressionar o Papa e convencê-lo a ceder em abrir as terças e as dízimas eclesiásticas para custear a defesa das praças do norte da África, preenchendo as arcas reais e ajudando com as despesas da Índia. O pretexto era saudá-lo pela sua elevação ao Papado. Para tanto, uma tão brilhante embaixada.

Pedro Álvares Cabral entendia que não seria fora de propósito sua participação, já que seu amigo, o cronista Garcia de Resende, viajara como secretário-tesoureiro da missão. Sua sogra, Dona Constança, ao perceber o sofrimento da família, o sentimento de inferioridade em que se sentia o genro, sempre preterido, decidira escrever para a Índia na expectativa de uma intervenção do todo-poderoso irmão Afonso. Com o apelo da irmã, Afonso de Albuquerque decide jogar mais uma vez seu prestígio e a força de futuro vice-rei da Índia, de fato, a favor do sobrinho, já que havia sido um dos mentores do casamento. A longa carta enviada por ele chegou às mãos do Rei em 1515, e nela o tio não só pedia ajuda, como até fazia uma certa censura:

"Eu tenho tanta necessidade de meus parentes vos falarem por mim e requererem minhas coisas ante Vossa Alteza que nem sei como ouso de fazer por ninguém, porém eu hei de fazer o meu dever: beijarei as mãos de Vossa Alteza por receber como obra de minha obrigação que neste caso tenho por minha irmã e os meus sobrinhos e meus parentes; e porque isto digo a Vossa Alteza, é por Pedro Álvares, meu cunhado, casado com minha sobrinha, filha de minha irmã, criada de Vossa Alteza e da Senhora Rainha, eu fui o que concertei e ordenei este casamento e lhe fiz dar da fazenda da minha irmã e de meu cunhado Dom Fernando mais em casamento do que seu móvel e raiz podia abastar."[150]

Seguia Afonso de Albuquerque:

"Não posso saber que descontentamento é este que assim o tendes lançado de vosso serviço, e quanto a mim mais parece que a culpa deste feito é sua, quanto mais me há de parecer e ele tem certo o perdão e o galardão de Vossa Alteza como vimos por experiência em outras pessoas serem seus erros perdoados e feita honra e dadas honra e mercês, e aceitos a Vossa Alteza; e porque a condição dos portugueses é criar-nos Vossa Alteza, e nos castigar, fazer mercês e nos chamar e nos desagravar, e se servir de nós, e nos tirar dos nossos arrufos e errados conselhos, como geralmente cada dia Vossa Alteza faz, devia Pedro Álvares Cabral ser um destes."

E encerrava:

"E eu, Senhor, vos beijarei as mãos por ele ser chamado por Vossa Alteza, aconselhado e repreendido e tornado em vossa graça e vosso serviço."

Datou, 2 de dezembro de 1514, Calicute, Índia, e assinou.

Destino ou má sorte, o fato é que o bravo capitão, o conquistador de Ormuz, Goa e Malaca, acabou por morrer, depois de uma refeição, logo após o meio-dia, diante de Goa, em 16 de dezembro de 1515, sem que o Rei Dom Manuel tomasse providências com relação ao sobrinho, ou pelo menos confirmasse o recebimento da sua carta do ano anterior, em Lisboa.[151]

O Rei ocupava-se com outra frente de guerra. Sonhava com o norte da África, com a retomada do Marrocos, depois da conquista de Azamor. Naquele 1515, partiu do Tejo uma armada cujo objetivo era tomar Mamora e Anafé. Nenhuma expedição saiu tão cara quanto esta a Dom Manuel. Os 4.000 homens, que se deslocavam em 100 navios, foram derrotados, mortos ou aprisionados para serem vendidos como escravos. Bem tinha em mente *El-Rei* a desforra, mas não conseguiu dinheiro, homens, armas, ou navios para mais esta aventura.

Gil Vicente ainda tentou ajudar a auto-estima de todos e apoiar a política do soberano, apresentando na Corte o seu *Exortação à guerra*, em que prega abertamente a necessidade de ir a Marrocos para a revanche e apela para que todos ajudem na emergência com jóias, tesouros, cálices e cruzes das igrejas, tudo o que pudesse ajudar a custear a aventura.

Apelo inútil.

O irmão bastardo de Pedro Álvares Cabral, Dom Diogo Fernandes, que fora deão da Sé da Guarda e depois seu governador, foi chamado por Dom Manuel para servir como capelão real. Era uma boa notícia para Pedro, além de outras que poderiam melhorar sua situação: o primo, Lopo Soares de Albergaria, nomeado por El-Rei, estava chegando à Índia no momento em que o *vice-rei*[152] falecia. Não faltou quem dissesse que Albuquerque morrera do mesmo mal que Dom João II, algo na comida, como o soberano, e também com dores terríveis no estômago, muito criticado que estava sendo por "excesso de poder na Ásia". E, claro, a longa distância e as oscilações dos favores reais, junto com as preocupações com a expedição africana, haviam tornado sem efeito o apelo em favor do sobrinho.

Ninguém imaginaria que fosse tão custoso voltar ao serviço real, ambição de qualquer fidalgo. Seria quase tanta doação quanto sacrifício. Embora, em alguns casos, a entrega pessoal retornasse em lucros e benefícios. Ou, no julgamento de Gil Vicente, que estava em moda por todas as razões, algo bem mais simples e compreensível:

"Fomos ao rio de Meca
Pelejamos e roubamos
E muito risco passamos!"

Ora, um belo percentual da venda da carga tocava a todos os tripulantes, do capitão ao mais humilde grumete. O lucro era garantido, a menos que se pagasse o preço mais pesado, deixando a vida em alguma obscura praia do Malabar. Quem não gostaria de correr este tipo de risco?

Além do seu apelo guerreiro, Gil Vicente continuava sua luta pela implantação do idioma nacional como a língua do teatro e da literatura. Era uma amizade que Cabral preservava desde seus tempos áureos de Corte. Não se surpreendeu quando, quase dois anos depois de todos aqueles fatos, recebeu o folheto que o ourives e teatrólogo lhe enviara com o *Auto da barca do inferno*, a dizer que, assim, "começava bem o ano de 1517". Nele remexendo, encontrou versos inesquecíveis, como aqueles em que o Fidalgo se dirige ao Diabo e diz:

"Ao inferno todavia!
Inferno há aí para mim?
Ô triste! Enquanto eu vivi
Não cuidei que aí o havia.
Tive que era fantasia;
Folgava ser adorado;
Confiei em meu estado
E não vi que me perdia."

Pedro fora preparado desde menino para correr a cavalo sob a sombra da bandeira nacional, com o símbolo das Quinas, ainda guardava portanto seus sonhos. Ainda não estava na hora de tomar "a barca do inferno"... Sonhava, enquanto tinha forças, em voltar a ouvir o som das bombardas, lutar. Nas listas dos cavaleiros, escudeiros e servidores da Casa Real, Pedro Álvares Cabral só foi ver outra vez o seu nome inscrito e registrado na Chancelaria em 1518, e isto sem que houvesse retirado a espada da bainha ou se realinhado com seus cavalos e armas em qualquer combate, nas fronteiras da pátria, na África, na Ásia ou no continente que o mapa de Waldseemüller, desde 1507, nomeava como América, em homenagem àquele Americo que conhecera sob um calor que só acontece mesmo na foz do Rio Senegal.[153]

Cabral recebia suas tenças regularmente e a família ficaria amparada se ele morresse. Mas isso não era tudo. Uma boa surpresa fora a carta de Sá de Miranda, na qual o poeta lhe mandava alguns versos para que apreciasse. Em breve os publicaria, agora que havia tantas imprensas pelo país. Achou que o poema do amigo lhe "dizia respeito":

"O que não experimentares
não cuides que o sabes bem.
E às vezes, quando cuidamos
que experimentado já temos
À cabra-cega jogamos..."

Continuava a esperar em Santarém, temendo que viesse a lhe faltar saúde para continuar assim, indefinidamente, como desde 1502. Os tremores com que as quartãs o haviam marcado continuavam a produzir-se, e cada vez ele tinha menor resistência física para suportar a doença e todo o resto. Quanto mais passava o tempo, maior era a tristeza, esta sim, mais e mais incurável.

Uma âncora pesada demais: Santarém, 1518...

Estou cá, alternando meus dias entre olhar a chuva através das janelas e apurar o ouvido para saber se o ruído que se avizinha é de uma carruagem, ou ao menos de um par de cavalos, de um mensageiro qualquer que me traga a notícia de que serei finalmente chamado para servir Portugal.

Minha rotina não pode ser mais melancólica. Meu passado, este já não mais me importa. Só desejaria um novo dia, uma nova oportunidade, uma vez mais poder saltar, correr a cavalo, ou simplesmente desembainhar a espada para usá-la com a dignidade que tantos anos de dedicação me conferem. Sinto que daqui a pouco não terei mais forças para erguê-la, então adormecerei em paz.

Não é por nada que chamam de Jardim este lugar onde cá me encontro, e é justo que o apelidem assim, pois à distância posso distinguir ao mesmo tempo, abarcando com o olhar, a sinuosidade das curvas do Tejo e os contrafortes das colinas que cercam a cidade que escolhi. Acolhido em Santarém, a ela dediquei estes últimos anos, quando não tenho mais um barco para me conduzir a gloriosos destinos ou uma frota para comandar com o poder real em minhas mãos. Mesmo assim, minha âncora talvez fosse pesada demais.

Triste e só. Minha esposa me tem constantemente acompanhado. Mas os filhos, sempre tão ativos, envolvidos nos afazeres da vida, ainda estão distantes dos primores de honra e da valentia de cavaleiros e damas que a realidade lhes imporá no futuro. Já fiz o que estava ao meu alcance por eles. Fernando quer seguir meus passos como navegador, a Índia o chama.[154] Espero que estejam suficientemente protegidos, pois a doença que me enfraquece se aproxima do término de sua obra.

Não espero mais ver o próprio Rei, com a bandeira a drapejar-lhe sobre a cabeça, adentrar minha casa e fazer um resgate que, julgo, tanto mereceria. Sonho vão! Sei, jamais o fará, por nenhum súdito. Mas ao menos mandasse um emissário me convocar imediatamente ao Palácio Real. Com que alegria eu suspenderia todos os meus atos, adiaria tudo o que porventura me ocupasse, para atender prontamente, para me apresentar, arrependido até do que não fiz, pronto para servir outra vez à Coroa.

Juro que esta será a última vez que me aproximo desta janela para tentar divisar uma sombra ressurgindo do passado.

Daqui a pouco será a hora de recostar-me e tentar dormir. E se o sono chegar, será uma bênção.

Tenho hoje todas as testemunhas do que fiz e do meu esforço em 1503, 1508, 1509, 1510, em 1514, em 1515, por estes anos todos de espera inútil. Foi bom ver outra vez, em 1518, meu nome na lista dos Cavaleiros da Casa Real. Outrora teria sido motivo de grandes festejos, atravessaríamos o país a comemorar com os amigos e parentes, a movimentar castelos e herdades, fazendo vibrar velhos solares e a correr entusiasmados pela lembrança real, velhos e novos servidores em alegre agitação.

Mas desta vez só reabria a minha própria expectativa, e mais uma vez tratava-se apenas de uma listagem, uma medida burocrática, um registro feito talvez com morna aplicação por um escrivão incomodado com a custosa caligrafia de tantos nomes. Quando chegou ao número 147 da lista onde apareceu meu nome, Pedro Álvares Cabral, que lhe terá acorrido à lembrança? Nada, talvez, ou quem sabe terá registrado o rumor dos fatos em que estive envolvido na Índia, onde, nestes anos todos, tantas outras guerras e tanta violência se desataram.

Rumor, rumor, de que mais tem vivido tanta gente apegada à Corte, a não ser de levantar e fazer correr rumores?

Terá ouvido este escrivão falar do Brasil? Santa Cruz? A "Terra dos Papagaios Vermelhos", como a chamavam os marinheiros? Terá ouvido dizer que, não sendo uma ilha, fazia parte de uma tão grande terra firme, que mais e mais por ela Portugal terá de se interessar? Para não perdê-la, como Americo Vespuccio alertara lá em Bezeguiche, ele que acabou sendo tão beneficiado — pois até chamam de América a terra onde Portugal havia tantos anos pusera os pés e as mãos. Por que deixá-la entregue à exploração de comerciantes, como ficou por tanto tempo com Fernando de Noronha, que só procurava por lá fazer negócios desde 1504? Será que só o comércio da madeira e a indústria de arrancá-la de suas matas é que interessam? Mas também é certo que não poderia permanecer como uma simples escala de viagem para a ambicionada Índia, pois valia por si só. Como ficou muito bem demonstrado.

Fernando de Noronha e seus "brasileiros",[155] ocupados em obter da mata a madeira da preciosa resina, sabem o quanto nos custou sair com a esquadra daquele paraíso, onde permaneceram dois degredados e, se bem me lembro, para onde fugiram dois grumetes?

Ninguém queria abandonar a terra naquele 2 de maio de 1500, mas era preciso atravessar o Mar Oceano e colher a monção que nos levaria à Índia, o grande sonho ambicionado, e para onde Dom Manuel não cessa de voltar suas vistas, e onde quer que ondulem suas esferas armilares ao lado da cruz e das quinas portuguesas.

E agora cá estou, sentado neste banco tosco de madeira, à espera do cansaço que me levará de vez para o leito. É onde espero ter a paz e a recompensa por tanto sofrimento, por uma tão desmedida diferença entre a ofensa e a pena, por tal excesso de defesa contra um deslize tão pequeno, mas com tão alta punição por uma possível soberba e orgulho.

Ah, o mar. Adeus.
Que me deixem ao menos, então, dormir.

Epílogo

Pedro Álvares Cabral morreu, provavelmente, na sua Quinta do Jardim, em Santarém, tendo sido sepultado provisoriamente na pequena igreja das imediações. Também a data da morte é duvidosa: 1519 ou 1520. Como o nascimento, que padece da mesma incerteza: 1468 ou 1469. De qualquer maneira, seguramente estava morto em outubro de 1520, pois a ele se refere a Casa Real, na concessão de uma tença à esposa e aos filhos, com a expressão típica para casos de falecimento, "Deus o perdoe", acreditando-se que isto tenha ocorrido entre o início do ano anterior e esta data.

Foi trasladado, o que prova que não morreu nos prédios da cidade, para a Igreja da Graça, em 1529, a pedido de sua viúva, Isabel de Castro, que com autorização pública e eclesiástica adquiriu uma capela no interior daquele templo, assinando o contrato do jazigo perpétuo a 9 de agosto de 1529, estabelecendo-se em troca a obrigação de mandar rezar "quatorze missas anuais, uma missa cantada com suas horas dos finados e ladainhas, oito dias antes dos santos, e missas na Páscoa, Natal, Ascensão, Natividade de Nossa Senhora, Espírito Santo, Conceição, Purificação, Encarnação, Assunção, dia de Santo Agostinho, São João Evangelista, e outra pelo Dia de Santo António".

Por alguns anos, Isabel de Castro ficou entregue às atividades domésticas, à educação dos filhos que com ela permaneceram. As três filhas que se tornaram freiras passaram a receber, para que pudessem se dedicar à carreira, 70.000 réis cada uma, através de tenças autorizadas por Dom Manuel I, por serem elas descendentes de Cabral.

A 2 de julho de 1534, Isabel foi nomeada para o alto cargo de camareira-mor da Infanta Dona Maria, futura mulher de Felipe de Espanha, filha de Dom João III, sucessor de Dom Manuel e mais tarde chamado "O Rei Prudente". Pouco antes, a 15 de abril de 1534, a Coroa lhe havia concedido uma tença de 60.000 réis mensais. Isabel viveu mais quatro anos.[156]

Seu corpo foi juntar-se ao do seu marido e do seu outro filho, António, na sepultura que ela mesma tinha mandado preparar. Fernando Álvares Cabral, o filho mais velho, mandou executar então o epitáfio que lá está grafado em letras góticas:

AQUI JAZ PEDRALVAREZ
CABRAL E DONA ISABEL DE
CASTRO SUA MULHER CUJA HE ESTA
CAPELLA HE DE TODOS SEUS ERDEY
ROS A QUALL DEPOIS DA MORTE DE SEO
MARYDO FOY CAMAREYRA MOR DA
IFANTA DONA MARYA FYLHA DEL
REY DÕ JOÃO NOSO SNÕR HO TERCEY
RO DESTE NOME

Este epitáfio foi primeiro transcrito na *História de Santarém edificada*, de autoria do Padre Inácio da Piedade e Vasconcelos, publicada ainda no século XVIII, em 1740, em Lisboa, portanto quase cem anos antes de o brasileiro Varnhagen *descobrir* o túmulo, em 1839.

O que fez Varnhagen foi na verdade uma *redescoberta*, digamos, porque o local do sepultamento de Cabral sempre fora conhecido, embora ele, sim, como personagem, estivesse mais ou menos enterrado... E é evidente que pelo menos os padres agostinhos do Convento da Graça sempre souberam quem ali estava sepultado.

"Bastaria perguntar-lhes", como diz Luís Vaz de Sampaio, qualificado historiador português que pesquisou toda a história genealógica da família Cabral e editou o que modestamente chama *Subsídios*, na *Revista da Universidade de Coimbra*.

Pouco depois da *redescoberta*, no clássico *Viagens na minha terra*, publicado em 1846, obra que já fora em parte divulgada em forma de artigos nos jornais, Almeida Garrett narra a visita que tentou fazer ao túmulo de Cabral quando esteve em Santarém, entre 17 e 23 de julho de 1843. Conta o grande escritor português que não conseguiu chegar à última morada de Cabral: "Inclinamos o nosso caminho para a esquerda", escreve ele, "e fomos passar diante do arrendado e elegante frontispício gótico da Graça. A ausência de não sei que regedor, ou insignificante personagem de igual importância que tem as chaves da igreja e do convento, nos fez perder toda a esperança de visitar a sepultura de Pedro Álvares Cabral, que ali jaz, assim como outras belas e interessantes antigüidades de não menor preço."

A decepção não lhe saiu da cabeça, e na sua nota G. ao Canto II de *Os Lusíadas*, Garrett voltou a observar:

"Quem sabe se Pedr'Álvares não será mandado sair, um dia destes, da igreja da Graça em Santarém pelo regedor da paróquia?"[157]

Mas, assim mesmo, o sossego pelo qual o *cansado* navegador ansiava ainda não se concretizara e nem chegaria ao longo dos séculos.

Pela metade do século XIX, corria mundo a versão de que os soldados franceses de Napoleão haviam profanado o túmulo quando invadiram e danificaram a velha igreja em meio às destruições que praticaram em Santarém e outros locais sagrados portugueses.

No Cartório da igreja da Graça ficou o registro: "Na invasão que o inimigo fez no mês de outubro de 1810 na guerra dos franceses contra Portugal, estando alojado o exército inimigo nesta vila desde outubro até o princípio de abril de 1811, no tempo do intruso imperador dos franceses Napoleão Bonaparte, foi devastado o edifício deste mosteiro, o altar-mor lançado por terra, o mesmo ocorrendo com os demais altares, as celas e dormitórios estragados, o Cartório foi todo perdido e todas as alfaias e mobílias roubadas."

Essa história de desrespeito e devastação chegou ao Brasil, vincada com a versão de que o túmulo do descobridor havia sido profanado.

O imperador brasileiro, Dom Pedro II, ao visitar a terra dos seus ancestrais em 1871 — tendo ido conhecer o historiador Alexandre Herculano em Val dos Lobos —, decidiu visitar o local onde Cabral estaria enterrado, sentindo-se ofendido com a tragédia que teria envolvido, pós-morte, o navegador que tanta importância tivera, ao fim e ao cabo, para o Brasil.

Ao chegar à Graça, em Santarém, admirou-se de ver apenas uma campa rasa no local e quis ter um esclarecimento completo e também a certeza de que não houvera profanação pela soldadesca de Napoleão. De certa forma, fazendo eco ao que escrevera Almeida Garrett em *Viagens na minha terra*, ainda com o reforço da suspeita em sua mente da profanação praticada pelos ocupantes estrangeiros. Os anos se passaram, e só em 1882 o movimento materializou-se. Criou-se uma comissão de autoridades e de notáveis, a sepultura foi aberta e fez-se uma rigorosa ata do que fora encontrado.

Esta "comissão patriótica", como se autodesignou, foi integrada por nove individualidades importantes da cidade:

Joaquim Maria da Silva, Professor e Reitor do Liceu, e advogado, Visconde de Athouguia; Silvério Alves da Cunha; Zeferino Norberto Gonçalves Brandão, Capitão de Artilharia; Paulino da Cunha e Silva; António Mendes Pedrozo, Médico; João Rodrigues Ribeiro, Professor do Liceu; João Fagundo da Silva, Professor do Liceu Nacional; Joaquim José Tavares Serrano; João Lúcio de Farias Mendes Costa.

No dia 6 de agosto de 1882, obtidas portanto "as necessárias autorizações, entre as quais a do representante da família", a dita Comissão "mandou arredar a campa sepulcral existente na capela do Cruzeiro que está do lado esquerdo da capela-mor do templo".

Presentes, o representante da família do "respeitável finado", conforme constou nos autos, Dom José Maria de Figueiredo Cabral da Câmara, 4º Conde de Belmonte, e dos senhores Visconde de Andaluz, Governador Civil de Santarém; do Conde de Fornos de Algodres, Presidente da Câmara de Vereadores de Santarém; Governador Militar, Tenente-Coronel de Artilharia, António Cândido da Costa; dos vereadores: José Joaquim Nunes, Francisco de Paula e Castro, e António Victória da Matta; Juiz de Direito Francisco Affonso da Costa; o Vigário-Geral do arcediago, Padre Agostinho d'Almeida e Azevedo; o Reitor do Seminário Patriarcal, Dr. Cônego João Rodrigues; António Pessoa d'Amorim, Administrador do Conselho; o Conselheiro José Maria de Mello; o Sr. António dos Santos; o Deputado Conde de Sobral; José Joaquim Izidro dos Reis, Secretário-Geral; Sr. Marques dos Reis; Augusto César de Gouveia da Silva Homem, Delegado do Tesouro de Santarém; Augusto dos Santos Ferreira de Miranda, Advogado do Conselho do Distrito; Frederico Augusto Pimentel, Diretor de Obras Públicas; o Prior de Marvila, João José Martins da Fonte; o Prior de São Nicolau, António Maria Dias Barboza; e João Baptista Augusto dos Santos, Procurador à Junta Geral do Distrito.

Afastada a pedra sepulcral, pediu-se que os três "facultativos" presentes, José Maria de Mello, António dos Santos e António Mendes Pedrozo, fizessem a verificação se "naquela campa existem ossadas que, pelo seu estado e condições, possam dar a certeza moral de que entre elas devam estar as cinzas do nosso grande navegador... apareceu um carneiro amplo, de dois metros e quarenta centímetros de comprido por um metro e vinte e cinco centímetros de largo e noventa centímetros de profundo, e no fundo dele encontraram uma camada de terra de um a dois decímetros de espessura, e, por debaixo desta, as ossadas de três esqueletos distintos".

Sob grande emoção, a Comissão pôde então constatar que um dos tais esqueletos "que tem o crânio próximo da entrada do carneiro acha-se numa escavação formada em cal, que, tendo endurecido pelo tempo e provavelmente pelos líquidos absorvidos do cadáver, tomou pelo lado interno a forma deste e pelo externo a de um caixão de madeira escura, cujos restos se descobrem. Mais para o fundo do carneiro está outro esqueleto, onde os vestígios do caixão são menos aparentes, e finalmente para o lado esquerdo, um terceiro que parece ali foi colocado em ocasião diversa dos dois primeiros. Não se podendo hoje demonstrar, de modo fácil, qual destes esqueletos é o do grande navegador português, há, pela grande vetustez, que todos inculcam ter, a certeza moral que um deles lhe pertence, e que os outros são de pessoas de sua família, ali inumadas em época próxima à do primeiro".

Um dos esqueletos encontrados era de mulher, outro de criança e o outro de um adulto. Este, por "certeza moral" dos presentes, foi declarado como o do Navegador, e os demais, de sua esposa e de seu filho, Antônio, que perecera ainda menino. Foi feito um auto da abertura — arquivada uma cópia na Torre do Tombo em Lisboa e outra no arquivo da Câmara Municipal de Santarém —, firmado por Augusto Cyriaco de Pina, Secretário da Câmara, e redigido por João Lúcio de Faria Mendes Costa, escrivão da casa. E ainda mandou-se gravar "ao fundo da pedra sepulcral a seguinte nota também em caracteres góticos:

Seis agosto mil oito centos oitenta e dois — Estão aqui os ossos de P. A. Cabral. V. auto na Torre do Tombo e C. M. de Santarém".

O próprio "Auto da verificação da existência dos restos de Pedro Álvares Cabral" transcreve que o procedimento se deveu ao fato de que "tendo-se espalhado, com aparências de verdade, por ocasião de visitas feitas, há poucos anos, a esta cidade por um ilustre personagem, que haviam desaparecido do respectivo sepulcro os restos mortais do ínclito navegador português", e "sendo justo e conveniente, a bem da verdade histórica, verificar o crédito que pode merecer tal afirmação".

O "ilustre personagem" nada mais era do que o próprio Imperador do Brasil, Dom Pedro II.

Com o movimento em torno à sepultura, resolveram os responsáveis pela chamada Capela de São João no interior da Igreja da Graça fazer alguns reparos e introduzir melhoramentos. Assim é que em torno de 1888 o altar de talha foi desmontado, retirada uma tela que protegia sua parte traseira, descobrindo-se os janelões góticos primitivos, mantendo-se o lambril de azulejos e o altar em madeira. Também o lajeado do chão foi substituído, considerado gasto pelos representantes da família. Com certeza, naquele momento foram retiradas as pedras onde Isabel de Castro se ajoelhara em 1529, quando do traslado do seu marido. Implantaram então um retângulo com oito colunas de ferro fundido, envolvendo o local com uma corrente de ferro. Mas ainda não seria desta vez que Pedro Álvares Cabral encontraria seu descanso.

Foram precisos mais 21 anos para que se soubesse que ocorrera outro lamentável engano...

Em 1882 não haveriam chegado ao patamar em que ele se encontraria.

Tanto que a 14 de março de 1903 foi feito exame pericial pelo professor de Medicina, Dr. Serrano, e pelo etnólogo Dr. Leite de Vasconcelos, e estes logo perceberam que seus antecessores do século XIX não haviam alcançado o fundo do sepulcro, debaixo de nova camada de terra. O que reforçava a certeza de que não se produzira violação. Ao mesmo tempo, os novos trabalhos permitiram que se encontrassem numerosas ossadas que pertenciam a pelo menos seis adultos de ambos os sexos e duas crianças.

Esta reabertura do túmulo era conseqüência da campanha que, desde o alvorecer do novo século, quando se comemoraram os 400 anos da descoberta do Brasil, encetara o Dr. Alberto de Carvalho, para motivar brasileiros e portugueses a prestar homenagem mais condigna ao homem que abrira oficialmente as portas do Atlântico Sul aos portugueses e pela primeira vez estabelecera a conexão entre quatro continentes.

Foi em agosto de 1902 que ele fez publicar, em Lisboa, uma "memória" registrando as obras que então se faziam para reconstruir a parede do lado esquerdo de quem entra no templo, "um pouco fora da necessária perpendicular", e a "consolidação da abóbada da capela-mor. Trabalho já em via de execução", pedindo a colaboração de portugueses e brasileiros para "concorrerem com o duplo fim de ser convertida em túmulo a campa rasa do imortal Pedro Álvares Cabral, e realizadas as obras que se tornam urgentemente necessárias para a conservação da igreja em que se encontra".

A campanha logo encontrou eco no Brasil e entre os brasileiros residentes em Portugal, levando a uma nova cerimônia de remoção da campa e reabertura do túmulo, desta vez com a presença de historiadores, administradores, investigadores históricos e o entusiasmado médico brasileiro. A pesquisa foi mais profunda, mas também com ela a decepção, pois constatou-se que, ao mexerem nos ossos ilustres, em 1883, havia-se desfeito qualquer possibilidade de identificação posterior e acelerado o processo de decomposição dos restos mortais, dos quais, agora, sobrava apenas pó.

O Dr. Alberto de Carvalho voltou para o Rio de Janeiro, levando uma urna com uma parte daquele pó recolhido na sepultura, e fez, a 3 de dezembro de 1903, sua solene deposição na Catedral do Rio de Janeiro, onde foi colocada uma placa que assinala tal fato. Em agosto de 1903, voltava a Santarém, com uma cruz de madeira brasileira, de pau-brasil obviamente, enviada pelo Cardeal do Rio de Janeiro, Dom Joaquim Arcoverde, em troca da urna cinerária que fora levada para a catedral da então capital do Brasil.

E de 1906 a 1911, realizou o Dr. Alberto de Carvalho uma subscrição pública para levar adiante a sua proposta de melhoria da capela, que acabou sendo inaugurada em setembro de 1911. O velho altar de madeira foi substituído por um de pedra e retirou-se o lambril de azulejos, buscando criar um ambiente mais simples, mais despido de ornamentos. Montou-se uma cancela de ferro fundido onde se inscreveu o nome do navegador em caracteres modernos e foi colocada uma placa da efeméride. A iniciativa desta vez nascera no Brasil. Fora seu líder Benjamim Constant, subscrita uma vez mais pelo Dr. Alberto de Carvalho e com o projeto do arquiteto Rozendo Cavalheira.

Na década de 1940, porém, a Direção Geral dos Edifícios e Monumentos Nacionais Portugueses mandou demolir tais obras, que, em sua opinião, distorciam a verdade histórica, retirando a cancela e a lápide comemorativa e apagando o registro, feito em 1882, do encontro dos ossos do descobridor.

No decorrer dos últimos 50 anos, todos os presidentes brasileiros que estiveram em Santarém e os milhões de visitantes de um modo geral manifestaram sua inconformidade diante da aparente pobreza da campa rasa do descobridor do Brasil e da parcialidade do epitáfio, que praticamente só se refere à viúva e sua carreira posterior à morte de Cabral.[158]

Não seria, contudo, em sua simplicidade, uma homenagem mais eloqüente e historicamente mais correta sobre as injustiças e o esquecimento que ele sofrera?

O próprio Dr. Alberto de Carvalho escrevera em 1903, falando especificamente sobre o epitáfio:

"Ele é tão singelo. Tão grande é, porém, o nome concisamente escrito naquela pedra que apenas pelas letras nela abertas se destaca de todas as outras que formam o chão da igreja, sem que, contudo, se leia a menção de uma honra, de um posto, de uma dignidade ou de um cargo de que pudesse ufanar-se a memória do morto; tão grande é esse nome, que, por si só, conservado pela própria glória, pôde atravessar quatro séculos de silêncio e olvido, sem que jamais perdesse a convicção de que ali estavam os despojos de um navegador imortal."

Pedro dormiria em paz. Não, pois, ainda não.

Em 1972, a Sociedade de Geografia de Portugal retira mais um pouco do que seriam suas cinzas e envia uma urna para a possível terra natal, Belmonte. O Concelho da cidade determina que na Capela dos Cabrais, na igreja de São Tiago, fosse colocada a urna com os sinais do Descobridor.

O que não impede também de se conjeturar sobre a inócua tentativa de resgate e sobre a inutilidade dessas buscas materiais, pois, hoje, Pedro Álvares Cabral é nome de rua na maioria das cidades brasileiras, tanto quanto o é em Lisboa, é patronímico de município, batiza a Baía Cabrália no litoral da Bahia, onde há também a Costa dos Descobrimentos e toda uma série de denominações locais identificando a viagem de 1500. Assim como em Portugal ele é lembrado desde Belmonte até a cidade que o acolheu e sepultou, Santarém, e é também monumento e nome de rua pelo país inteiro, a começar pela capital. E até numa região da Índia é lembrado, apesar da recusa pública do governo local em se integrar numa comissão binacional, em 1998, para festejar o encontro do Caminho para as Índias. A propósito de sua atuação no comando da segunda esquadra que para lá se dirigiu, o historiador indiano Sanjay Subrahmanyan afirma que foi ele quem "inaugurou a violência no Oriente".

Quando parecia sepultada havia muitos anos a querela do acaso ou intencionalidade, eis que retorna ao primeiro plano, trazida por autores que ainda não esgotaram toda a larga bibliografia sobre o assunto, suficientemente recheada com teses e comprovações de investigadores históricos que se dão ao trabalho de buscar as fontes primárias e aplicar um método dedutivo suficientemente racional. Sabemos que tradicionalmente se estuda pouco, e quase nada se pesquisa no Brasil. Mas é tempo de eliminar algumas frases feitas que geraram cinco séculos de equívocos.

Com a queda da monarquia em Portugal, novas luzes se fizeram sobre a já havia muito esquecida questão de honra com o monarca absolutista. Dom Manuel I, acusado de inúmeras outras ingratidões e torpezas com outros tantos cidadãos do seu reino, empalideceu diante da figura maior do seu antecessor, Dom João II, o verdadeiro condutor do plano de expansão que levou aos Descobrimentos. E um novo conceito de Descobrir, no sentido maior de aprender, de estabelecer contatos com outros povos e respeitá-los, de conhecer enfim e contribuir para a sua prosperidade, dela retirando um resultado, se implantou, iluminando alguns e condenando outros a um moderno ostracismo, compensando personalidades que em seu tempo sofreram o abandono e a incompreensão.

Afinal, descobrir, em bom português, é *destapar*...[159]

Sobretudo, tornou-se possível compreender que os navegadores eram homens de carne e osso, cometendo lá seus enganos, compreensão esta que não os redimiu do passado nem os vacinou para os modernos desencontros.

O cantor oficial das glórias portuguesas, Luís Vaz de Camões, embora tenha viajado para a Índia em março de 1553, a bordo da nau *São Bento*, capitaneada justamente pelo filho de Pedro Álvares Cabral, o navegador Fernando Álvares Cabral, dedica-lhe, além de uma referência indireta, apenas quatro versos do poema fundamental da língua portuguesa, *Os Lusíadas*. Fala no pau-brasil, cita a terra "de Santa Cruz", mas omite-lhe o nome...

"Mas cá onde mais se alarga ali tereis
Parte também co'o pau vermelho nota;
De "Santa Cruz" o nome lhe poreis;
Descobri-la-á a primeira vossa frota."

E no Canto V, verso 4, passa ainda mais longe, deixando o Brasil "à direita", apenas como uma suspeita...

"Assim fomos abrindo aqueles mares
Que geração alguma não abriu,
As novas ilhas vendo e os novos ares
Que o generoso Henrique descobriu;
De Mauritânia os montes e lugares,
Terra que Anteu num tempo possuiu,
Deixando à mão esquerda, que à direita
Não há certeza doutra, mas suspeita."

Claro que em 1572, quando a obra foi publicada, havia bem mais do que apenas "suspeitas" da existência de uma grande terra à direita daquele mar... Camões, porém, seguia a moda da época, e, por mais que os portugueses já estivessem investindo no Brasil, o fascínio das riquezas da Índia ainda predominava. E para provar, no Canto Décimo, estrofe 63, ao introduzir Martim Afonso de Souza, o poeta lembra:

"Das mãos do teu Estêvão vem tomar
As rédeas, um que já será ilustrado
No *Brasil*, com vencer e castigar
O pirata francês, ao mar usado;
Depois, Capitão Mor do Índico Mar,

O muro de Damão, soberbo e armado,
Escala, e primeiro entra a porta aberta,
Que fogo e frechas mil terão coberta."

Foi preciso que muitos desastres militares se produzissem para convencê-los de que a razão estava com o astrólogo de Dom Manuel, que havia previsto que o Brasil se transformaria numa "opulenta província, refúgio e abrigo da gente portuguesa"...

Já no século XX, outro dos maiores nomes da poesia portuguesa desde sempre, Fernando Pessoa, lembrou-se do feito de Cabral, mas houve por bem não lhe celebrar o nome. No seu *Mensagem* (1934), único livro que publicou em vida, dentro da obra emblemática em que destaca a glória política e cultural portuguesa, estampou o poema "Ocidente". E nele três estrofes sublinham a conquista portuguesa no Atlântico Ocidental:

"Com duas mãos — o Ato e o Destino —
Desvendamos. No mesmo gesto, ao céu
Uma ergue o facho trêmulo e divino
E a outra afasta o véu.

Fosse a hora que haver ou a que havia
A mão que ao Ocidente o véu rasgou
Foi alma a Ciência e corpo a Ousadia
Da mão que desvendou.

Fosse Acaso ou Vontade, ou Temporal
A mão que ergueu o facho que luziu
Foi Deus a alma e o corpo Portugal
Da mão que o conduziu."

Pois é, "Deus a alma", "o corpo Portugal"... Só que a mão era de Pedro Álvares Cabral... mais uma vez esquecido.

Fernando Pessoa, contudo, enxergava muito bem, entre as brumas da História, o sentido que tivera a Descoberta (se assim podemos chamá-la) do Brasil:

"Linha severa da longínqua costa —
Quando a nau se aproxima ergue-se a encosta
Em árvores, onde o Longe nada tinha;
Mais perto, abre-se a terra em sons e cores:
E, no desembarcar, há aves, flores,
Onde era só de longe a abstrata linha."

No entanto, foi preciso Jaime Cortesão desterrar-se no Brasil em 1940 e escrever seu poema "Os Emigrantes" em meio à sua monumental obra de resgate da História para dizer:

"Oh! Pedro Álvares Cabral,
Que descobrias o pão
À fome de Portugal!"

Nossa busca de uma identidade nacional nos obriga contudo a esse constante remexer na tumba de Santarém. Que nos perdoem os descendentes da ilustre família, mas ainda não é a hora de deixar em paz o velho Cabral. Eis que surgirão, por certo, novas teses, tentar-se-á mais uma vez derrubar-lhe o direito de precedência ou pelo menos a propriedade das terras abordadas em abril de 1500.[160]

O que em nada modificará a verdade histórica já consagrada: o primeiro contato entre europeus da Renascença com uma civilização, para eles, primitiva, a primeira vez em que se estabelecia a união entre quatro continentes diversos numa viagem só, a identificação e a incorporação definitiva do Cruzeiro do Sul à arte da navegação, o primeiro passo para uma efetiva globalização do comércio, quando apenas se começava a discutir se existia o Sistema Solar, nos veio com Cabral, em meio às novidades que gênios como Leonardo da Vinci, Michelangelo, Rafael, Maquiavel, Lutero, Dürer, Erasmo, Copérnico pintavam, pensavam e sonhavam, dando alma e forma ao novo mundo que nascia.

Notas

1. A imagem de Nossa Senhora da Esperança que se encontra na chamada "igreja nova" de Belmonte, inaugurada em 1940 e dedicada à Sagrada Família, segundo os especialistas representa a original, tendo sido feita no século XVI, para o convento da Serra da Estrela. O escritor português Alexandre Alves defende em ensaio que foi esculpida depois de 1537 para o Mosteiro Nossa Senhora da Esperança (fundado em 1560 e que durou até 1834) por ordem de Dom Jorge Cabral, sobrinho de Pedro Álvares. Convictos da sua importância ou legitimidade, quando a presidência do Concelho tentou cumprir a promessa, feita ao governo brasileiro, de enviá-la ao Brasil para as comemorações do quinto centenário de nascimento do Descobridor (1969), os habitantes da cidade de Belmonte, armados de paus e pedras, impediram sua saída. A maioria crê que se trata efetivamente da imagem que acompanhou Cabral. Todos os anos é transportada em procissão, na data que Belmonte escolheu como seu feriado principal: 26 de abril, comemorando a Primeira Missa no Brasil. Por isso, só réplicas saem de lá, como a que está no Museu da Marinha, em Lisboa.
2. Calicute, hoje denominada Kozhikode, cidade da região da costa do Malabar, bombardeada por Cabral a 16 de dezembro de 1500, como vingança pela destruição da feitoria portuguesa. No bombardeio morreram mais de cinqüenta portugueses, entre eles Aires Correa e Pero Vaz de Caminha.
3. Conforme Luiz Vaz de Sampaio, in "Subsídios para uma biografia de Pedro Álvares Cabral", volume 24 da *Revista da Universidade de Coimbra*, 1971.
4. Conforme David Augusto Canelo, in *O resgate dos marranos portugueses* (ver *Bibliografia*), o judaísmo manteve-se ao longo dos séculos em Belmonte.
5. "Centum Cellas": ruínas romanas de um antigo estabelecimento mineiro, segundo pesquisadores locais, em Colmeal, que fica nas proximidades do centro histórico de Belmonte. Para muitos arqueólogos, um mistério. É uma torre quadrada, de três pisos, que poderia também ter sido base militar, estalagem, mansão particular ou templo. Construída no século I d.C., foi parcialmente danificada por um incêndio no século IV. Conforme Manuel Marques e Joaquim Cardoso Tavares, in *Subsídios para uma monografia da Vila de Belmonte* e o arqueólogo António Augusto da Cunha Marques, *in Belmonte — estudo analítico*, Belmonte, 1996.
6. João Fernandes Cabral, filho primogênito de Fernão Cabral, irmão mais velho de Pedro Álvares, foi o terceiro Alcaide e Senhor de Belmonte e Azurara, e morreu antes de 1509, não sendo conhecida a data exata.
7. O Castelo de São Jorge, que ocupa o alto de uma das colinas de Lisboa, foi transformado em palácio e residência real em 1147, quando Afonso Henriques, primeiro rei de Portugal, reconquistou a cidade que estava em poder dos mouros. Foi o palácio real até que Dom Manuel construiu outro paço, em 1511, onde é agora a Praça do Comércio.
8. A inovação da vela latina disposta em sentido longitudinal do barco, o que permitia bordejar, navegar à bolina, usando a força do vento mesmo quando ele não soprava no sentido em que se pretendia seguir. Grande melhoramento tecnológico das caravelas e naus portuguesas.
9. No final do século XV, Portugal tinha cerca de 300 bolsistas estudando em universidades de diversos países. Aos nobres, que não podiam ter ascendentes que houvessem desempenhado "ofícios mecânicos", estava reservada a carreira militar. Mas começava naquele final de século, e prosseguiu nos anos seguintes, a motivação intelectual, as artes, como uma abertura, uma nova inquietação e interesse, sobretudo entre os jovens. A família de Isabel

de Gouveia, mãe de Cabral, era muito conhecida por seu grau de informação e cultura. Um dos Gouveia foi, nessa época, reitor da Universidade de Sorbonne, Paris, embora não existam provas absolutas do grau de parentesco.

10. O costume na época era dar o nome do santo do dia à criança que nascia. Festejava-se o onomástico do padroeiro e não o aniversário, embora na maioria dos casos as datas coincidissem. Não se tem a data do nascimento de Pedro Álvares Cabral, mas existe a presunção de que tenha ocorrido num 29 de junho, dia de São Pedro. Conforme Metzer Leone, in *Pedro Álvares Cabral*, Lisboa, Editorial Aster, 1968.
11. O Infante Dom Pedro (1392-1449), grande viajante, intelectual e diplomata, irmão de Henrique, o Navegador, tradutor de Cícero, percorreu as principais cortes européias da sua época. Introduziu em Portugal a figura de Marco Polo, ou Marcos Paulo, trazendo um exemplar do *Livro do milhão*, que, traduzido mais tarde por Mestre Valentim Fernandes e impresso em 1502, foi lido por muitos portugueses.
12. Lista dos moços-fidalgos relativa a 1484 conservada no Arquivo Nacional/Torre do Tombo, em Lisboa. Pedro Álvares Cabral é o 37º da lista e seu irmão, João Fernandes Cabral, o 38º.
13. Lisboa era uma grande metrópole, a "Senhora dos Mares", conforme Jaime Cortesão, historiador português, in *A expedição de Pedro Álvares Cabral e o descobrimento do Brasil*. O fidalgo alemão Nicolas Popielovo diz, em *Viajes de extranjeros por España y Portugal en los siglos XV, XVI, XVII y XVIII*, que a capital portuguesa "igualava-se em grandeza à Colônia e Londres".
14. A carta de nomeação de Pedro Álvares como Escudeiro da Casa Real, provavelmente relativa a 1486 ou 1487, quando atingira 18 anos e fora para o Marrocos receber o batismo de fogo, perdeu-se. Mas foi transcrita na Chancelaria do Senhor Dom Jorge, filho bastardo de Dom João II, quando em abril de 1492 constituiu "casa própria" e recebeu os dois irmãos Cabral para nela atuarem.
15. Dom Diogo Ortiz, o Bispo de Ceuta, centrou a sua mensagem de despedida a Cabral, feita na capela do Restelo, em 8 de março de 1500, no brilhante desempenho guerreiro deste no Marrocos, segundo Jaime Cortesão, Metzer Leone, Damião de Góis e João de Barros.
16. "Físicos": denominação dada aos médicos na época.
17. Conforme Garcia de Resende, in *Crônica de Dom João II*.
18. "Morgadio": tudo o que diz respeito ou pertence ao morgado. "Morgado": bem inalienável vinculado à posse de um título de nobreza e que era transmitido, com este, ao filho mais velho de uma família. No caso, João Fernandes Cabral, filho mais velho de Fernão Cabral, terceiro Senhor de Belmonte e Azurara, o que Pedro Álvares nunca foi, nem poderia ter sido. Isto, no entanto, foi erradamente divulgado no século XIX, numa legenda muito difundida, sob uma figura também imaginada pelo seu autor, em livro sobre a nobreza lusitana.
19. Dona Isabel de Gouveia fez testamento em 26 de agosto de 1483; seu viúvo, Fernão Cabral, em 25 de outubro de 1492, e a partilha entre os descendentes deles foi firmada em escritura pública no dia 6 de maio de 1494. Conforme Luiz Vaz de Sampaio, op. cit.
20. Conforme Garcia de Rezende, in *Cancioneiro geral*.
21. Conforme Manuel Marques, investigador histórico residente em Covilhã, próximo a Belmonte, Portugal.
22. Conforme Cristóvão Colombo em sua carta ao Rei e à Rainha das Espanhas, narrando a sua viagem "às Índias e seu descobrimento" em 1492.
23. José Hermano Saraiva, in *História de Portugal* e Garcia de Resende, in *Crônica de Dom João II*.

24. Conforme o historiador Ricardo Jorge, in *O óbito de Dom João II*, louvando-se em Ruy de Pina e Garcia de Resende.
25. Tratado de Tordesilhas, arquivado no Arquivo Nacional/Torre do Tombo, em Lisboa. Luiz Adão da Fonseca, in *O Tratado de Tordesilhas*, Lisboa, Editorial Inapa, 1991, afirma que o "o rei de Portugal tem como objetivo fundamental assegurar o monopólio do acesso ao Atlântico Sul".
26. A maioria dos historiadores e cronistas concorda em que os portugueses haviam "preferido" a Ilha de Santo Antão por recomendação real, pois isto "atendia aos interesses de Portugal", o que ocultaria a "convicção da existência de terras a ocidente" dentro da área abrangida pelo Tratado de Tordesilhas.
27. Conforme Garcia de Resende, in *Crônica de Dom João II*.
28. No começo do século XVIII, o ignorado autor de *Couseiro*, escreve que Dom João II ficou num ataúde, levantado sobre sete degraus e fechado com sete chaves, dando este curioso depoimento: "Está o corpo inteiro; mostra-se, com licença do Co-Reitor, com tochas acesas e o padre com sobrepelíz e estola; e eu o vi inteiro, com os cabelos da barba, a cabeça como se fora vivo e somente a ponta do nariz já comido em parte, o que, disseram, era de o mostrar muitas vezes." Em 1809 os soldados franceses de Napoleão violaram o túmulo e atiraram o corpo "mumificado" para o entulho, até que a população o recolheu. Em 1901 foi novamente trasladado para a Capela do Fundador, no mesmo Mosteiro de Batalha.
29. No ano de 1500, a população de Portugal não passava de 1,1 milhão de habitantes, e as fronteiras do país eram praticamente como as conhecemos hoje. O dito popular "Somos tão poucos e Portugal é tão pequenino", serviu como uma das bases dialéticas para a política de expansão, comandada especialmente por Dom João II e Dom Manuel I.
30. Como segundo filho, Pedro Álvares Gouveia não podia usar o nome da família, reservado ao primogênito. O primeiro documento citando-o com o sobrenome pelo qual o conhecemos, Pedro Álvares *Cabral*, foi a carta escrita por Dom Manuel aos Reis Católicos, a 29 de julho de 1501, de Santarém, informando o descobrimento do Brasil, aliás, "Terra de Vera Cruz". Conhece-se o seu teor pela cópia feita por Dom Joaquin Traggia (o original perdeu-se durante a resistência aos franceses, em 1808-1809), arquivada na Deputação de Aragão, em Saragoça. O texto português foi traduzido de uma versão italiana que se encontra em Veneza, no Arquivo do Estado, e data de Lisboa, 29 de agosto de 1501.
31. Embora seja impossível medir as ossadas, todos os testemunhos atestam que Pedro Álvares Cabral era homem de elevada estatura, acima da média do seu tempo, nisto honrando seus ascendentes. Perdeu-se no tempo a certeza, também por falta de documentos, mas seu pai, ou seu avô, era chamado *Gigante da Beira*.
32. Segundo o *Dicionário etimológico* de Antônio Geraldo da Cunha, "tareja" é palavra originária do termo árabe *tarīha*, que significa "quantidade de trabalho que se impõe a alguém", por seu turno derivado de *tárah*, "lançar, arrojar" e também "impor a aquisição de uma mercadoria a um preço determinado". Nas acepções da época, uma "missão de peso" e que lhe seria "imposta".
33. Vasco da Gama, que estabelecera o caminho marítimo para as Índias em 1497, tendo chegado a Calicute a 20 de maio de 1498.
34. Abraão Zacuto, judeu de origem francesa nascido em Salamanca, Espanha, entre 1450 e 1452, encontra ambiente propício em 1492, ao fugir às perseguições religiosas dos Reis Católicos de Castela e Aragão, pois outro sábio judeu já deixara seu rastro de prestígio em Portugal: Isaac Abravanel, que fugira no sentido contrário em 1483. Logo passou a apresentar-se publicamente como "físico e astrônomo real". Por outro lado, já funcionavam duas imprensas

(oficinas gráficas), de propriedade de judeus: em Coimbra, desde 1485, na casa de Samuel D'Horta, e outra em Lisboa, implantada neste mesmo ano em casa de Eleazar Toledano. João Vizinho, médico e astrólogo judeu, imprime em Leiria o *Almanaque perpétuo* de Zacuto, em 1496. Mas neste mesmo ano termina a permanência de Abraão Zacuto em Portugal. Ele foge para mais um exílio, ao anunciar Dom Manuel as medidas contra os judeus, resultantes de seu contrato de casamento com uma filha dos reis de Espanha.

35. Conforme *O ensino dos jovens no Portugal quinhentista*, de Francisco Contente Domingues e Luís Felipe Barreto.
36. "A distância que o rei deve manter em relação aos seus súditos marca-se mesmo dentro dos templos", escreve o historiador português Joaquim Romero Magalhães em *As estruturas políticas de unificação*. O rei está instalado dentro da cortina, junto do altar, tapado das vistas dos demais crentes, mas vendo o oficiante. Em circunstâncias especiais a cortina é arredada, para que a régia pessoa possa participar, assim, de uma parcela da veneração a Deus. Grande entre todas era a honra do convite para a cortina, como o rei poderia querer solenizar aí, em espaço seu dentro do espaço divino da igreja, alguma advertência ou admoestação. Dom Manuel, para solenizar a partida da armada de Pedro Álvares Cabral e honrar a pessoa do capitão-mor, o "teve consigo dentro da cortina" (João de Barros, *Décadas da Ásia*. Década I, Livro V, Cap. I, p. 171, Lisboa, 1778).
37. Documento arquivado na Torre do Tombo, em Chancelaria de Dom Manuel, Volume 1, Fascículo 13, fl. 10, 2º Diploma.
38. Preste João era uma figura lendária da Idade Média, soberano cristão de um vasto império com quem era preciso fazer contato em nome dos cristãos ocidentais. Seu nome era invocado desde os tempos de Henrique, o Navegador, que despedia suas expedições dizendo: "Tragam-me notícias do Preste João." Dom João II enviou várias missões por terra e por mar à sua procura. Acreditavam os portugueses que a sede do seu reino ficava na Etiópia.
39. A referência é a um tipo de aves pernaltas e aquáticas que não poderiam voar a muita distância de uma costa. Por esta razão entendem alguns historiadores que o registro da passagem de Vasco da Gama pelas proximidades do Cabo de Santo Agostinho, hoje costa brasileira, no dia 22 de agosto de 1497, é uma tese válida de que Cabral tinha conhecimento de que o roteiro que deveria cumprir aproximava-o de terras a ocidente. Conforme *Parecer de Vasco da Gama sobre o regimento que deveria observar Pedrálvares Gouveia em sua viagem*, conservado no Arquivo Nacional/Torre do Tombo, em Leis, s. d., Maço 1, Nº 21, fragmento, com apontamentos de letra de António Carneiro, escrivão da Câmara d'El-Rei.
40. Ceuta, hoje possessão espanhola no norte da África, foi tomada aos mouros por Dom João I em 1415 e permaneceu portuguesa durante longos anos.
41. Lenda recolhida por diversos pesquisadores e historiadores portugueses. O autor utilizou a versão que lhe foi narrada, de viva voz, pelo professor Manuel Marques, em 1998.
42. O Rio Zêzere, produto dos glaciares da Serra da Estrela, é afluente do curso médio do Tejo, onde desemboca, junto a Constância. Segundo José Manuel Fernandes, no estudo *Rios de Portugal*, "é talvez injusto que o rio que nasce no coração da nossa serra mais alta e que corre pelo mais belo dos vales glaciares não tenha a honra de ser o primeiro rio português, tendo antes o secundário destino de afogar suas águas no Tejo". Em vários momentos da história, a colônia israelita de Belmonte comemorou o *Pesach* em suas águas.
43. "Portulano": nome dado, na Idade Média e no Renascimento, às cartas marítimas em

que se descrevem acidentes geográficos, a posição dos portos, as costas, as marés, os baixios e recifes.

44. Conforme a carta de Pero Vaz de Caminha, arquivada no Arquivo Nacional/Torre do Tombo, Lisboa, em Corpo Cronológico, Gaveta 8, Maço 2, constando de 14 fólios, ou seja, 28 páginas.

45. Pero Vaz de Caminha sucedeu ao pai em 8 de março de 1476 como Mestre da Balança da Moeda da Cidade do Porto, cargo em que foi confirmado por Dom Manuel. Residia na rua mais importante da cidade, e em 1497 foi encarregado pela Câmara do Porto da redação dos "capítulos" a serem apresentados no ano seguinte às Cortes reunidas em Lisboa. Conforme Souza Viterbo, Magalhães Basto, António Cruz e Jaime Cortesão.

46. Frei Henrique Soares, de Coimbra, foi designado por Dom Manuel para fundar o primeiro dos doze mosteiros que deveria criar do Cabo da Boa Esperança até as Índias, pois Vasco da Gama trouxera a notícia de que lá havia muitos cristãos desassistidos. Rezou a primeira missa no Brasil e, ferido, salvou-se a nado da destruição da feitoria portuguesa de Calicute. Foi nomeado Bispo de Ceuta pelo Papa, a 30 de janeiro de 1505. Integrou diversas embaixadas de Portugal para tratar questões diplomáticas. Fora escolhido pelo rei, entre outros motivos, pelo conhecimento que dele tinha Dom Manuel, pelo seu trabalho como confessor e diretor espiritual do convento das clarissas, fundado por Justa Rodrigues, que fora ama-de-leite do soberano. Conforme Gaspar Correia, *Lendas da Índia*; João de Barros, *Décadas da Ásia*; o *Relato do piloto anônimo*, e "Frei Henrique de Coimbra. O missionário. O diplomata. O bispo", de F. Félix Lopes, Lisboa, separata da revista *Studia*, Nº 37, dezembro de 1973, 120 páginas.

47. "Ladeza" era como se denominavam nos séculos XV e XVI, o que hoje chamamos "latitude". A. Fontoura da Costa, in *A marinharia dos descobrimentos* (Lisboa, 1940), diz que "a determinação simultânea da latitude e da longitude constitui o problema *do ponto* no mar, hoje de uso corrente a bordo, obtendo todos os pilotos das marinhas de guerra e mercante, com a maior facilidade, os três pontos: de alva, do meio-dia e da tarde. Mas até grande parte da metade do século XVIII só se determinava uma das coordenadas: a Latitude, especialmente ao meio-dia; a Longitude, pelos nossos denominada 'altura de leste-oeste' e também Longura, era então impossível de obter, apesar do reconhecimento da necessidade de sua determinação, quando a navegação começou a afastar-se das costas da África. (...) O problema da longitude arrastou-se durante séculos, sem solução prática, não obstante os incitamentos pecuniários dos espanhóis (com Filipe III, cerca de 1600), com os Estados Gerais da Holanda, do Parlamento Inglês (1714) e do Prêmio Rouillé, criado pela Academia Francesa das Ciências".

48. A gaita de foles, um dos instrumentos mais populares em Portugal, acabou sendo o primeiro a se fazer ouvir em terras de Vera Cruz, por obra de Nicolau Coelho. Era semelhante às gaitas irlandesas utilizadas até hoje em festivais e cerimônias especiais, aparentemente de igual origem, céltica.

49. Um dos barcos da frota de Cabral havia sido armado por comerciantes italianos estabelecidos em Lisboa, entre eles Bartolomeu Marchioni, a pedido do próprio Rei Dom Manuel. Era o *Annunziata*, ou *Nossa Senhora Anunciada*. Foi o primeiro a retornar, tendo transportado, entre outras curiosidades, dois papagaios de variadas cores e com cerca de um metro de altura, oriundos de Vera Cruz.

50. Conforme a carta de Pero Vaz de Caminha (Arquivo Nacional/Torre do Tombo), o barco perdido foi procurado por Cabral, "que fez muitas diligências". Mais tarde circularam versões, e os historiadores buscaram pistas, mas nunca foi possível descobrir se, efetivamente, o navio

capitaneado por Vasco de Ataíde naufragou sem deixar vestígios nem sobreviventes, se retornou a Portugal secretamente ou se os seus tripulantes chegaram a algum ponto da África e ali foram feitos prisioneiros, escravos ou devorados por canibais. Ou se apenas desapareceu porque "comeu-o o mar"... e os tripulantes tiveram como túmulo o oceano.

51. Era a expressão "navegar em conserva" que definia a obediência à norma de navegar uns à vista dos outros. Dir-se-ia "comboio". Conforme Gaspar Correia, in *Lendas da Índia* e João de Barros, in *Décadas da Ásia*.
52. Ser um "segundo filho" no Portugal do fim da Idade Média e começo da Renascença era quase um estigma. Era preciso lutar pelas próprias forças, fazer a sua carreira. Não herdava o morgadio e, conseqüentemente, terras inalienáveis, aquelas cedidas pela Coroa, e títulos. Dividia com os demais irmãos a herança materna e paterna normais. Por isto Pedro Álvares Cabral jamais foi Senhor de Belmonte e Azurara, como foi erradamente divulgado no século XIX. Seu irmão mais velho, sim. Seu sobrinho também.
53. Conforme F. Félix Lopes, in "Frei Henrique de Coimbra. O missionário. O diplomata. O bispo", Lisboa, separata da revista *Studia*, Nº 37, dezembro de 1973, 120 páginas.
54. Carta do Mestre João ao Rei Dom Manuel, arquivada no Arquivo Nacional/Torre do Tombo, Corpo Cronológico, Parte 3ª, Maço 2, Nº 2. Mestre João Faras, físico e astrônomo, traduziu para o espanhol *De Situ Orbis*, de Pompônio Mela.
55. Conforme Max Justo Guedes, in *O descobrimento do Brasil*, Rio, Diretoria de Hidrografia e Navegação do Ministério da Marinha, 1966, 146 páginas.
56. Duarte Pacheco Pereira in *Esmeraldo de Situ Orbis*, escrito e divulgado em Lisboa a partir de 1505.
57. *Idem*.
58. Dom Duarte (1391-1438), décimo primeiro rei de Portugal, escreveu o *Leal conselheiro*, espécie de guia de moral caseira, e o *Livro de ensinança de bem cavalgar toda sela*, sobre a arte de montar e também a educação física e espiritual de um bom cavaleiro.
59. Conforme João de Barros, in *Décadas da Ásia*.
60. Os europeus, de um modo geral — franceses, espanhóis, ingleses, portugueses —, no Oriente eram chamados genericamente de "frangues" ou "francos". Conforme Luís Philipe Thomaz, in *Os frangues na terra de Malaca*: em malaio, "frangue" é *peringgi*, do árabe *ifrangi*, *farangi* ou *frangi*, no dialeto egípcio ou persa, significando literalmente "franco". Os árabes denominavam indistintamente todos os cristãos, nos primeiros séculos do Islam, de *rûmi*, *rumes*, isto é, "romanos". Na época de Carlos Magno, no entanto, começaram a usar a denominação "francos", que estenderam a todos os cristãos ocidentais. Os portugueses foram identificados como "frangues" (ou francos) desde a primeira visita de Vasco da Gama ao Malabar. O termo então generalizou-se nas várias línguas da Ásia.
61. Tradição cristã baseada na Bíblia, na frase do Novo Testamento: "E rasgou-se pelo meio o véu do santuário."
62. Em especial, em reencarnação, como defendiam algumas ordens secretas no mundo cristão, e na certa Templários e a Ordem de Cristo, sua herdeira, bem como os seguidores de São Tomé no Oriente.
63. Conforme a carta de Pero Vaz de Caminha, Arquivo Nacional/Torre do Tombo.
64. *Idem*.
65. *Ibidem*.
66. *Ibidem*.
67. Carta do Mestre João ao Rei Dom Manuel, escrita em Porto Seguro e enviada a bordo do navio

de Gaspar de Lemos, conservada no Arquivo Nacional/Torre do Tombo, em Lisboa, Corpo Cronológico, Parte 3ª, Maço 2, Nº 2.

68. O nome "Cruzeiro do Sul", como hoje usamos, foi utilizado por João de Lisboa no *Tratado da agulha de marear*, publicado em 1514, mas referia-se às pesquisas feitas por ele e por Pero Annes, famoso navegador português, piloto-mor da armada de Dom Francisco de Almeida, que saiu de Lisboa em 25 de março de 1505 e chegou a Cochim em 30 de outubro do mesmo ano. Eles se encontraram naquela cidade da costa do Malabar no último trimestre de 1507 e observaram juntos o Cruzeiro, identificando a "estrela do Sul". O *Regimento das horas da noite pelo Sul*, redigido por Pero Annes em 1505 e enviado a Dom Manuel, perdeu-se.
69. Conforme a carta de Pero Vaz de Caminha, conservada no Arquivo Nacional/Torre do Tombo, Corpo Cronológico, Gaveta 8, Maço 2.
70. *Idem.*
71. Conforme a carta de Pero Vaz de Caminha.
72. *Idem.*
73. *Ibidem.*
74. Conforme a carta de Pero Vaz de Caminha.
75. *Idem.*
76. *Ibidem.*
77. Conforme a carta de nomeação de Pedrálvares Gouveia como capitão-mor da frota, assinada por Dom Manuel, no dia 13 de fevereiro de 1500 (conservada no Arquivo Nacional/Torre do Tombo).
78. Conforme a carta de Pero Vaz de Caminha.
79. A versão correta da carta de Caminha tem esta redação: "Águas são muitas; infindas. E em tal maneira é graciosa que, querendo-a aproveitar, dar-se-á nela tudo, por bem das águas que tem" — e não "em se plantando tudo dá", como reza a versão popular que circula no Brasil há muitos anos.
80. Da carta de Pero Vaz de Caminha, conservada no Arquivo Nacional/Torre do Tombo e que pode ser conhecida pelos pesquisadores em sua versão microfilmada.
81. Carta de Mestre João a Dom Manuel. Arquivo Nacional/Torre do Tombo, Corpo Cronológico, Parte 3ª, Maço 2, Nº 2.
82. "Roque": nome antigo da peça "torre" no jogo de xadrez.
83. Relato da viagem de Bartolomeu Dias. Conforme George McCall Theal e Sidney Welch, in *Bartolomeu Dias, 1497-1499*, publicado pela Comissão Nacional para as Comemorações dos Descobrimentos Portugueses (CNCDP)
84. Conforme o *Relato do piloto anônimo*, conservado no Arquivo Nacional/Torre do Tombo.
85. A expressão "Deus os perdoe" era utilizada na época para significar a morte dos citados.
86. Pobres, nobres e reis, todos consultavam bruxas mouras, botadoras de cartas ou "raparigas de virtudes", jovens que entravam em transe "místico" e faziam adivinhações. Reza a tradição que o próprio Rei Dom Manuel decidiu-se por Vasco da Gama para a viagem à Índia de 1497-1498, porque Abraão Zacuto lhe teria dito que o comando ficaria com "um capitão que tinha um irmão que com ele viajaria" (Vasco e seu irmão, Paulo da Gama). Conforme Gaspar Correia in *Lendas da Índia*, Lopes de Almeida, Porto, 4 vols., 1975 — Tomo I, pp. 41 e 42.
87. Segundo o *Relato do piloto anônimo*, "havia uma pequena ilha chamada Moçambique, num braço de mar denominado Canal do Moçambique", diante da enorme ilha mais tarde denominada Madagascar, e uma grande cidade (cerca de 10 mil habitantes na época) que hoje é capital de um concelho do país, Moçambique, ex-colônia africana de Portugal.

88. Os portugueses chamavam Etiópia a toda a costa norte-oriental da África, para cá e para lá das montanhas onde, dizia-se, habitava o mítico Preste João.
89. Conforme Álvaro Velho, in *Roteiro da primeira viagem de Vasco da Gama — 1497-1499*, edição organizada por A. Fontoura da Costa, Lisboa, 1969.
90. "Sacabuxa" era uma espécie de trombeta.
91. A maior prova de que o casamento se deu depois de 1502 é o documento em que Isabel de Castro, esposa de Pedro Álvares Cabral, é tratada ainda como "donzela": "Dona Maria, por graça de Deus Rainha de Portugal (...) fazemos saber que Dona Constança, mulher de Fernão de Noronha, do Conselho do Rei (...) nos disse (...) como ela tinha a renda dos linhos de nossa vila de Torres Vedras e seu termo (...) pedindo-nos nossa mercê porquanto ela queria trespassar esta renda em Dona Isabel de Castro, sua filha, nossa donzela, nos prouvesse por dar isso nosso consentimento (...)" — Documento conservado no Arquivo Nacional/Torre do Tombo, Corpo Cronológico I.4.11. Chancelaria da Rainha Dona Maria — assinado pela Rainha em 18 de fevereiro de 1503.
92. Conforme o *Relato do piloto anônimo*.
93. A carta foi datada de 2 de dezembro de 1514, e quando chegou às mãos do Rei, o autor, Afonso de Albuquerque, provavelmente já estava morto, pois cada viagem era contada em no mínimo seis meses.
94. "Cambaia": pequena cidade na região hoje denominada Bombaim.
95. "Mar Roxo": hoje chamado Mar Vermelho.
96. "Goa": mais tarde a capital do império português nas Índias, o verdadeiro centro irradiador da cultura e da administração lusitana na Índia.
97. "Guzerate": natural da região nordeste da Índia, hoje chamada Gujerate.
98. Conforme o *Relato do piloto anônimo*.
99. Conforme o *Relato do piloto anônimo*.
100. Conforme o *Relato do piloto anônimo*.
101. Conforme Sanjay Subrahmanyam, in *The Career and Legend of Vasco da Gama*, Cambridge University Press, 1997.
102. Conforme o *Relato do piloto anônimo*.
103. Da carta de Americo Vespuccio, escrita de Cabo Verde, em 4 de junho de 1501, dirigida a Lourenço de Pier Francisco de Medici.
104. Pero Vaz de Bisagudo é citado por Mestre João em sua carta ao Rei Dom Manuel, enviada de Vera Cruz, com data de 1º de maio de 1500, como possuidor de um mapa onde a terra encontrada estaria já assinalada.
105. "Tença" era uma pensão de caráter permanente, dada em troca de serviços prestados à Coroa. A primeira tença que Cabral percebeu foi a de "moradia" na Corte, e, como jovem estudante, para percebê-la tinha de confirmar a presença nas aulas de gramática.
106. Grão Vasco: o pintor Vasco Fernandes (1475-1540), autor de várias obras famosas, entre elas 14 painéis sobre a vida de Cristo, dos quais sobressai a "Adoração dos Reis Magos", onde figura o único retrato conhecido de Pedro Álvares Cabral, pintado entre 1503 e 1505, aparecendo como um dos reis magos e tendo, atrás de si, um nativo brasileiro, com penas, cocar e uma roupa "criada" pelo artista. A tela fazia parte do retábulo que estava na catedral de Viseu; hoje se encontra no Museu Dom Vasco.
107. O núcleo do convento é a Charola, capela dos Templários, do século XII, que se tornou o centro da atividade da Ordem de Cristo nos séculos XV e XVI. Hoje a Charola se acha totalmente restaurada.

108. "Carta Del Rey Don Manuel de Portugal a los Reyes Católicos, dándoles cuenta de todo lo sucedido en el viaje de Pedro Álvarez Cabral por la costa de África hasta el Mar Rojo", conforme cópia, tirada por Dom Joaquin Traggia, da que existia em Zaragoça, no arquivo da antiga Diputación de Aragó, destruída na guerra da independência, firmada por Dom Manuel I de Portugal no dia 29 de julho de 1501.
109. "Petintais", despenseiros que forneciam todos os instrumentos e equipamentos necessários para os navios, ou calafates que atuavam no sistema de calafetagem das naus.
110. Isabel de Castro era filha de Fernando de Noronha, bisneto dos reis Dom Henrique II de Castela e Dom Fernando de Portugal, e de Dona Constança, irmã de Afonso de Albuquerque, governador-geral da Índia.
111. Hoje há um monumento em Mossel Bay, nome moderno da Aguada de São Brás, onde foi preservada a "árvore dos correios". No seu tronco ficava escondida a bota em que tradicionalmente os navegadores deixavam cartas para serem lidas pelos que os seguiam e que assim podiam tomar conhecimento de fatos e informações importantes.
112. De um modo geral, os historiadores portugueses concordam que foram formados "dois partidos", um apoiando a manutenção do nome de Pedro Álvares Cabral para a nova expedição à Índia e outro optando por Vasco da Gama.
113. Conforme Damião de Góis, Vol. I, pp. 13 e 14, in *Crônica do felicíssimo Rei Dom Manuel, 1500-1517.*
114. "Um dos casos que tem recebido particular atenção dos estudiosos é o da Leitura Nova, iniciado durante o reinado de Dom Manuel I, mas que se prolonga pelo reinado de Dom João III. Trata-se de uma iniciativa régia de reorganização arquivística, constituída pela cópia sistemática dos documentos antigos, que se desenvolve em estreita relação com elementos estéticos, ao nível da qualidade da caligrafia e da decoração de cada um dos livros. São sobretudo as iluminuras decorativas que melhor revelam as preocupações de afirmação simbólica do poder real, constituídas por variações em torno de um motivo quase sempre repetido: as armas de Portugal, ladeadas por duas esferas armilares. Assim, o objetivo de colocar documentos da chancelaria régia numa 'conservada memória', para utilizar as palavras de Dom Manuel no prólogo da Leitura Nova, articula-se como uma tentativa de organizar de um modo sistemático uma nova representação simbólica do poder do rei." Conforme *História de Portugal*, de José Mattoso (direção), coordenada por Joaquim Romero Magalhães, Tomo III, "No alvorecer da modernidade", pp. 366 e 526, artigo de Diogo Ramada Couto, Editorial Estampa, Lisboa, 1996.
115. "Letra redonda", o que chamaríamos hoje "letra de imprensa" e "letra tirada", na caligrafia do autor.
116. Segundo os cronistas da época, a frase que teria sido utilizada por Dom Manuel para justificar o afastamento de Pedro Álvares Cabral da nova viagem às Índias é que ele "era um homem de muitos primores acerca de pontos de honra". E segundo Gaspar Correia, in *Lendas da Índia*, Dom Manuel teria dito que "ele não é bem afortunado em coisas do mar".
117. Na viagem de Cabral o nome de Vasco estava escrito e houve a substituição de última hora, que então se repetia. Os rascunhos conservados na Torre do Tombo o confirmam.
118. Conforme carta do embaixador de Veneza à Signoria.
119. Conforme os cronistas e historiadores do período, foi a mais deslumbrante cerimônia do gênero no reinado de Dom Manuel I. (Damião de Góis, in *Crônica do felicíssimo Rei Dom Manuel — 1500-1517*, Lisboa.)
120. Conforme José Hermano Saraiva in *Ditos de portugueses dignos de memória — História íntima do século XVI*, Lisboa, Publicações Europa-América, s.d.

121. Na verdade, partem as primeiras 15 embarcações neste 10 de fevereiro de 1502. São três armadas, sob o comando geral de Vasco da Gama, no total. Os primeiros cinco barcos, a frota guerreira de Vicente Sodré, tio de Vasco, que irá policiar a entrada do Mar Vermelho para impedir o comércio dos muçulmanos com as especiarias, cujo monopólio Portugal deseja. O grupo maior, de dez barcos, com Vasco da Gama na liderança que vai à Índia, uma vez mais a Calicute e adjacências. E a flotilha de cinco navios sob o comando de Estêvão da Gama, também parente, que partiria no início de abril (Conforme Gaspar Correia, in *Lendas da Índia*).

122. Politicamente comprometido com o projeto português, Gil Vicente (1465-1536) tem o favor real e, em especial, da viúva de Dom João II que vivia na Corte, Dona Leonor, e que teve tempo até 17 de novembro de 1525, quando faleceu, para apoiá-lo plenamente. Ele lançou as bases do teatro português e, com seus inúmeros autos e peças, aos poucos passou a utilizar a língua portuguesa, embora tenha começado com um texto em castelhano, o *Auto da visitação*, em que aparecia vestido de vaqueiro. Sua obra imensa soma 44 títulos. Foi também "Mestre da Balança" da cidade de Lisboa e é apontado como o ourives particular da Rainha Dona Leonor e, posteriormente, também de Dom Manuel, criador da famosa custódia de Belém, feita com o primeiro tributo do rei de Quíloa, arrancado por Vasco da Gama em sua segunda viagem à Índia.

123. Dom Fernando, o antepassado ilustre de Cabral, está retratado num capitel da capela de Santiago, em Belmonte, no momento em que, segundo reza a tradição, interpõe o próprio corpo ao golpe destinado a matar Dom Henrique, o Navegador.

124. Conforme documento conservado no Arquivo Nacional/Torre do Tombo, Gaveta 7, Maço 5, Nº2, original em pergaminho com selo de chumbo, pendente de fios de seda, vermelhos e amarelos.

125. Conforme documento publicado na *Monumenta Henricina*, arquivado no Arquivo Nacional/ Torre do Tombo, Gaveta 7, Maço 8.

126. A capela construída por Diogo de Arruda tem as insígnias e as armas de Dom Manuel na abóbada, possui dois níveis, e fica ligada à Charola por uma arcada.

127. Lenda perpetuada pela tradição em que se baseia o conceito de "missão divina para Portugal", e "português, um povo escolhido".

128. O traçado do Tratado de Tordesilhas — que aliás nunca foi oficialmente demarcado — dava a Portugal a possessão de importantes regiões asiáticas, inclusive o arquipélago das Molucas. A política do sigilo, praticada por Dom João II, não nos permite hoje saber até onde ia, efetivamente, o conhecimento dos portugueses.

129. Dito popular recolhido na região de Belmonte e Covilhã, pelo professor Manuel Marques.

130. "O povo desde o qual os historiadores têm tecido a genealogia portuguesa está achado: é o dos Lusitanos. Na opinião desses escritores, através de todas as fases políticas e sociais da Espanha durante mais de três mil anos, aquela raça de celtas soube sempre, como Anteu, erguer-se viva e forte; reproduzir-se imortal na sua essência; e nós, portugueses, (...) temos a honra de sermos os seus legítimos herdeiros e representantes." J. P. Oliveira Martins, in *História de Portugal*, Publicações Europa-América, Tomo I, p. 19, Lisboa. O próprio Oliveira Martins registra, porém, a discordância do historiador Alexandre Herculano, que sublinha a certa altura: "tudo falta: a conveniência de limites territoriais, a identidade da raça, a filiação da língua, para estabelecermos uma transição natural entre os povos bárbaros e nós".

131. Conforme João de Barros, *Décadas da Ásia*, I e II, e Gaspar Correia, *Lendas da Índia*.

132. Aliás, como já corria mundo, o Soldão (soberano) do Egito encarregara-se de fazer chegar ao Papa e aos governos dos países ocidentais a sua inconformidade com a crueldade do almirante

Vasco da Gama, que metralhou inocentes, afundou um navio mercante, tomou os bens de seus tripulantes e passageiros, e praticamente executou crianças e mulheres, indiferente aos apelos de misericórdia. Os muçulmanos ameaçaram represálias e a escravização de todos os cristãos do Oriente.

133. Conforme documento conservado no Arquivo Nacional/Torre do Tombo, Gaveta 17, Maço 1, Nº 9.

134. Isabel, a Católica, Rainha de Castela e de Aragão, morreu no dia 26 de novembro de 1504, em Medina del Campo.

135. Apelando aos sentimentos comuns de cristandade, interesses econômicos e relações de parentesco entre as famílias reais, Dom Manuel tentou uma mobilização dos países do Ocidente, numa espécie de Liga das Nações, aproveitando o tema emocional da ameaça de destruição do Santo Sepulcro como promotor da união internacional. Conforme documentos da Chancelaria de Dom Manuel, arquivados na Torre do Tombo, e registros dos cronistas João de Barros, Gaspar Correia e historiadores portugueses modernos.

136. Fernão de Noronha, ou Loronha, ou Fernando de Noronha, era comerciante, cristão-novo, judeu batizado católico. Nada tinha a ver com a família da mulher de Pedro Álvares Cabral, Isabel de Castro, sendo apenas homônimo do sogro do descobridor.

137. Conforme Damião de Góis in *Crônica do felicíssimo Rei Dom Manuel*, J. P. Oliveira Martins in *História de Portugal*, Lisboa, Publicações Europa-América, e documentos conservados no Arquivo Nacional/Torre do Tombo.

138. O parentesco era por intermédio de Fernão de Noronha, sogro de Cabral, também já falecido, embora as ligações se mantivessem, até porque as famílias eram poucas e as ligações sempre significavam garantias de apoio e representatividade.

139. Publicado em Chancelaria de Dom Manuel, Aquivo Nacional/Torre do Tombo, maço 44, nº 62, confirma o recebimento da carta de arrependimento e pedido de reaproveitamento com o despacho real, "Praz-me", datado de 18 de fevereiro de 1509.

140. A resposta, embora rotineira, escrita no tom frio e habitual da Corte, abria uma possibilidade para quem estava esquecido. Documento publicado em Chancelaria de Dom Manuel I, à disposição dos pesquisadores na Biblioteca Nacional de Lisboa, reproduzindo documento arquivado na Torre do Tombo.

141. Documento publicado em Chancelaria de Dom Manuel I, Maço 36, Nº 40, arquivado na Torre do Tombo. O escambo foi autorizado por carta do soberano, datada de 17 de dezembro de 1509, com a permissão papal, para troca dos bens de Pedro Álvares Cabral no Pereiro por uma quinta no Rossio de Santarém, que estava vinculada a uma capela do mosteiro de São Francisco.

142. Os artistas plásticos de toda a Europa buscavam a Itália, onde as obras de Michelangelo, Rafael e Leonardo da Vinci, entre outros, chamavam a atenção pelos deslumbrantes achados técnicos e artísticos. A *Santa Ceia* fora pintada por Da Vinci na parede de um refeitório em Santa Maria delle Grazie, Milão, e assombrava pelo uso da luz e da perspectiva. Vasco Fernandes, o Grão Vasco, foi muito influenciado pelos italianos, bem como todos os seus discípulos e contemporâneos.

143. Nicolau Copérnico tinha o maior cuidado na difusão de suas idéias, porque contrariavam fundamentalmente a posição da Igreja Católica, o que era no mínimo perigoso. Como se sabe, a teoria do heliocentrismo acabou, mais adiante, levando Galileu à Inquisição e muita gente à fogueira, como incréu... A Igreja só revisou oficialmente sua teoria em 1992, quando pediu perdão público ao físico e astrônomo Galileu Galilei.

144. Copérnico só publicou suas teorias em 1543, mas a discussão de suas idéias era uma constante nas principais universidades européias, em todo o primeiro quartel do século XVI.
145. Portugal, pendurado na extremidade ocidental da Europa, fazia jus ao extraordinário *status* alcançado com o seu desenvolvimento econômico, técnico e artístico. A encomenda feita por Dom João II a Leonardo da Vinci é uma demonstração do nível alcançado. (Conforme Garcia de Resende in *Crônica do Rei Dom João II.*)
146. Fernando de Noronha, Governador da Casa da Excelente Senhora, Madrasta de Dom João II, bisneto de dois reis, Dom Henrique de Castela e Dom Fernando de Portugal, era o pai de Isabel de Castro, mulher de Pedro Álvares Cabral.
147. Conforme o "Livro de cozinha da infanta Dona Maria de Portugal", resgatado por Salvador Dias Arnaut in *A arte de comer em Portugal na Idade Média*, Coimbra, 1968.
148. O rinoceronte ficara famoso em Lisboa, onde permanecera longos meses, mas morreu afogado ao ser desembarcado na Itália.
149. Conforme Damião de Góis, in *Crônica do felicíssimo Rei Dom Manuel, 1500-1517.*
150. "Eu fui o que concertei e ordenei este casamento", escreveu Afonso de Albuquerque ao Rei Dom Manuel, de Calicute, no dia 2 de dezembro de 1514, "e lhe fiz dar da fazenda de minha irmã e de meu cunhado Dom Fernando mais em casamento do que seu móvel e raiz podia abastar." Conservado no Arquivo Nacional/Torre do Tombo, em Chancelaria de Dom Manuel, Maço 13, Nº 10.
151. Segundo os cronistas do império português na Ásia, Afonso de Albuquerque morreu depois de uma refeição, um jantar ao meio-dia (almoço era de manhã cedo, jantar ao meio-dia e ceia no fim da tarde), por ter sido, provavelmente, envenenado.
152. Apesar de todos os poderes de que desfrutava, Afonso de Albuquerque nunca foi nomeado vice-rei. Sempre foi governador-geral. Entre ele e o soberano, entre a Índia e a capital do reino, interpunham-se muitas distâncias e intrigas...
153. O nome de América para as terras "novamente" — aqui com o sentido de "recentemente" descobertas — já corria a Europa, principalmente depois que apareceu no mapa de Waldseemüller.
154. Fernando, filho primogênito de Pedro Álvares Cabral, tornou-se importante navegador, tendo comandado várias naus. Pereceu numa viagem à Índia. Foi a bordo de um barco por ele comandado que Luís Vaz de Camões deslocou-se para a Índia, onde criaria grande parte do seu poema *Os Lusíadas*. Seus demais filhos foram: António, Constança, Guiomar, Isabel e Leonor.
155. Os que se ocupavam em abater árvores de pau-brasil para enviar à Europa eram chamados "brasileiros", topônimo que se transferiu a todos os habitantes do país. Em Portugal, durante os séculos XVIII e XIX, também serviu para designar os portugueses que para o Brasil se deslocavam e para a pátria mãe retornavam, em geral enriquecidos. Conforme Camilo Castelo Branco, Garrett, Eça de Queiróz e outros autores portugueses.
156. A 3 de novembro de 1520, em atenção aos "muitos serviços prestados por Pedro Álvares Cabral, sua mulher Isabel de Castro e seu filho António, moço-fidalgo da Casa Real, passaram a receber tenças, respectivamente, de 30 mil e 20 mil reais". Dia 5 de novembro de 1520, outro filho, Fernando, por méritos próprios, passou a ser agraciado com a tença de 20 mil reais. Documento conservado no Arquivo Nacional/Torre do Tombo, em Chancelaria de Dom Manuel, Maço 39, Nº 60.
157. Continuava portanto a saga de abandono e ostracismo do descobridor do Brasil.

158. Não encontramos evidências da prestação de serviços de Isabel de Castro à Infanta Dona Maria, a Culta, filha de Dom João III, que se celebrizou por intensa atividade intelectual, rara e pioneira entre as mulheres. Aparentemente Isabel de Castro, apesar da designação oficial, cuidou dos filhos apenas.

159. Neste sentido histórico e etimológico, "descobrir" é levantar um véu, "destapar", mostrar o que está oculto ou abandonado. Não significando que se está "achando" algo desconhecido até então.

160. Como os "índios" da América comprovadamente vieram de outros pontos da terra, como os tupinambás, antigos ocupantes da área onde aportaram os portugueses, de lá foram expulsos por outras tribos, como estas mesmas tribos praticavam invasões e surtidas em terras ocupadas por outrem, como os indonésios agiram com os timorenses, e assim por diante, desde o início dos tempos, bem ou mal, e ao que parece continuará ocorrendo.

Cronologia básica de Pedro Álvares Cabral

1468 ou 1469 — Nascimento.
1482 — Ingressa na Casa Real, recebendo a tença de moradia de 1.000 reais mensais.
1483 — Morre a mãe, Isabel de Gouveia.
1484 — É Moço-Fidalgo da Corte de Dom João II — recebe a tença de 1.000 reais mensais.
1486 — Torna-se Escudeiro.
1487 ou 1488 — Recebe o batismo de fogo, participando de ação militar no Marrocos.
1489 — Passa a receber a tença de 26.000 reais, conjunta com o irmão João Fernandes.
1490 — Conhece Garcia de Resende, "moço de escrivaninha", a partir de então, do Rei Dom João II.
1492 — É dado como pajem, mercê do Rei, ao seu filho bastardo Dom Jorge, que constitui casa.
1493 — Testemunha a 4 de março, na Corte portuguesa, a visita e detenção de Cristóvão Colombo, no retorno da viagem de descoberta da América.
1494 — É admitido na Ordem de Cristo, com a recompensa de 40.000 reais anuais.
1494 — No dia 6 de maio, reúne-se com seus 11 irmãos em Belmonte, para o sorteio dos lotes e assinatura dos formais de partilha.
1495 — No dia 25 de outubro, morre o Rei Dom João II. Seu irmão testemunha o falecimento.
1496 — Seu irmão mais velho, João Fernandes, assume, por morte do pai, a alcaidaria de Belmonte e o morgadio dos bens da família.
1497 — É Cavaleiro-Fidalgo da Casa Real. Pede o desmembramento da tença de 26.000 que divide com o irmão João. Passa a perceber 13.000 reais, por carta régia do dia 12 de abril.
1499 — Participa do traslado do corpo de Dom João II de Silves para Lisboa e, depois, Batalha.

1500

15 de fevereiro — Recebe a carta régia com a nomeação para a viagem à Índia, comandando 13 naus.
9 de março — A armada sob seu comando deixa Lisboa.
23 de março — Desaparece um barco da frota ao largo das Ilhas Canárias, sob o comando de Vasco de Ataíde.
21 de abril — Vista de sinais de terra, como pássaros e ervas flutuantes.
22 de abril — Tripulantes avistam terra. Um monte a que Cabral dá o nome de Pascoal, e a terra que será chamada de Vera Cruz.
24 de abril — Primeiro contato com a terra. Dois nativos dormem a bordo da nau capitânia.
25 de abril — Pedro Álvares Cabral desembarca em terras de Vera Cruz.
26 de abril — É rezada a primeira missa no local chamado mais tarde Coroa Vermelha.
1º de maio — É rezada a segunda missa.
2 de maio — A armada deixa Vera Cruz, rumando para a Índia.
20 de maio — Grande tempestade afunda quatro barcos da armada diante do Cabo da Boa Esperança.
16 de junho — A armada chega à costa da Arábia.
26 de junho — Chegada a Quíloa.
20 de julho — Chegada à Ilha de Moçambique.
26 de julho — Frota chega a Quíloa, onde se reencontram as naus perdidas, voltando a serem seis os barcos da armada de Cabral.
30 de julho — Partida de Quíloa.
2 de agosto — Chegada a Melinde.
7 de agosto — Partida de Melinde para a Índia.
22 de agosto — Chegada à Ilha de Angediva, próximo a Goa, onde passa 15 dias.
13 de setembro — Chegada a Calicute, na costa do Malabar, Índia.

16 de dezembro — Morte de 54 portugueses na feitoria de Calicute. Cabral manda bombardear os navios e a cidade.
Chegada a Cochim.

1501
5 de janeiro — Chegada a Carangolor.
15 de janeiro — Chegada a Cananor.
16 de janeiro — Saída de Cananor, começa a viagem de regresso.
12 de fevereiro — Nau de Sancho de Tovar encalha próximo a Melinde.
Março — Domingo de Ramos. Passagem pelo Cabo da Boa Esperança. A armada faz aguada em São Brás.
Junho — Chegada a Bezeguiche, ilha próxima à foz do Rio Senegal.
21 de julho — Chegada a Lisboa.
27 de julho — Audiência com o Rei em Sintra.
29 de julho — O Rei Dom Manuel escreve aos sogros, os Reis Católicos Isabel e Fernando, narrando a viagem de Cabral e a descoberta de Santa Cruz.
Setembro — Convite do Rei a Cabral para nova viagem à Índia.
Dezembro — Recusa de Cabral ao convite do Rei.

1502
30 de janeiro — Vasco da Gama recebe os títulos de Almirante e Dom na Sé de Lisboa.
10 de fevereiro — Vasco da Gama parte para a nova viagem à Índia.
Setembro — Cabral passa a receber as tenças resultantes da sua viagem.
Dezembro — Passa o Natal em Santarém com a família da noiva, Isabel de Castro.

1503
Fevereiro — Casa com Isabel de Castro, sobrinha de Afonso de Albuquerque.
Novembro — Nasce o primeiro filho.
4 de dezembro — Participa, em Tomar, do Capítulo da Ordem de Cristo, sob a presidência de Dom Manuel.

1508
Pede a renovação dos privilégios de fidalgo.

1509
18 de fevereiro — Dom Manuel acolhe seu pedido de renovação de direitos de fidalgo.
17 de dezembro — Troca uma terra na Quinta do Pereiro por uma no Rossio de Santarém.

1514
2 de dezembro — O tio, Afonso de Albuquerque, escreve intercedendo a seu favor junto ao Rei.

1515
Outubro — O Rei registra o pedido e autoriza novas tenças.

1518
Reaparece nas listas como Cavaleiro da Casa Real.

1519
Está mantido nas listas como Cavaleiro da Casa Real.

1520
Está morto.

1529
Seu corpo é trasladado para o jazigo perpétuo contratado por sua viúva, Isabel de Castro, na Igreja da Graça, em Santarém.

BIBLIOGRAFIA

ABREU, Capistrano de. *História Geral do Brasil, antes de sua separação e independência de Portugal.* 4ª ed. Com revisão e notas de Rodolfo Garcia. Rio, 1959.

ALBUQUERQUE, Luís de. *Guia náutico de Munique e guia náutico de Évora.* Introdução preparada por Luís de Albuquerque para o texto anônimo. Lisboa: Edição CNCDP e Instituto Nacional de Pilotagem dos Portos, 1991. 230 p.

——. *Introdução à história dos descobrimentos portugueses.* 4ª ed. Lisboa: Publicações Europa-América. 293 p.

——. *Escalas da carreira da Índia.* Lisboa: Junta de Investigações Científicas de Ultramar, 1978. 10 p.

——. "Sobre alguns problemas não esclarecidos da história dos descobrimentos". Separata do nº 209 da revista *Vértice.* Lisboa: Vértice, 1991. 10 p.

——. *Navegadores, viajantes e aventureiros portugueses — Sécs. XV e XVI.* Lisboa: Editorial Caminho, 1987. Vol. I. 205 p.

——. *O livro de marinharia de André Pires.* Com introdução de Armando Cortesão. Lisboa: Junta de Integração de Ultramar, 1963. 232 p.

——. *Astronomical Navigation.* Lisboa: Comissão para a Comemoração dos Descobrimentos Portugueses, 1988. 142 p.

——. *Dúvidas e certezas dos descobrimentos portugueses.* Lisboa: Veja Gabinete de Edições, 1991. 128 p.

——. Com a colaboração de Jorge Couto, Luís de Albuquerque e Cisa Black. *O reconhecimento do Brasil.* Lisboa: Beta Projetos Editoriais, 1989. 200 p.

——. "O Tratado de Tordesilhas e as dificuldades técnicas de sua aplicação". Coimbra: Separata da *Revista da Universidade de Coimbra*, vol. XXII, 1973. 22 p.

ALBUQUERQUE, Luís Mendonça de (coord.), com a participação de Pedro Calmon, João da Garra, Pimentel Barata, Carlos Francisco Moura, Max Justo Guedes e outros. *História naval brasileira.* Rio de Janeiro: Serviço de Documentação Geral da Marinha, 1975. Tomo I, 346 p., e Tomo II, 276 p.

ALMEIDA, Fortunato de. *História de Portugal.* Coimbra: Editor Fortunato de Almeida, 1923. Vol. II, 499 p.

ALVES, Alexandre. *Os Cabrais, senhores de Azurara.* Mangualde: Associação Cultural Azurara da Beira, 1995. 36 p.

AMARANTE, Eduardo, e Rainer Daehnhardt. *Portugal — A missão que falta cumprir.* 1ª ed. Porto: Edições Nova Acrópole, 1994. 141 p.

ANÔNIMO — *Relato do piloto anônimo.* Tradução de Ramuzio, G.B., Veneza, 1507, publicado por Montalbado, no texto "Paesi nuovamente ritrovati".

ARRUDA, Virgílio. *Presença de Cabral nas rotas do futuro.* Santarém: Junta Distrital de Santarém, 1972. 345 p.

AZEVEDO, J. P. Lúcio de. *Épocas de Portugal econômico.* Lisboa: Clássica Editora, 1988. 502 p.

BAENA, Visconde de Sanches de. *O descobridor do Brazil, Pedro Álvares Cabral.* Memória apresentada à Academia Real das Ciências de Lisboa. Lisboa: Tipografia da Academia Real das Ciências, 1897. 151 p.

BARROS, Henrique da Gama. *História da administração pública em Portugal.* Séculos XII a XV. 2ª ed. Lisboa: Livraria Sá da Costa Editora, 1945. Vol. II, 524 p. Vol.III, 476 p. Vol IX, 354 p.

BARROS, João de. *Décadas da Ásia.* Lisboa: Imprensa Nacional.

BARROSO, Vera Lúcia Maciel (coord.), diversos autores. *Presença açoriana*. 1ª ed. Porto Alegre: Edições Est, 1993. 216 p.

BEIRANTE, Maria Ângela V. da Rocha. *Santarém quinhentista*. Lisboa: Edição Fundo de Fomento Cultural, 1981. 309 p.

BOLEO, Oliveira. "Pedro Álvares Cabral (Causas do ostracismo a que foi votado após o regresso de sua viagem de 1500-1501)". Lisboa: Separata de *Comunidades Portuguesas* nº 13, janeiro 1989. 4 p.

BOUCHON, Geneviève. *Vasco da Gama. Biografia*. Rio de Janeiro: Editora Record. 1999. 333 p.

BRANDÃO, Augusto Pereira. *A aventura portuguesa*. Fotografias de Michel Teague. 1ª ed. Lisboa/ São Paulo: Editorial Verbo, 1991. 234 p.

BRANDÃO, Raul. *El Rei Junot*. Nota introdutória de Guilherme de Castilho. 1ª ed. Lisboa: Imprensa Nacional — Casa da Moeda, 1982. 275 p.

BRÜTT, Fernando e Cunha Moraes. "Batalha — Convento de Santa Maria da Vitória". Porto: Separata de A *Arte e a Natureza em Portugal*.

BUENO, Eduardo. *A viagem do descobrimento — A verdadeira história da expedição de Cabral*. Rio de Janeiro: Editora Objetiva, 1998. 137 p.

——. *Náufragos, traficantes e degredados*. Rio de Janeiro: Editora Objetiva, 1998. 200 p.

CADAMOSTO, Luís de. *Viagens*. Lisboa: Academia Portuguesa de História e Ministério das Colônias, 1948. 208 p.

CAMINHA, Pero Vaz de. *Carta a El Rei Dom Manuel I*. Arquivo Nacional / Torre do Tombo. Lisboa, ANTT 0422, Gaveta 8, Maço 2, Nº 8. Original reencontrado, copiado em 19 de fevereiro de 1773.

CAMÕES, Luís Vaz de. *Os Lusíadas*. Introdução e notas de Alexei Bueno. Editora Nova Fronteira, 1993. 409 p.

CANELO, David Augusto. *Os últimos criptojudeus em Portugal*. Belmonte: Centro de Cultura Pedro Álvares Cabral, 1987. 263 p.

——. *A face oculta dos Cabrais*. Belmonte: Câmara Municipal, 1995. 34 p.

——. *O resgate dos marranos portugueses*. Belmonte: Edição do Autor, 1966. 216p.

——. *Senhores e camponeses em Belmonte*. Belmonte: Concelho de Belmonte, 1996. 120 p.

CARPEAUX, Otto Maria. *História da literatura ocidental (Vol. 3)*. 2ª ed. Rio de Janeiro; Alhambra, 1980. 772 p.

CARPENTIER, Alejo. *El arpa y la sombra*. Reimpressão. Buenos Aires, Seix Barral — Biblioteca Breve, 1997. 189 p.

CARVALHO, Alberto de. *Memória a respeito da sepultura rasa do descobridor do Brasil*.

CARVALHO, Joaquim Barradas de. *As fontes de Duarte Pacheco Pereira no "Esmeraldo de Situ Orbis"*. 1ª ed. Lisboa: Imprensa Nacional — Casa da Moeda, 1982. 198 p.

CASTANHEDA, Fernão Lopes de. *História do descobrimento e conquista das Índias pelos portugueses*. Porto: Lello Irmãos, 1979. Livros I a IV. 969 p.

CHANDEIGNE, Michel (coord.), diversos autores. *Lisboa Ultramarina — 1415-1580: a invenção do mundo pelos navegadores portugueses*. Tradução de Lucy Magalhães. 1ª ed. Rio de Janeiro: Jorge Zahar Editor, 1992. 248 p.

CHEKE, Marcus. *Carlota Joaquina (A Rainha Intrigante)*. Trad. De Gulnara Lobato de Morais Pereira. 1ª ed. Rio de Janeiro: José Olympio, 1949. 272 p.

CLAUDEL, Paul. *El Libro de Cristóbal Colón*. Pref. de Guillermo de Torre. 1ª ed. Buenos Aires: Losada, 1954. 138 p.

CLÁUDIO, Mário. *Peregrinação de Barnabé das Índias*. 2ª ed. Lisboa: Publicações Dom Quixote, 1997. 282 p.

COELHO, António Borges. *Quadros de uma viagem a Portugal no século XVI*. Lisboa: Editorial Caminho, 1986. 404 p.

COLOMBO, Cristóvão. *Diários da descoberta da América*. Trad. de Milton Persson. 1ª ed. Porto Alegre: L&PM, 1984. 179 p.

CORREIA, Gaspar. *Lendas da Índia*. Porto: Lello & Irmãos, 4 vols., 1975.

CORTESÃO, Armando. *Cartografia e cartógrafos portugueses dos sécs. XV e XVI*. Lisboa: Edição Seara Nova, 1935. Vol II, 453 p.

CORTESÃO, Jaime. *A carta de Pero Vaz de Caminha*. Pref. de José Manuel de Garcia. 1ª ed. Lisboa: Imprensa Nacional — Casa da Moeda, 1994. 250 p.

——. *A expedição de Pedro Álvares Cabral e o descobrimento do Brasil*. Apresentação de José Manuel Garcia. Lisboa: Imprensa Nacional — Casa da Moeda, 1994. 186 p.

——. *Os descobrimentos portugueses*. Pref. de José Manuel Garcia. 1ª ed. Lisboa: Imprensa Nacional — Casa da Moeda, 1990. Vol. I, 223 p. Vol. 2, 465 p. Vol. 3, 803 p.

——. *Portugal — a terra e o homem*. Pref. de Urbano Tavares Rodrigues. 3ª ed. Lisboa: Imprensa Nacional — Casa da Moeda, 1995. 268 p.

——. *Os descobrimentos pré-colombinos dos portugueses*. Lisboa: Imprensa Nacional — Casa da Moeda, 1997. 216 p.

CORTÉS, Hernán. *O fim de Montezuma — relatos da conquista do México*. Tradução de Jurandir Soares dos Santos. 1ª ed. Porto Alegre: L&PM Editores, 1997. 91 p.

COSTA, A. Fontoura da. *A marinharia dos descobrimentos*. Lisboa: 1940, Agência Geral das Colônias, 2ª ed. 532 p.

——. "A arrojada viagem de Pedro Álvares Cabral e da sua Armada (1500-1501)". Separata dos *Anais do Club Militar Naval*, de janeiro a junho de 1937. Lisboa: Imprensa da Armada, 1937. 16 p.

COSTA, Manuel Fernandes. *A expansão portuguesa no Brasil*. Lisboa: Agência Geral do Ultramar, 1965. 45 p.

——. *As navegações atlânticas no século XV*. Lisboa: Instituto de Cultura Portuguesa, 1979.

COUTO, Jorge. *A construção do Brasil*. Lisboa: Edições Cosmos, 1997. 408 p.

CRUZ, António. *Pero Vaz de Caminha — novas achegas para a história da sua família*. Porto: Edições Marâmus, 1941. 13 p.

DAEHNHARDT, Rainer. *A missão templária nos descobrimentos*. 5ª ed. Lisboa: Edições Nova Acrópole, 1997. 133 p.

DOMINGUES, Francisco Contente, e Luís Felipe Barreto. *A abertura do mundo*. Série Estudos de História de Descobrimentos Europeus. Lisboa: Editorial Presença, Vol. I, 222 p. Vol. II, 229 p.

——. "O ensino dos jovens no Portugal quinhentista", in *A abertura do mundo*, Vol. I. Lisboa: Imprensa Nacional-Casa da Moeda, 1973.

DORNELAS, Afonso de. *História da administração pública*. Memória da Academia das Ciências de Lisboa, Classe de Letras, Tomo I. Lisboa: Academia de Ciências, 1943.

DUBY, Georges. *História da vida privada — Da Europa feudal à Renascença*. São Paulo: Editora Schwarcz, 1985. 638 p.

DUCHAC, René. *Vasco da Gama — O orgulho e a ferida*. Lisboa: Gradiva Publicações, 1998. 165 p.

FAJARDO, José Manuel. *Carta do fim do mundo*. Lisboa: Editorial Teorema, 1998. 166 p.

FARACO, Sérgio. *Livro dos sonetos*. Camões, Fernando Pessoa, Olavo Bilac, Florbela Espanca, Augusto dos Anjos, Machado de Assis, Castro Alves, A.Wamosy e outros, selecionados por Sérgio Faraco. 1ª ed. Porto Alegre: L&PM Editores, 1996. 120 p.

FARIA, Antonio Augusto da Costa. *O cotidiano da História*. São Paulo: Editora Ática, 1966.

FERNANDES, Fernando Lourenço. *A armada de 1500 e as singularidades da arribada na escala do Atlântico Sul*. Lisboa: Academia de Marinha, 1993. 30 p.

FERNANDES, José Manuel. *Rios de Portugal*. Com fotos de Maurício Abreu. Lisboa: Gadiva Editora, 1990. 228 p.

FERNANDEZ, Dominique. *O ouro dos trópicos*. Trad. de Paulo Neves. 1ª ed. Porto Alegre: Sulina, 1996. 298 p.

FERREIRA, Olavo Leonel. *História do Brasil*. 17ª ed. São Paulo: Editora Ática, 1995. 453 p.

FERREIRA, Seomara da Veira. *Crônica esquecida d'El Rei Dom João II*. 3ª ed. Lisboa: 1998, 381 p.

FERRER, Aldo. *Historia de la globalización — Orígenes del orden económico mundial*. 2ª reimpressão. Buenos Aires: Fondo de Cultura Económica, 1996. 418 p.

FIGUEIREDO, António. *Bartolomeu Dias 1488-1988*. Lisboa: CNCDP, 1988. 48 p.

FLORES, Moacyr. *Dicionário de História do Brasil*. 1ª ed. Porto Alegre: Edipucrs, 1996. 544 p.

FONSECA, Faustino da. *Pedro Álvares Cabral e o descobrimento do Brasil*. Lisboa: Livraria Editora Guimarães e Libanio & Cia., 1894. 120 p.

FONSECA, Luís Adão da. *O essencial sobre Bartolomeu Dias*. Coleção Descoberta do Mundo. Lisboa: Imprensa Nacional — Casa da Moeda, 1987. 58 p.

———. *O Tratado de Tordesilhas*. Lisboa: Editorial Inapa, 1991. 92 p.

FORJAZ, António Pereira. *Pedralvares — a intencionalidade do descobrimento*. Lisboa: Estado-Maior do Exército, 1968. 22 p.

FREIRE, Anselmo Braamcamp. *Crítica e História — estudos*. Lisboa: Fundação Calouste Gulbenkian, 1996. Vol. I, 414 p. Vol. II, 196 p.

FRUET, Luiz Henrique Maya. *Portugal, hoje: anarquistas e monarquistas andam soltos pelas ruas*. 1ª ed. São Paulo: Arte & Texto, 1976. 97 p.

GARCIA, Maria Antonieta. *Os judeus de Belmonte — os caminhos da memória*. Lisboa: Instituto de Sociologia e Etnologia das Religiões da Universidade Nova de Lisboa, 1993. 213 p.

GARRETT, Almeida. *Viagens na minha terra*. Porto Alegre: Mercado Aberto, 1999. 282 p.

GEYMONAT, Ludovico. *Galileu Galilei*. Tradução de Eliana Aguiar. 1ª ed. São Paulo: Editora Nova Fronteira, 1997. 348 p.

GODINHO, Vitorino Magalhães, *Estrutura da antiga sociedade portuguesa*. 3ª ed. Lisboa: Arcádia, 1977. 318 p.

GÓIS, Damião de. *Crônica do felicíssimo Rei Dom Manuel, 1500-1517*. Lisboa: Ed. Amigos do Livro, 1977.

GOMES, Saul António. *O mosteiro de Santa Maria da Vitória no século XV*. Coimbra: Instituto de História da Arte-Faculdade de Letras, 1990. 621 p.

GONÇALVES, Julio. *O Infante Dom Pedro — as sete partidas e a gênese dos descobrimentos*. Lisboa: Agência Geral do Ultramar, 1955. 313 p.

GOTLIB, Nádia Batella. *Luís Vaz de Camões — Literatura Comparada*. Seleção de textos, notas, estudo biográfico, histórico e crítico. 1ª ed. São Paulo: Editora Abril, 1980. 108 p.

GREENLEE, William Brooks. *The Voyage of Pedro Alvares Cabral to Brazil and India from Contemporary Documents and Narratives*. Londres: Hachluyt Society, 1938.

GUEDES, Max Justo. *O descobrimento do Brasil*. Rio de Janeiro: Diretoria de Hidrografia e Navegação, 1966. 146 p.

———. "As primeiras expedições portuguesas e o reconhecimento da costa brasileira". Separata da *Revista Portuguesa de História*, Tomo XIV. Coimbra: Universidade de Coimbra, 1970. 20 p.

———. "Acerca de alguns instrumentos náuticos (incluindo dois astrolábios) recuperados no naufrágio do *Sacramento* (1668) na Bahia". Coimbra: Separata da *Revista da Universidade de Coimbra*. Vol. XXVIII, 1990, 18 p.

——. *As ilhas atlânticas e sua contribuição à restauração do Nordeste Brasileiro*. Funchal: *in* Atas do II Colóquio Internacional de História da Madeira, patrocinado pela Comissão Nacional para a Comemoração dos Descobrimentos Portugueses, 1989. 22 p.

GUERRA, Luiz de Bivar. *Pedro Álvares Cabral e a sua representação de fato e de direito*. Lisboa: Instituto Português de Heráldica, 1960. 42 p.

GUIMARÃES, Fernando. *Linguagem e ideologia*. Porto: Lello Editores, 1996. 165 p.

HERCULANO, Alexandre. *História de Portugal*. Tomo IV. Lisboa, 1943.

HOHLFELDT, Antônio. *O exílio na terra dos muitos*. 1ª ed. Belo Horizonte: Editora Lê, 1992. 103 p.

——. *Literatura e vida social*. 1ª ed. Porto Alegre: Editora da Universidade, 1996. 140 p.

IRIA, Alberto. *Silves e os descobrimentos na época do Infante D. Henrique, o Navegador*. Mira-Sintra: Revista *XELB*, 3ª edição. Junta Nacional de Investigação Científica e Tecnologia, 1996. 290 p.

JORGE, Ricardo. *O óbito de D. João II*. Lisboa: Portugália Editora, 1922. 83 p.

JÚNIOR, J. Silva. *Açoreanos na América e americanos nos Açores*. 1ª ed. Bristol (EUA): 1968. 42 p.

LAS CASAS, Frei Bartolomé de. *O paraíso destruído*. Tradução de Heraldo Barbuy. Introdução e notas de Eduardo Bueno. 1ª ed. Porto Alegre: L&PM Editores, 1984. 150 p.

LEITE, Duarte. *História dos descobrimentos*. Incluindo Coletânea de Esparsos. Lisboa: Edições Cosmos, 1960. Vol. I, 718 p. Vol. II, 630 p.

LENCASTRE, Maria José de. *Fernando Pessoa, uma fotobiografia*. 1ª ed. Lisboa: Imprensa Nacional — Casa da Moeda, 1981. 145 p.

LEONE, Metzner. *Pedro Álvares Cabral*. Lisboa: Editorial Aster, 1968. 522 p.

LOBATO, Alexandre. "Dois novos fragmentos do regimento de Cabral para a viagem à Índia de 1500". Lisboa: Separata da revista *Studia*, nº 25, 1968. 50 p.

LOBO, A. de Souza Silva. *História da sociedade em Portugal no século XV*. Lisboa, 1963.

LOPES, David. *A expansão em Marrocos*. Lisboa: Ed. Teorema, 1989. 100 p.

LOPES, F. Félix. "Frei Henrique de Coimbra. O missionário. O diplomata. O bispo". Lisboa: Separata da revista *Studia*, nº 37. Dez. 73. 120 p.

LOPES, Fernão. *Crônica de D. João I — segundo o códice nº 352 do Arquivo Nacional da Torre do Tombo*. Introdução de Humberto Baquero Moreno e prefácio de Antônio Sérgio. Barcelos: Editora do Minho, 1994. Vol. 1, 455 p. Vol. 2, 493 p.

LOPES, Teresa Rita e Maria Fernanda de Abreu. *Fernando Pessoa, hóspede e peregrino*. Exposição, pesquisa, seleção e articulação de material documental e catálogo sobre o poeta. Lisboa: Ministério da Cultura e Coordenação Científica de Portugal, 1993. 318 p.

MACHADO, José Pedro e Viriato Campos. *Vasco da Gama e a sua viagem de descobrimento*. Lisboa: Edição Câmara Municipal de Lisboa. 271 p.

MAESTRI, Mario. *Os Senhores do Litoral*. 2ª ed. Porto Alegre: Editora da Universidade, 1995. 164 p.

MAGALHÃES, Joaquim Romero de. *História de Portugal*. Direção de José Mattoso. Enquadramento do Espaço Nacional. Lisboa.

MARQUES, A. H. de Oliveira, *A sociedade medieval portuguesa (aspectos da vida cotidiana)*. 5ª ed. Lisboa: Livraria Sá da Costa, 1987. 296 p.

——. *História de Portugal*. Lisboa: Palas Editores, 10ª edição, 1984. Vol. II, 537 p.

MARQUES, Alfredo Pinheiro. *Vida e obra do Príncipe Perfeito D. João II, Rei de Portugal*. Figueira da Foz — Mira: Centro de Estudos do Mar — Câmara Municipal, 1997. 220 p.

MARQUES, Amândio. *Onde nasceu Pedro Álvares Cabral?* Porto: Grupo de Estudos Brasileiros, 1963. 68 p.

MARQUES, António Augusto da Cunha. *Belmonte: estudo analítico.* Belmonte: Câmara Municipal, 1996.

MARQUES, Martins da Silva. *Descobrimentos portugueses.* Vols. 1, 2, 3 e 4.

MARTINS, J. P. Oliveira. *História de Portugal.* Lisboa: Imprensa Nacional — Casa da Moeda, 1985. 317 p.

——. *História da civilização ibérica.* Lisboa: Parceria A. M. Pereira, 1946. 334 p.

MASINI, Giancarlo, e Iacopo Gori. *L'America fu concepita a Firenze.* Florença: Casa Editrice Bonechi, 1998. 206 p.

MATOS, Armando de. *Brasonário de Portugal.* Porto: Livraria Fernando Machado, 1940. 500 p.

MATTOSO, José. *História de Portugal.* Diversos autores sob a coordenação de Joaquim Romero Magalhães. Tomo III, "No alvorecer da modernidade". Lisboa: Estampa, 1996. 608 p.

MAY, Rollo. *A procura do mito.* Trad. De Anna Maria Dalle Luche. 1ª ed. São Paulo: Ed. Manole, 1992. 292 p.

MEDINA, Cremilda Araújo. *Povo e personagem.* 1ª ed. Canoas: Editora da Ulbra, 1996. 245 p.

MEDINA, João. *História de Portugal dos tempos pré-históricos aos nossos dias.* Coordenação do prof. João Medina, catedrático da Faculdade de Letras da Universidade de Lisboa. Madri: Clube Internacional do Livro, Edições SAEPA, 1995. 4 volumes.

MEDINA, Sinval. *Tratado da altura das estrelas.* 1ª ed. Porto Alegre: Instituto Estadual do Livro/ Edipucrs, 1997. Vol. IV, 376 p. Vol. V, 376 p.

MENDONÇA, Manuela. *D. João II — um percurso humano e político.* Lisboa: Ed. Estampa, 2ª ed. 1995. 528 p.

MICELI, Paulo. *O ponto onde estamos: viagens e viajantes na história da expansão e da conquista (Portugal, séculos XV e XVI).* 2ª ed. Campinas: Editora da Unicamp, 1997. 213 p.

MONUMENTA HENRICINA — *Documentos.* Coimbra: Comissão Executiva do Quinto Centenário da morte do Infante Dom Henrique, 1960.

MORIN, Edgar. Com Anne Brigitte Kern. *Terra-Pátria.* Trad. de Paulo Neves. 1ª ed. Porto Alegre: Sulina, 1995. 189 p.

MOTA, A . Teixeira da. *A evolução da ciência náutica durante os séculos XV-XVI na cartografia portuguesa da época.* Separata das Memórias da Academia de Ciências de Lisboa, Classe de Letras, Tomo VII. Lisboa, 1961. 44 p.

——. *O nascimento da navegação autônoma no Atlântico,* in *Infante Dom Henrique.* Lisboa, 1960.

NEVES, João Alves das. (Introdução e organização) *Pedro Álvares Cabral, o descobridor do Brasil.* 2ª ed. Porto, Portugal: Editora Vertente. 178 p.

NOBRE, Antônio. *Poesia.* Pref. de Luís da Câmara Cascudo. 1ª ed. São Paulo: Agir, 1959. 103 p.

ONDAATJE, Michael. *O paciente inglês.* Trad. de Rubens Figueiredo. 1ª ed. São Paulo: Editora 34, 1994. 207 p.

PANIKKAR, K. M. *A dominação ocidental da Ásia.* Trad. de Nemésio Salles, prefácio de Otto Maria Carpeaux. 3ª ed. São Paulo: Paz e Terra, 1977. 503 p.

PERAGALLO, Próspero. *Carta de El Rei D. Manuel aos Reis Católicos narrando-lhe as viagens dos portugueses desde 1500 a 1505.* Lisboa: Academia Real de Ciências, 1892.

PEREIRA, Antonio Forjaz. *Pedrálvares, a intencionalidade.* Lisboa.

PEREIRA, Duarte Pacheco. *Esmeraldo de Situ Orbis.* Lisboa: Imprensa Nacional-Casa da Moeda, 1983.

PEREIRA, Moacyr Soares. "O *São Miguel* — História da costa oriental do Brasil". Separata da *Revista da Universidade de Coimbra*, Vol. XXXIII. Coimbra: Universidade de Coimbra, 1985.

——. "Capitães, naus e caravelas da armada de Cabral". Separata da *Revista da Universidade de Coimbra*. Coimbra: Universidade de Coimbra, 1979. 136 p.

PERES, Damião. *O descobrimento do Brasil por Pedro Álvares Cabral — antecedentes e intencionalidade*. Porto: Portucalense Editora, 1949. 146p.

——. *História de Portugal*. Barcelos: Portucalense Editora, 1931.

——. "Pedro Álvares Cabral". Lisboa: Separata da revista *Studia*, nºs 30 e 31, de agosto e dezembro, 1970. 8 p.

PESAVENTO, Sandra Jatahy. *500 anos de América — Imaginário e utopia*. 1ª ed. Porto Alegre: Editora da Universidade, 1992. 93 p.

PESSOA, Fernando. *Alguma prosa*. Pref. de Cleonice Belardinelli. 5ª ed. Rio de Janeiro: Nova Fronteira, 1990. 247 p.

——. *Poesias*. 1ª ed. Porto Alegre: L&PM Editores, 1997. 132 p.

——. *Mensagem*. Edição revista pelos herdeiros do autor. Lisboa: Assírio & Alvim, 1997. 116 p.

PINTO, Lenine. *Reinvenção do descobrimento*. Natal: Editora Art Print, 1998. 209 p.

PLANETÁRIO GULBENKIAN — *A astronomia náutica e os descobrimentos portugueses. A viagem de Bartolomeu Dias*. Lisboa: Associação Portuguesa de Treino a Vela e Planetário Calouste Gulbenkian, 1982.

POMBO, Rocha. *Descobrimento do Brasil*. S. Paulo: Ed. Melhoramentos, 1961.

QUENTAL. Antero de. *Prosas sociopolíticas*. Publicadas e prefaciadas por Joel Serrão. 1ª ed. Lisboa: Fundação Calouste Gulbenkian, 1982. 481 p.

REGO, A. da Silva. "Pedro Álvares Cabral: Índia ou Brasil?". Lisboa: Separata da revista *Studia*, nºs 30 e 31, agosto e dezembro de 1970. 10 p.

RESENDE, Garcia de. *Cancioneiro geral*. Lisboa: Imprensa Nacional.

——. *Crônica de Dom João II e miscelânea*. Lisboa: Edição coordenada por Joaquim Veríssimo Serrão, Imprensa Nacional-Casa da Moeda, 1973.

RODRIGUES, António Simões. *História de Portugal em datas*. Autores: Rui Grilo Capelo, Augusto José Monteiro, João Paulo Avelã Nunes, António Simões Rodrigues, Luís Felipe Tergal, Francisco Manuel Vitorino. Lisboa: Círculo de Leitores, 1944. 473 p.

RUAS, Henrique Barilaro — *Os Reis de Portugal*. Coimbra: Ed. Numismarte-J. Carmo Santos Ltda., 1944. 102 p.

RUSSEL-WOOD, A. J. *A World on the Move*. Nova York: St. Martin's Press, 1992. 290 p.

SAN MARTÍN, Eduardo. *Terra à vista — Histórias de náufragos da Era dos Descobrimentos*. Porto Alegre: Artes e Ofícios, 1998. 261 p.

SARAIVA, José Hermano. *História de Portugal*. Lisboa: Publicações Alfa, 1983. Vol. II. 800 p.

——. "Ditos portugueses dignos de memória", in *História íntima do século XVI*. Lisboa: 1993.

SARAMAGO, José. *O ano da morte de Ricardo Reis*. 1ª ed. São Paulo: Companhia das Letras, 1997. 415 p.

——. *A jangada de pedra*. 9ª reimpressão. São Paulo: Companhia das Letras, 1997. 317 p.

——. *Cadernos de Lanzarote*. 1ª ed. São Paulo: Companhia das Letras, 1997. 664 p.

SERRÃO, Joaquim Veríssimo. *História de Portugal*. Lisboa: Editorial Verbo, 1978. 478 p.

SERRÃO, Joel. *Dicionário da História de Portugal*. Lisboa: Iniciativas Editoriais, 1971, Vol. I, 520 p. Vol. II, 985 p. Vol. III, 900 p.

——. *A historiografia portuguesa — Doutrina e crítica*. Lisboa: Editorial Verbo, 1972. 402 p.

SERRÃO, Joel, e A. H. de Oliveira Marques. *Nova história da expansão portuguesa — O Império Luso-Brasileiro 1500-1620*. Harold Johnson e Maria Beatriz Nizza da Silva (coords.). Lisboa: Editorial Estampa, 1992. 600 p.

SILVA, A. A. Baldaque da Silva. *O descobrimento do Brasil por Pedro Álvares Cabral*. Opúsculo sobre a tese da intencionalidade. Lisboa: Academia Real das Ciências, 1892. 16 p.

SILVA, José Manuel Azevedo e. "Os navios que descobriram o mundo e a vida a bordo". Separata da *Revista de História das Idéias*. Vol. 14. Coimbra: Faculdade de Letras, 1992. 116 p.

SOUSA, Frei Luís de. *Anais de D. João III*. Lisboa: Livraria e Editora Sá da Costa, 1938. Vol. I, 317 p.

SOUSA, T. O. Marcondes de. *O descobrimento do Brasil de acordo com a documentação histórica e cartográfica*. São Paulo: Cia. Editora Nacional, 1946. 381 p.

SOUTO, José Correia do. *Dicionário da História de Portugal*. Universidade do Minho e Til Gráfica: 1985. Vol. III, 316 p.

SOUZA, António Caetano. *Provas da história genealógica da Casa Real Portuguesa*. 4ª ed. Coimbra: Atlântida Livraria Editora, 1947.

SOUZA, Armindo de. *As cortes medievais portuguesas — 1385-1490*. Porto, 1987. Vols. I e II.

SOUZA, Osvaldo Rodrigues de. *História do Brasil* (Vol. 1). 23ª ed. São Paulo: Editora Ática, 1995. 128 p.

SOUZA, T. O. Marcondes de. *O descobrimento do Brasil, de acordo com a documentação histórica e cartográfica*. Biblioteca Pedagógica Brasileira, Série 5ª, Vol. 253. São Paulo: Cia. Editora Nacional, 1946. 400 p.

SUBRAHMANYAM, Sanjay. *The Career and Legend of Vasco da Gama*. 1ª ed. Cambridge (Ing.): Cambridge University Press, 1997. 400 p.

TABUCCHI, Antonio. *Os três últimos dias de Fernando Pessoa — um delírio*. 1ª ed. Rio de Janeiro: Rocco, 1996. 70 p.

TAVARES, Joaquim Cardoso e Manuel Marques. *Subsídios para uma monografia da Vila de Belmonte*. Belmonte: Câmara Municipal, 1996.

TEYSSIER, Paul. *História da língua portuguesa*. Tradução de Celso Cunha. 1ª ed. São Paulo: Editora Martins Fontes. 1997. 142 p.

THEAL, George McCall, e Sidney Welch. *Bartolomeu Dias, 1488-1988*. Lisboa: Comissão Nacional para a Comemoração dos Descobrimentos Portugueses, 1988.

THOMAZ, Luís Philipe. "Os frangues na terra de Malaca", in *Do Cabo Espichel a Macau: vicissitudes do corso português*. Macau/Lisboa, Atas do Seminário Internacional de História Indo-Portuguesa, 1993.

TORERO, José Roberto, e Marcus Aurelius Pimenta. *Terra Papagalli*. 1ª ed. São Paulo: Companhia das Letras, 1997. 196 p.

VASCONCELOS, Carolina Michaëlis de. *A Infanta D. Maria de Portugal (1521-1577) e as suas damas*. Lisboa: Biblioteca Nacional, 1983. 122 p.

——. *A saudade portuguesa*. Lisboa: Guimarães Editores, 1996. 156 p.

VELHO, Álvaro. *Roteiro da primeira viagem de Vasco da Gama 1497-1499*. Ed. organizada por A. Fontoura da Costa, Lisboa: 1969.

VICENTE, Gil. *O velho da horta. Auto da barca do inferno. A farsa de Inês Pereira*. Prefácio de Segismundo Spina. 1ª ed. São Paulo: Editora Brasiliense, 1965. 134 p.

——. *Três autos*. 5ª ed. Com livre adaptação de Walmir Ayala. Rio de Janeiro: Ediouro, 1995. 190 p.

VIRILIO, Paul. *El arte del motor*. Tradução de Horácio Pons. 1ª ed. Buenos Aires: Ediciones Manantial, 1996. 168 p.

VITERBO, Frei Joaquim de Santa Rosa. *Elucidário das palavras, termos e frases que em Portugal antigamente se usaram e que hoje regularmente se ignoram: obra indispensável para entender sem erro os documentos mais raros e preciosos que entre nós se conservam*. Edição crítica coordenada por Mário Fiuza. Porto: Livraria Civilização, 2ª ed. 1865. 780 p.

WALTER, Henriette. *A aventura das Línguas no Ocidente — origem, história e geografia*. Tradução de Sérgio Cunha dos Santos. 1ª ed. São Paulo: Editora Mandarim, 1997. 427 p.

ZILLES, Urbano. *A significação dos símbolos cristãos*. 3ª ed. Porto Alegre: Edipucrs, 1994. 127 p.

ZÜVANETE, Afonso Eduardo Martins. *Armorial lusitano*. Lisboa: Editorial Enciclopédia Ltda., 1961. 733 p.

——. *Nobreza de Portugal*. Lisboa: Editorial Enciclopédia Ltda., 1960. Vol. I, 766 p.

Índice Onomástico

Aboab, Isaac, 60
Abranches, Dom Pedro de, 36
Abreu, Capistrano de, 15
Afonso (filho de Dom Manuel), 269
Afonso V, 47, 265
Afonso, Gaspar, 206
Afonso, Infante Dom (filho de Dom João II), 44, 46, 61, 107, 210, 223
Albergaria, Lopo Soares de, 243, 247, 269
Albuquerque, Afonso de (o "Terrível), 21, 162, 197, 205, 211, 222, 226-227, 243, 244, 247, 255, 258, 268, 271, 272
Albuquerque, Lopo de, 36
Aldonça (família Cabral), 51
Alexandre VI, Papa, 58, 61, 82
Alexandre, o Grande, 148
Almada, Aires de, 62, 63
Almeida, Bernardim de, 36
Almeida, Dom Francisco de, 59, 248, 250, 255
Álvares, Luís, 51
Andaluz, Visconde de, 282
André, Mateus, 206
Aníbal, 269
António (filho de P.A. Cabral), 159, 261, 267, 279, 283
António (irmão de P.A. Cabral), 161
Aragão, Dom Fernando de, 57
Arcoverde, Dom Joaquim, 285
Aristóteles, 76
Arruda, Diogo de, 231
Ataíde, Álvaro de, 217
Ataíde, Gonçalo de, 36
Ataíde, Nuno Fernandes e, 36
Ataíde, Pero de, 83, 174
Ataíde, Vasco de, 83, 101, 102, 103, 105
Athouguia, Visconde de, 282
Avicena (Abu-Ali Al-Husayn Ibn-Sina), 76
Azambuja, Diogo de, 98
Azevedo, Padre Agostinho d'Almeida e, 282
Baltazar (nobre indiano), 108
Barbosa, Aires, 29
Barbosa, Gonçalo Gil, 108, 110, 113
Barboza, António Maria Dias, 282
Barcelos, Pedro de, 72
Beatriz (esposa de Dom Pedro de Noronha), 51
Bispo da Guarda, *ver* Cabral, Gil
Boitaca (arquiteto-mor), 231
Bonaparte, Napoleão, 281
Boorstin, Daniel, 17
Borgia, Rodrigo, 58
Bouchon, Geneviève, 17
Brandão, Zeferino Norberto Gonçalves, 282
Cabral, Dom Fernando (Dom Fernão), 24, 25, 48, 51, 52, 53, 223, 265
Cabral, Dom Gil, 23, 208
Cabral, Maria Gil, 23, 208
Cabral, Fernando Álvares, 159, 227, 238, 261, 267, 275, 287
Cabral, João Fernandes, 25, 26, 27, 29, 36, 38, 48, 49, 51, 52, 265
Cabral, Luís Álvares, 223
Cabral, Pedro Álvares, 11-13, 15, 16-19, 23-27, 29, 31-34, 38, 40-49, 51-54, 56, 58, 62, 73-75, 78-84, 86, 88-91, 93, 94, 96, 98-100, 105, 107, 108, 110-114, 117, 118, 120, 124, 125, 128, 129, 134, 136, 138, 139, 142, 146-148, 150, 155-158, 164, 166-172, 174, 176-179, 181-183, 185, 194-198, 200-203, 209-219, 222-224, 226-231, 233-237, 239, 240, 242-244, 249, 254, 255, 258, 260, 262-266, 269-274, 276, 279-281, 283-287, 289, 290
Cadamosto, Luigi da, 122
Caiado, Henrique, 29
Calçadinha, *ver* Ortiz, Dom Diogo
Câmara, Dom José Maria de Figueiredo Cabral da, 282
Caminha, Pero Vaz de, 14, 21, 85, 86, 88, 91, 92, 94, 96, 102, 108, 110, 112, 113, 119, 120, 121, 127, 128, 129, 130, 132, 133, 137, 138, 139, 140, 141, 142, 143, 145, 146, 148, 172, 177, 178, 179, 190, 194, 196, 242, 262
Camões, Luís Vaz de, 5, 287, 288
Cangranor, José de, 183
Cantino, Alberto, 243, 245, 246, 249
Cão, Diogo, 40, 72
Cárdenas, Don Gutiérrez, 63
Carneiro, Antonio, 80
Carvalho, Alberto de, 284, 285, 286
Castello Branco, Pero Vaz, 36
Castro, Francisco de Paula e, 282
Castro, Inês de, 23
Castro, Isabel de Noronha e, 21, 22, 96, 113, 161, 162, 163, 189, 197, 205, 211, 212, 222, 225, 226, 227, 228, 238, 239, 255, 258, 259, 260, 261, 264, 266, 267, 279, 280, 284
Cavalheira, Rozendo, 285
Coelho, Gaspar, 205

Coelho, Gonçalo, 186,187, 188, 189
Coelho, Nicolau, 83, 96, 124, 125, 128, 130, 131, 141, 189
Coimbra, Frei Henrique de, 85, 92, 93, 94, 96, 106, 112, 113, 116, 117, 122, 133, 141, 142, 143, 152, 157, 166, 173, 178, 179, 191
Colaço, Amador, 206
Colombo, Cristóvão, 55, 56, 57, 58, 65, 111, 136, 188, 255
Constança (filha de P.A. Cabral), 159, 261, 267
Constança (sogra de P.A. Cabral), 269, 271
Constant, Benjamim, 285
Copérnico, Nicolau, 262, 290
Corrêa, Aires, 91, 108, 128, 158, 159, 160, 167, 170, 171, 172, 173, 176, 177, 178, 194, 196, 242
Correia, Francisco, 108
Cortes, Francisco, 171
Cortesão, Jaime, 290
Costa, António Cândido da, 282
Costa, Dom Jorge da, 67
Costa, Francisco Affonso da, 282
Costa, João Lúcio de Farras Mendes, 282, 283
Couto, Jorge, 15, 18
Covilhã, Pero da, 72
Cruz, Frei Francisco da, 106
Cunha, Francisco da, 36
Cunha, Luís da, 51
Cunha, Martim Vaz de, 36
Cunha, Nuno Leitão da, 83, 189
Cunha, Silvério Alves da, 282
Cunha, Tristão da, 255, 269
D'Ailly, Cardeal, 75, 76
d'Amorim, António Pessoa, 282
Da Vinci, Leonardo, 261, 265, 290
Dama, Álvaro, 56
Dasgupta, Ashin, 17
Dias, Bartolomeu, 21, 22, 37, 40, 55, 56, 77, 83, 85, 98, 103, 107, 111, 130, 133, 137, 145, 147, 148, 149, 151, 152, 194, 196, 197, 210
Dias, Diogo, 83, 137, 138, 187, 189
Dias, Pero, 59, 62
Diniz Netto, Ruy, 18
Diogo, Dom, 52, 98
Dom Diniz, 230
Duarte, Dom, 112, 113
Dürer, Albert, 270, 290
Eanes, Gonçalo, 72
Eça, Dom Pedro de, 98
Encina, Juan del, 224
Escolar, Pero, 91, 96, 99, 133, 143
Estêvão (citado em *Os Lusíadas*), 288
Falcão, Cristóvão, 36
Faras, Mestre João, 15, 21, 77, 85, 88, 91, 93, 94, 106, 121, 122, 123, 124, 139, 145, 146, 148, 149, 188, 191, 199, 206, 238
Felipa (primeira esposa de Cristóvão Colombo), 255
Felipe (de Espanha), 279
Fernandes, Dom Diogo, 52, 67, 68, 69, 272
Fernandes, João, 72
Fernandes, Manoel, 206
Fernandes, Vasco, 51, 260, 262, 263
Fernando (de Portugal), 211, 232
Fernando (filho de Dom Manuel), 269
Fernando (Rei de Aragão), 44, 57, 62, 63, 64, 111, 202, 203
Fernando, Dom (sogro de P.A. Cabral), 271
Ferrão, João, 66
Fidalgo, Afonso, 69
Fonseca, Luís Adão da, 15
Fonte, João José Martins da, 282
Fouto, Jorge Fernandes, 206
Francisco, Dom (Conde de Vimioso), 219
Furtado, Afonso, 108, 156, 166, 167
Galeno, Cláudio, 76
Gama, Estêvão da, 217, 222, 241
Gama, Gaspar da, 108, 110, 114, 115, 116, 133, 149, 178, 181, 187, 188
Gama, Vasco da, 15, 17, 73, 81, 91, 102, 105, 107, 108, 110, 111, 114, 115, 117, 118, 124, 148, 153, 158, 161, 162, 165, 166, 168, 169, 170, 173, 196, 207, 210, 213, 214, 215, 216, 217, 218, 219, 220, 222, 241, 242, 243, 244, 247
Garrett, Almeida, 280, 281
Gaspar da Índia, *ver* Gama, Gaspar da
Gaspar, Frei, 106
Ghouri, Kansouh el, 248
Gil, Álvaro, 51
Glafer (Samorim Rajá), 166, 167, 168, 169, 171, 174, 181
Gonçalves, Leonor, 34
Gouveia (Reitor da Sorbonne), 195
Gouveia, Isabel de, 51, 53
Gouveia, João de, 34
Gouveia, Pedro Álvares, (*ver também* Cabral, Pedro Álvares), 72, 79, 107, 215, 228
Guedes, Max Justo, 15
Guimarães, Simão de, 106
Guiomar (filha de P.A. Cabral), 159, 267
Gutemberg, Johannes, 17
Henrique (filho de Dom Manuel), 269

Henrique II (de Castela), 211
Henrique, Infante Dom (o Navegador), 16, 42, 79, 99, 117, 157, 227, 232, 235, 288
Henriques, Rei Afonso, 232, 238
Henriquez, Dom Henrique, 63, 68
Herculano, Alexandre, 281
Hércules, Duque de, 246
Hispano, Pedro, 76
Homem, Augusto César de Gouveia da Silva, 282
Ibrahim, Amir, 156
Irigaray, Carla, 13
Isabel (de Castela), 31, 44, 46, 57, 61, 63, 64, 107, 111, 202, 203, 210, 224, 244, 247
Isabel (família Cabral), 51
Isabel (filha de Dom Manuel), 269
Isabel (filha de P.A. Cabral), 159, 267
João II, Dom (Dom João), 16, 27, 31, 35-38, 44-47, 52, 54-67, 70, 71-74, 78, 81, 98, 100, 104, 107, 132, 157, 162, 188, 192, 195, 196, 210, 232, 234, 237, 263, 265, 272
João III, Dom (o Prudente), 224, 232, 269, 279, 280, 287
João XXII, Papa, 229, 230
Jorge (filho bastardo de Dom João II), 61, 66, 67
José, Padre, 182, 192
Khan, Kublai, 76
Kolattiri (Rajá), 183
Leão X, Papa, 269
Lemes, Rui, 62, 63
Lemos, Gaspar de, 83, 138, 139, 144, 161, 186, 191
Leonor (família Cabral), 51
Leonor (filha de P.A. Cabral), 159, 267
Leonor (Rainha-Mãe), 191, 224
Lima, Fernão de, 69
Lopes, Afonso, 127
Lopes, Duarte, 206
Lopes, Tomé, 241
Luís (filho de Dom Manuel), 269
Lutero, Martinho, 290
Madeira, Gonçalo, 108
Magalhães, Joaquim Romero de, 15, 18
Maldonado, Rodrigo, 63
Manuel I, Dom (Dom Manuel), 15, 22, 61, 66, 68, 69, 71-73, 77, 79, 82, 83, 85, 92, 98, 99, 104, 106, 107, 114, 121, 124, 132, 134, 141, 158, 159, 161, 162, 164, 169, 172, 174, 185, 186, 188, 189, 191-193, 195, 196, 201, 202, 209-221, 223, 224, 229-232, 234, 235, 237, 240, 242, 243-245, 247-250, 254, 257-259, 261, 269, 270, 272, 277, 279, 287, 289
Manuel, João, 196, 209, 232, 244, 265, 266
Maomé, 190
Maquiavel, Nicolò, 290
Marchioni, Bartolomeu, 170
Maria (esposa de Dom Manuel I), 202
Maria, Infanta Dona (filha de Dom João III), 279, 280
Marques, Manuel, 18
Martins, Frei Gil, 229, 230
Masseu, Frei, 106
Matta, António Victória da, 282
Mauro (abade), 248
Medici, Giovanni de, 269
Medici, Lorenzo de, 187, 188
Mella, Pompônio, 75, 76
Mello, José Maria de, 282
Mendes, Francisco, 206
Mendonça, Ana de, 67
Menon, Idikkeda, 183
Menon, Parangoda, 183
Miceli, Paulo, 18
Michelangelo, Buonarroti, 262, 263, 290
Miguel, Dom, 202
Miranda, Augusto dos Santos Ferreira de, 282
Miranda, Sá de, 274
Miranda, Simão de, 36, 83, 128, 151, 189
Mondragon (corsário francês), 261
Moniz, Cristóvão, 36
Moniz, Febus, 36
Monteiro, Brás, 206
Moreno, Lourenço, 108
Morus, Thomas, 17
Moura, Luís de, 164, 205
Moura, Vasco Graça, 15
Neto, Frei Pedro, 106
Noras, José Miguel Correia, 18
Noronha, Dom Martim de, 56
Noronha, Dom Nuno de, 36
Noronha, Dom Pedro de, 51
Noronha, Fernando de (ou Fernão de Loronha), 249, 266, 276, 277
Noronha, Fernando de (sogro de Cabral), 212, 263
Nova, João da, 197, 205, 216, 247
Nunes, José Joaquim, 282
Ortiz, Dom Diogo, 39, 80, 81, 82, 106, 210, 248, 249
Osório, Jorge de, 143
Paiva, Afonso de, 72
Paulo (irmão de Vasco da Gama), 162
Pedrálvares, *ver* Cabral, Pedro Álvares

Pedro II, Dom, 281, 284
Pedro, Dom, 23
Pedro, Infante Dom (irmão de Henrique, o Navegador), 34, 76
Pedrozo, António Mendes, 282
Peixoto, Fernão, 108
Pereira, Duarte Pacheco, 62, 63, 64, 77, 98, 107, 108, 111, 248, 249, 250, 261
Perestrelo, Bartolomeu, 255
Perestrelo, Isabel, 255
Pessoa, Fernando, 289, 290
Pimentel, Frederico Augusto, 282
Pina, Augusto Cyriaco de, 283
Pina, Ruy de, 59, 62, 212
Pina, Simão de, 83
Pinhão, Rodrigo de, 206
Pires, Luís, 83, 151
Polo, Marco, 34, 76
Prakash, Om, 17
Radulet, Carmen, 17
Rafael, Sanzio, 262, 290
Reis, José Joaquim Izidro dos, 282
Reis, Marques dos, 282
Resende, Garcia de, 44, 45, 46, 61, 62, 271
Ribeirão, João Rodrigues, 282
Ribeiro, Afonso, 130, 131, 138, 144
Ribeiro, Tomás Antônio, 14
Rocha, Antonio Dias, 18
Rodrigues, João, 108, 282
Rodrigues, Justa, 106
Rotterdam, Erasmo de, 290
Ruy, Mestre, 90
Sá, Fernão de, 36
Sacrobosco, 76
Saldanha, António de, 243
Salvador, Frei Luiz de, 106
Sampaio, Luís Vaz de, 15, 280
Santos, António dos, 282
Santos, João Baptista Augusto dos, 282
Saul (amigo de infância de P.A. Cabral), 199
Sequeira, Estêvão de, 69
Serrano, Joaquim José Tavares, 282, 284
Serrão, Joaquim Veríssimo, 15
Silva, Aires Gomes da, 83, 151
Silva, João Fagundo da, 282
Silva, Joaquim Maria da, 282
Silva, Paulino da Cunha, 282
Silveira, Fernão da, 53
Siqueira, João Soares de, 62, 63
Soares, Frei Henrique, 132
Sobral, Conde de, 282
Sodré, Vicente, 207, 211, 213, 217, 219
Solís, Diogo Lopes, 206
Soutomayor, Dom Álvaro de, 36
Souza, Bernardo de Vasconcelos e, 15, 18
Souza, João de, 62, 63
Souza, Martin Afonso de, 288
Souza, Rui de, 62, 63
Subrahmanyan, Sanjay, 17, 287
Talhada, Sóror Coleta, 107
Teixeira, João, 29
Telo, Dom João, 130
Tereza (família Cabral), 51
Teyssier, Paul, 17
Toledo, Fernando Álvarez de, 63
Tovar, Sancho de, 83, 85, 128, 138, 139, 167, 171, 178, 179, 182, 184, 187, 189
Ulisses, 114
Varna, Unni Goda, 181
Varnhagen, 15, 280
Vasco, Grão, 198, 212, 261, 263
Vasconcelos, Leite de, 284
Vasconcelos, Lopo Mendes de, 36
Vasconcelos, Padre Inácio da Piedade e, 280
Vaz, Estêvão, 62, 63
Vaz, Gil, 36
Vaz, Pero (o Bisagudo), 188
Velho, Álvaro, 118
Vespuccio, Américo, 186, 187, 189, 191, 193, 204, 276
Vicente, Gil, 75, 224, 225, 272, 273
Vilhena, Manoel de, 36
Violante (viúva de Luís da Cunha), 51
Viseu, Duque de, 68
Vitória, Frei João da, 106
Vizinho, Mestre José, 60
Zacuto, Abraão, 60, 75, 76, 77, 106, 245

Este livro foi composto na tipologia Goudy Old Style, em corpo 10/15 e impresso em papel Offset 90g/m² no Sistema Cameron da Divisão Gráfica da Distribuidora Record.